U1007190

「十四五」国家重点图书出版规划项目
国家社会科学基金重大项目「中国近代日记文献叙录、整理与研究」（项目编号：18ZDA259）阶段性研究成果

中国近现代稀见史料丛刊【第十辑】

张剑 徐雁平 彭国忠 主编

安顺书牍摘钞 贵东书牍节钞 黔事书牍

（清）易佩绅 （清）罗应旒 著

卢树鑫 整理

本辑执行主编 张剑

凤凰出版社

图书在版编目（CIP）数据

安顺书牍摘钞 / (清) 易佩绅著 ; 卢树鑫整理. 贵东书牍节钞 / (清) 易佩绅著 ; 卢树鑫整理. 黔事书牍 / (清) 罗应旒著 ; 卢树鑫整理. -- 南京 : 凤凰出版社, 2023.9
（中国近现代稀见史料丛刊. 第十辑）
ISBN 978-7-5506-3984-3

Ⅰ. ①安… ②贵… ③黔… Ⅱ. ①易… ②罗… ③卢… Ⅲ. ①地方政府—行政管理—史料—贵州—清代 Ⅳ. ①D691.22

中国国家版本馆CIP数据核字(2023)第183958号

书　　名	安顺书牍摘钞　贵东书牍节钞　黔事书牍
著　　者	(清)易佩绅　(清)罗应旒 著　卢树鑫 整理
责任编辑	王淳航
装帧设计	姜　嵩
责任监制	程明娇
出版发行	凤凰出版社(原江苏古籍出版社) 发行部电话025-83223462
出版社地址	江苏省南京市中央路165号,邮编:210009
照　　排	南京凯建文化发展有限公司
印　　刷	江苏凤凰通达印刷有限公司 江苏省南京市六合区冶山镇,邮编:211523
开　　本	880毫米×1230毫米　1/32
印　　张	7.625
字　　数	198千字
版　　次	2023年9月第1版
印　　次	2023年9月第1次印刷
标准书号	ISBN 978-7-5506-3984-3
定　　价	68.00元

(本书凡印装错误可向承印厂调换,电话:025-57572508)

袁行霈先生题辞

「音实难知，知实难逢，逢其知音，千载其一乎！」（文心雕龙·知音）今读新编稀见史料丛刊，真有治学知音之感矣。

傅璇琮谨书

二〇一二年

傅璇琮先生题辞

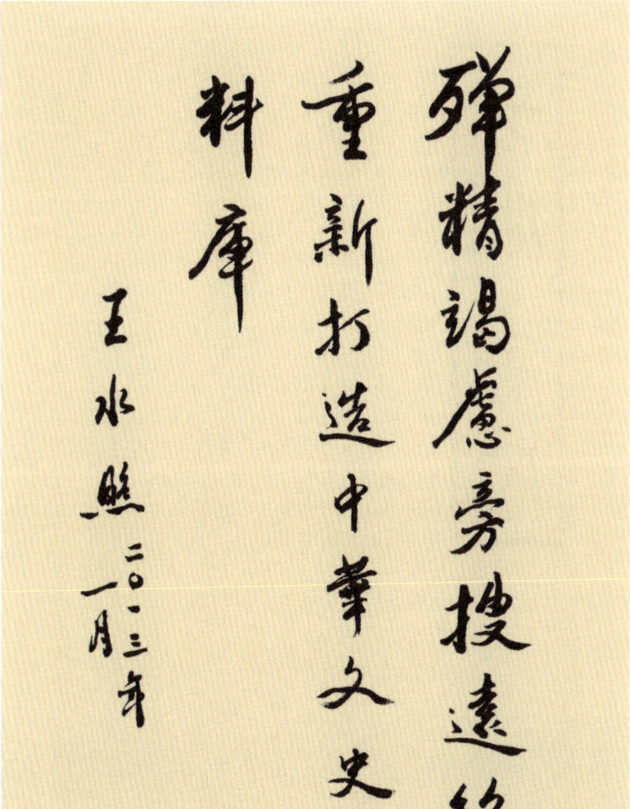

王水照先生题辞

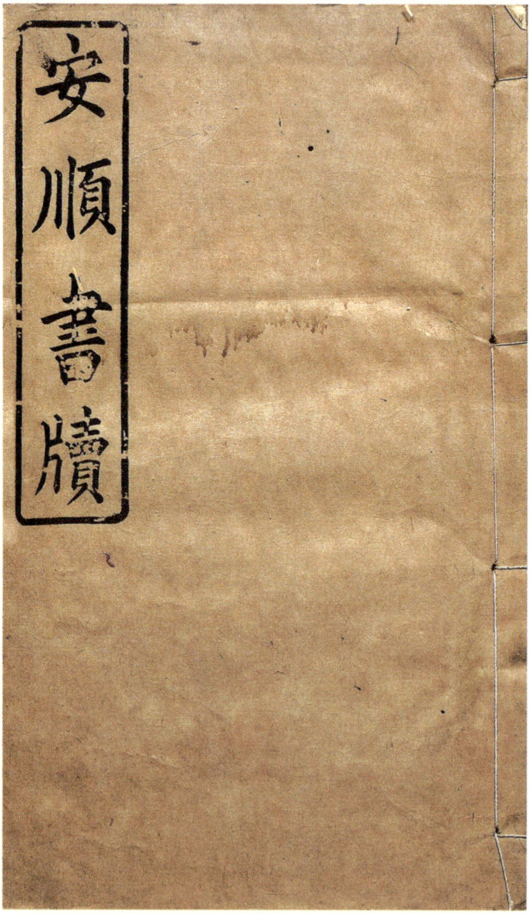

《安顺书牍摘钞》书影

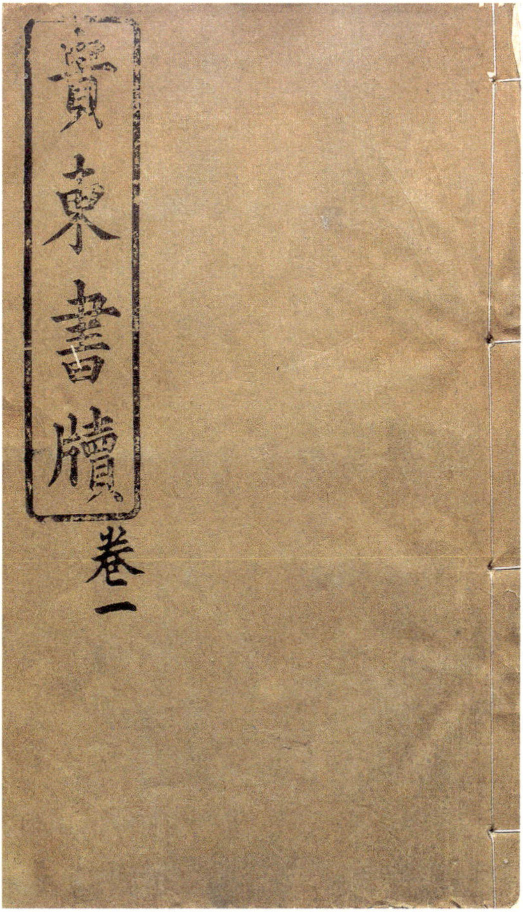

《贵东书牍节钞》书影

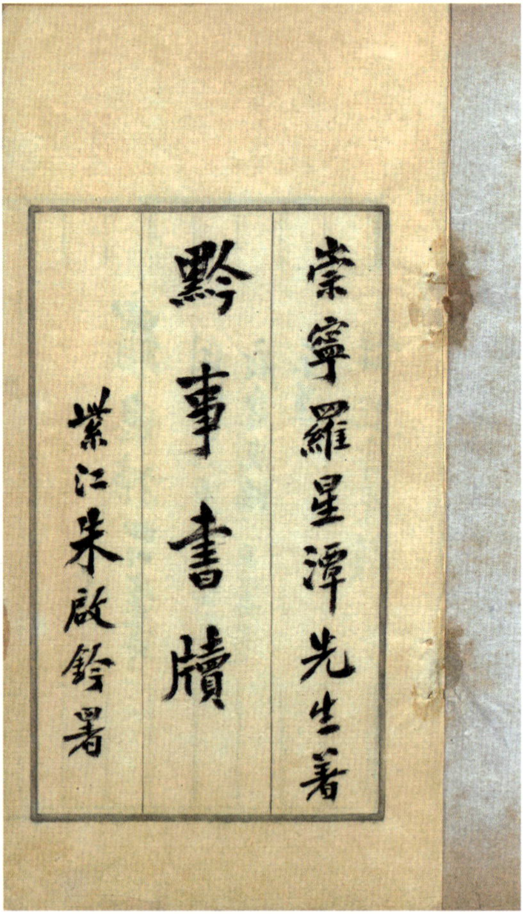

《黔事书牍》书影

《中国近现代稀见史料丛刊》总序

在世界所有的文明中，中华文明也许可说是“唯一从古代存留至今的文明”（罗素《中国问题》）。她绵延不绝、永葆生机的秘诀何在？袁行霈先生做过很好的总结：“和平、和谐、包容、开明、革新、开放，就是回顾中华文明史所得到的主要启示。凡是大体上处于这种状况的时候，文明就繁荣发展，而当与之背离的时候，文明就会减慢发展的速度甚至停滞不前。”（《中华文明的历史启示》，《北京大学学报》2007 年第 1 期）

但我们也要清醒看到，数千年的中华文明带给我们的并不全是积极遗产，其长时段积累而成的生活方式与价值观具有强大的稳定性，使她在应对挑战时所做的必要革新与转变，相比他者往往显得迟缓和沉重。即使是面对佛教这种柔性的文化进入，也是历经数百年之久才使之彻底完成中国化，成为中华文明的一部分；更不用说遭逢“数千年来未有之变局”、“数千年未有之强敌”（李鸿章《筹议海防折》），“数千年未有之巨劫奇变”（陈寅恪《王观堂先生挽词序》）的中国近现代。晚清至今虽历一百六十余年，但是，足以应对当今世界全方位挑战的新型中华文明还没能最终形成，变动和融合仍在进行。1998 年 6 月 17 日，美国三位前总统（布什、卡特、福特）和二十四位前国务卿、前财政部长、前国防部长、前国家安全顾问致信国会称：“中国注定要在 21 世纪中成为一个伟大的经济和政治强国。”（徐中约著《中国近代史》上册第六版英文版序，香港中文大学 2002 年版）即便如此，我们也不能盲目乐观，认为中华文明已经转型成功，相反，中华文明今天面对的挑战更为复杂和严峻。新型的中华文明到底会怎样呈现，又怎样具体表现或作用于政治、经济、文化等层面，人们还在不断探索。这个问题，我们这一代恐怕无法给出答案。但我们坚信，在历史上曾经灿烂辉煌的中华文明必将凤凰浴火，涅槃重生。这既是数千年已经存在的中华文明发展史告诉我们的经验事实，也是所有为中国文化所化之人应有的信念和责任。

不过，对于近现代这一涉及当代中国合法性的重要历史阶段，我们了解得还过于粗线条。她所遗存下来的史料范围广阔，内容复杂，且有数量庞大且富有价值的稀见史料未被发掘和利用，这不仅会影响到我们对这段历史的全面了解和规律性认识，也会影响到今天中国新型文明和现代化建设对它的科学借鉴。有一则印度谚语如是说："骑在树枝上锯树枝的时候，千万不要锯自己骑着的那一根。"那么，就让我们用自己的专业知识与能力，为承载和养育我们的中华文明做一点有益的事情——这是我们编纂这套《中国近现代稀见史料丛刊》的初衷。

书名中的"近现代"，主要指 1840—1949 年这一时段，但上限并非以一标志性的事件一刀切割，可以适当向前延展，然与所指较为宽泛的包含整个清朝的"近代中国"、"晚期中华帝国"又有所区分。将近现代连为一体，并有意淡化起始的界限，是想表达一种历史的整体观。我们观看社会发展变革的波澜，当然要回看波澜如何生，风从何处来；也要看波澜如何扩散，或为涟漪，或为浪涛。个人的生活记录，与大历史相比，更多地显现出生活的连续。变局中的个体，经历的可能是渐变。《丛刊》期望通过整合多种稀见史料，以个体陈述的方式，从生活、文化、风习、人情等多个层面，重现具有连续性的近现代中国社会。

书名中的"稀见"，只是相对而言。因为随着时代与科技的进步，越来越多的珍本秘籍经影印或数字化方式处理后，真身虽仍"稀见"，化身却成为"可见"。但是，高昂的定价、难辨的字迹、未经标点的文本，仍使其处于专业研究的小众阅读状态。况且尚有大量未被影印或数字化的文献，或流传较少，或未被整合，也造成阅读和利用的不便。因此，《丛刊》侧重选择未被纳入电子数据库的文献，尤欢迎整理那些辨识困难、断句费力、裒合不易或是其他具有难度和挑战性的文献，也欢迎整理那些确有价值但被人们习见思维与眼光所遮蔽的文献，在我们看来，这些文献都可属于“稀见”。

书名中的“史料”，不局限于严格意义上的历史学范畴，举凡日记、书信、奏牍、笔记、诗文集、诗话、词话乃至序跋汇编等，只要是某方面能够反映时代政治、经济、文化特色以及人物生平、思想、性情的文献，都在考虑之列。我们的目的，是想以切实的工作，促进处于秘藏、边缘、零散等状态的史料转化为新型的文献，通过一辑、二辑、三辑……这样的累积性整理，自然地呈现出一种规模与气象，与其他已经整理出版的文献相互关联，形成一个丰茂的文献群，从而揭示在宏大的中国近现代叙事背后，还有很多未被打量过的局部、日常与细节；在主流周边或更远处，还有富于变化的细小溪流；甚至在主流中，还有旋涡，在边缘，还有静止之水。近现代中国是大变革、大痛苦的时代，身处变局中的个体接物处事的伸屈、所思所想的起落，借纸墨得以留存，这是一个时代的个人记录。此中有文学、文化、生活；也时有动乱、战争、革命。我们整理史料，是提供一种俯首细看的方式，或者一种贴近近现代社会和文化的文本。当然，对这些个人印记明显的史料，也要客观地看待其价值，需要与其他史料联系和比照阅读，减少因个人视角、立场或叙述体裁带来的偏差。

知识皆有其价值和魅力，知识分子也应具有价值关怀和理想追求。清人舒位诗云“名士十年无赖贼”（《金谷园故址》），我们警惕袖手空谈，傲慢指点江山；鲁迅先生诗云“我以我血荐轩辕”（《自题小像》），我们愿意埋头苦干，逐步趋近理想。我们没有奢望这套《丛刊》产生宏大的效果，只是盼望所做的一切，能融合于前贤时彦所做的贡献之中，共同为中华文明的成功转型，适当“缩短和减轻分娩的痛苦”（马克思《资本论》第一卷第一版序言）。

《丛刊》的编纂，得到了诸多前辈、时贤和出版社的大力扶植。袁行霈先生、傅璇琮先生、王水照先生题辞勖勉，周勋初先生来信鼓励，凤凰出版社姜小青总编辑赋予信任，刘跃进先生还慷慨同意将其列入"中华文学史史料学会"重大规划项目，学界其他友好也多有不同形式的帮助……这些，都增添了我们做好这套《丛刊》的信心。必须一提的是，《丛刊》原拟主编四人（张剑、张晖、徐雁平、彭国忠），每位主编负责一辑，周而复始，滚动发展，原计划由张晖负责第四辑，但他尚未正式投入工作即于 2013 年 3 月 15 日赍志而殁，令人抱恨终天，我们将以兢兢业业的工作表达对他的怀念。

《丛刊》的基本整理方式为简体横排和标点（鼓励必要的校释），以期更广泛地传播知识、更好地服务社会。希望我们的工作，得到更多朋友的理解和支持。

2013 年 4 月 15 日

目　录

前 言

清代后期，从广西爆发并进而席卷大半个中国的太平天国运动强烈冲击了清政府的统治秩序，也使已近末世的封建王朝的弱点充分暴露。与此同时，与广西相邻的贵州也兴起了各族人民的反抗斗争。其中，又以张秀眉领导的黔东南苗民起义声势最大，时间最长，影响最深，出现了“千里苗疆，莫不响应”的局面，旧史称“咸同苗乱”。

在内忧外患中，清政府走上了从“自强”到“求富”的改革之路。僻处西南山地的贵州，地瘠民贫，交通不便，经济落后。在动乱平定后，贵州并未迅速走上洋务运动的发展过程。彼时，面对疮痍未复的局面，贵州地方当局亟须处理和解决的问题是社会秩序的重建与管理体系的变革，消灭可能再次致乱的不稳定因素，以强化对地方的治理与管控。

在这一过程中，处于省与地方之间并起着承上启下作用的道员，发挥的作用不可忽视。有清一代，由于疆域辽阔，人口众多，省府县三级制的行政区划无法满足管理需要，因此省以下分设巡道和守道，作为省的派出机构，以分管府、直隶州等。道员的职能，主要是对地方所属官员及其管辖事务的督催和察查，其能否充分发挥自身职能，直接关系到地方吏治风气的好坏与社会秩序的稳定。

对日记、文集、书信等文献的梳理和分析，是认识当时地方官员施政思路及实践的重要途径。由周远廉、龚书铎在白寿彝总编的《中国通史》中指出，历代地方中级官（府、道）之公牍，近代著名者当首推胡林翼之《宦黔书牍》与易佩绅的《安顺书牍摘钞》《贵东书牍节钞》。《宦黔书牍》为道光末年至咸同年间胡林翼在黔省历任安顺、镇远、黎平知府时写给上级的禀报和给下级的指示。《安顺书牍摘钞》是易佩绅以贵州候补道摄理安顺府时留存的书札和公牍,《贵东书牍节钞》则收录了易佩绅担任贵东道期间的部分书札和公牍,《黔事书牍》则主要收录了罗应旒担任贵州都匀知府期间的书札和公牍。这三种文献,胡林翼的《宦黔书牍》已经整理出版,而易佩绅的两种书牍目前未见到系统整理和公开出版,其文献价值及其展现的相关史实尚未得到学界的充分认识。此外,与易佩绅同期宦黔且有密切交往的罗应旒,其《黔事书牍》著录的内容对于认识当时贵州地方官员的施政思路及实践,同样重要①。易佩绅担任贵东道期间,罗应旒任都匀府知府,罗应旒是易佩绅的属官。

易佩绅(1826—1906),字笏山,湖南龙阳(今湖南汉寿)人,优贡生,咸丰举人。同治九年(1870)以贵州候补道摄理安顺知府,半年后去任。光绪二年(1876)署贵东道,四年补授。六年,升贵州按察使。此后历任山西、四川、江苏布政使,十三年,辞江苏布政使后归隐。著有《函楼诗钞》及文集等。

罗应旒(? —1898),字星潭,四川崇宁(今四川成都郫都区)人,庠生。咸丰十一年(1861),入陕西巡抚刘蓉幕。同治年间入贵州提督周达武幕,兼理营务处,积功保知府,后以候补道署理贵州都匀府知府。光绪五年(1879),以道员入京引见。九年,署贵东道。十年,遭吏议而罢官,归乡。此后游历南洋、闽粤,与郑观应交游。二十年,受邀入徐邦道军幕,总理营务处。甲午中日战争期间,于唐王山之役率队毙敌千余。二十二年,乞归。二十四年,殁。著有《趋庭纪闻》等。

本次整理的三种书牍,不仅收录了各种不同形式(如奏章、条陈、

① 自清代中期以后,贵州省在地方上基本上保持着贵东道与贵西道的设置。其中,贵东道主要辖贵州省下游的平越、镇远、都匀、思南、石阡、思州、铜仁、黎平八府。

禀文、咨文、札、批等)的公牍,还包括了大量的书札,涉及贵州巡抚黎培敬、湖南候补道裴荫森、贵州布政使吴德溥、贵西道曾纪凤、广西巡抚涂宗瀛、湖南候补道陈宝箴、湖南巡抚刘崐、贵州巡抚林肇元、贵州巡抚岑毓英、成都将军崇实、四川总督丁宝桢等黔湘桂川各省的地方官员。这些内容,体现了"咸同苗乱"后期以及肃清之后,贵州地方官员为平定地方动乱、重建社会秩序以及变革地方管理体制等事宜的谋划。

其中,以裁撤土司为代表的变革黔省地方管理体制内容尤其值得关注。土司制度,作为历史上西南地区的一项特殊管理模式,曾为西南地区的治理与稳定发挥了历史的作用。雍正年间,随着清政府通过改土归流加强对西南地区的治理,许多原先由土司管辖的地区已纳入国家的治理之中。在黔东南苗疆地区,由于历史、语言、风俗、文化等的差异,自雍正年间以后,土司政治仍长期存续并为国家在民族地区的治理发挥了一定的积极作用,但土司势力的壮大及其不法行为,最终也成为导致地方动乱的因素之一。通过对易佩绅、罗应旒书札内容的梳理,并结合相关的档案、方志等材料,我们可以较为清晰地了解到当时从州县到省局再到中央政府对裁撤土司的态度,以及最终将黔东南地区土司收入绿营,并将其地其民纳入国家的直接统治的发展过程。这一过程,也体现了清政府在黔东南苗疆治理日益强化的态势。由此,易佩绅、罗应旒书牍内容对于进一步拓宽、深化对晚清贵州地方权力格局变迁认知的价值自不待言。

此外,据全国古籍普查登记基本数据库及上海图书馆古籍联合目录及循证平台检索显示,《安顺书牍摘钞》在国内国家图书馆、内蒙古自治区图书馆、湖南图书馆、贵州图书馆、上海图书馆有藏。《贵东书牍节钞》在国内的北京师范大学图书馆、贵州省图书馆、湖南图书馆、内蒙古自治区图书馆、浙江图书馆有藏。《黔事书牍》(一名《黔事书启》)则仅见中国国家图书馆有藏。此外,中国国家图书馆藏《黔事书启》一书,作者著录为罗应旒,收录的书牍篇目与《黔事书牍》相同,应是《黔事书牍》的另一个抄本。再者,《黔事书牍》在篇前录有“崇宁罗星潭先生著　黔事书牍　紫江朱启钤署”。朱启钤(1872—1964),近代古建筑学家,贵州紫江(今贵阳市开阳县)人。朱启钤辑录有《黔南游宦诗文征》,汇集了明清两代152位游宦黔省官员的诗文。《黔事书牍》即是朱启钤辑录《黔南游宦诗文征》中的一种。

此次整理三种书牍,主要做了以下的工作:

一、原稿使用的繁体字、异体字、通假字,整理时尽量改为简体规范汉字;某些特殊和习惯用法,则仍从其旧。

二、考虑到《贵东书牍节钞》中卷一全部为易佩绅与黎培敬的往复书札,本次整理时,将《黎文肃公遗书》(出自《清代诗文集汇编》第702册)书札中收录有关黎培敬与易佩绅的往复书信,全部摘出整理作为附录以作参照,并在每封书札后标注出卷次以及页码。

三、原稿中表示敬称的抬头、空格,整理时予以取消,文字接排。

四、为便于编排,原有随文夹注改以( )标出。《黎文肃公书札》中有将人名涂黑处,即根据字数用“□”表示。原稿中有漏字,在其后以方括号“[ ]”补字;原稿中有误字,在其后以六角括号“〔 〕”括出改字。

五、原稿中个别用语带有当时时代局限,为保存史料原貌,此次整理时不作改动。

限于学力,此次整理之疏漏及不当之处在所难免,敬祈方家教正。

安顺书牍摘钞

（清）易佩绅　著

安顺书牍摘钞叙目

同治九年庚午，佩绅以贵州候补道摄理安顺府。夏六月下旬视事，冬十一月中旬去，计在官六阅月。庶富未能谋，惟空空托之于教。大利未能兴，惟草草借客兵以除一大害。事后追思，常以负民为疚。然当其时，劳苦忧患，固不敢自谓尚有余力矣。文字之可见者，粗迹耳。故簏中犹存书牍稿若干篇，不忍尽弃。今摘钞之，各以类编为三卷。光绪四年戊寅冬十一月，易佩绅自叙。

安顺书牍摘钞卷之一

陈地方情形筹民事军事

摄府叩辞后，出省二十五里，即安顺府境。沿途察看清镇、安平两县情形，又因闻府属鲍家、云山两团甚得力，迂道先往其处体访一切。六月十九日抵府城后，延接绅士，互相印证，一郡情形，已得十之五六。二十四日接印后，披览新旧公牍，考核各种利弊。又于本月初四日，亲往镇宁州属新投诚之乌束陇一带，开导汉夷各团民，一切情形，十得八九矣。查安顺府辖二厅二州三县，又亲辖五起十四枝，皆凋残已极，困苦难堪。民事、军事皆为要务。初，摄府以为尽心民事，则军事自松。自今揆之，军事无章，则民事难举。谨以管见陈之。民事之要，莫外乎整纲纪，申教化，除苛暴，问疾苦，安未变之善良，以感已变之顽梗。在上者，范已端，道已尽，恩已至，而毫无遗憾。然后在下者，令可从，刑可服，死可甘，而必无异志。此摄府以为尽心民事则军事自松之初意也。顾见今境内之贼叛服靡常，境外之贼去来无定，其得力之团仅能自顾本屯，屯以外即不能保。其不得力之团，则屯亦不能自保。今日此请兵，明日彼告急。由府自募之练不敷分顾，则不得不乞援军需局。其自募者，仅恃捐派仓谷及奉拨毕节小河厘金一成，原无一定饷项。其来援者，又每由各地方捐派米粮，是皆屡取于民，即不能不滋扰于民矣。加以自募之练饷项无定，则额数难定。整顿既难画一，防剿何由得力。其来援者则主客既判，运掉不灵。如闻贼到某处，请援某处，即使迅速，亦须数日。其赴援之处必先札饬办粮，及援军到日，或民屯已破，或贼已远扬，而需粮如故，且或别有骚扰。是未能救民，而先害民矣。此军事无章则民事难举之见在情形也。兹摄府既蒙委任，岂敢畏难而卸责，然亦有所筹划不敢缄默者，请宪台详择焉。窃思安顺七属，欲使军事有章而民事易举，得实数劲旅一千六百人，亦稍可借手。盖亲兵百人，三营各五百人也。三营可当三路，随分随合，而亲兵居中策应焉。若以此责成，摄府可使一郡肃清，而民事自有起色。然必实数劲旅一千六百人，以楚军章程计之，每月需饷银九千余两，即减半计之，亦需四千余两，不知宪台能为安顺筹此巨款否？此摄府有可操之胜算，而不敢必者也。若但照见今军事为之，视仓谷厘金之盈绌为练数之多寡。扰民者既不能除，救民者又不可恃，内政难立。而地方之凋敝者，如前外侮忽来，而元气之仅存者又失。在宪台，虽不苛责以无米之炊，在摄府，必不安于求牧与刍之不得。唇焦舌敝，而空言不足以为恩。力竭精疲，而忧劳必至于成疾。此摄府虽欲勉为其难，而终恐不胜其任者也。

请饬汪守速赴本任自愿暂留办理军务

摄府到任两月，不惟一郡情形已悉，即西路各地方贼势军情，亦知大概。但须各地方官先有以服民夷之心，而所用兵练又有慑服之威，无骚扰之怨，则不难肃清矣。今就摄府可以自任而不能兼顾者，筹一便宜之法，为宪台陈之。摄府两月以来，但举办府属百余里内之民事、军事，粗有头绪。各厅州县，尚只以虚文往复，已不胜其劳。心目中尽有思到见到之处，而无可分之力，无可助之人，亦徒然抱歉。继此，九月以后，钱粮考试等事，纷至沓来，而词讼仍不能大减，则变幻无常之军务更安能周到？拟请宪台饬汪守炳璈即赴本任，专理民事，而暂留摄府办理军务。凡各属团练召抚等事，皆摄府督办之。见就奉拨毕节小河厘银一成，每月百数十两，及军需局每月接济经费银三百两，并动用仓谷，勉强凑养练丁五百人。再酌给摄府薪水、夫役银两，相势量力，由近及远，或派弁带领，则指挥可期详密，或亲身自往，则上下更无隔阂。皆较有词讼、钱粮等事羁绊之时，更易获效。

即如见在兴义府属之回逆，有闻摄府风声，欲越属投诚者，皆不暇应接。若专办军务，则虽隔属，亦可应接矣。又如本属厅州县，皆不暇亲往察看。若专办军务，则可随时周历，遍察各官之贤否，民夷之情伪矣。专办数月后，如地方安靖，或可告撤，或酌留弁练交汪守兼理。汪守与摄府相处数月，彼此以民事、军务相切劘，必能互有进益，不复以军务生疏为嫌。此系摄府为地方急图安全而免以兼顾偾事起见，伏祈俯允，并饬汪守速即束装，乘此钱粮甫将开征，而军务又正吃紧之时，早相接替。既免钱粮之镠镐，又免贼踪之蔓延，实为两便。

报大股贼匪窜踞普定各屯窥伺郡城先后堵御布置情形

八月二十八日，以岩逆大股窜陷普定之张官、余官各屯，高副将伯麟带练救援，先胜后挫情形飞禀宪台，请速发援师，或准加募练丁在案。查高副将失利，虽系众寡不敌，究有退败之罪。惟念其血战突围，身受重伤，暂从宽宥。其所带之二百人，查有副将张定国，熟悉安顺地势贼情，素称奋勇。虽颇遭物议，而当此急迫需人之际，不能不弃短取长，以期近效。已饬令接带并添足三百人，迅速整顿，以救各屯。陈副将家贵已募二百人，亦令其添足三百人，内外策应。参将陈大顺专带亲兵以固城防。惟探得此股贼匪，既系由平远、郎岱窜来之岩白、向黄等逆，又有自清镇、安平窜来之下游各逆，数路合股，加有本地夷匪勾结，实有三四千之众。见踞张官堡一带，掳割粮谷，将有倚为巢穴而窥伺郡城之意。惟有慎重防范，相机进剿，仍候援师厚集，以图并力扫荡而靖地方。

报陆续布置及筹划情形

本月初四日以布置情形具禀后，初六日彭副将所派祝都司一营到郡，永宁州杨署牧亦带练丁来援。初十日，祝都司、杨署牧率练进扎龙旗屯，陈、张两副将率府练进扎马堡，先后遇贼，交锋皆未得手。十二日，杨署牧闻永宁有警，撤练回州矣。祝都司既嫌孤立，彭副将又屡来谕令其持重，陈、张两将亦自不宜轻进。遂令祝、张两军仍各稳扎，以顾未蔓延之各路。陈副将移扎大营盘，以顾中路，而兼应两路。查张官屯为已破之地，此股贼匪出没无定，若得大军到齐，合围兜剿，虽不能尽灭，亦可痛惩。摄府亦不侥幸于贼之速走，而自以为功也。此地报贼出境，彼地报贼入境，张皇于前，粉饰于后，直以各股贼匪为养官养将、欺上剥民之具。摄府自不肯蹈其辙。惟心有余而力难逮，且恐见事不深者，不能相谅。又各团民情，闻贼将至，则惟恐兵不速来。及兵来，则谕令办粮，惟恐价之不足。即价虽给足，亦恐兵之或扰。此又贼匪不可久踞，援兵不能过多之情形也。伏祈宪台曲加体察。如鼎营一军可办此贼，即饬彭副将带全军速进，以便号令专而蒇事易。如毛军合剿可期灭贼，则既须发见银以采办军粮，又须与彭军派定孰正孰副，归并节制，方无贻误。均候裁夺、饬遵。

报唐军到郡或抚或剿请与定约

九月二十五日，彭副将率全军来郡。二十八日，进扎龙旗屯，正筹商进剿。二十九日，接准办理援黔军务唐道移开，“窃照岩、白二酋迭次请抚情形，曾经函知贵府在案，兹特札饬于丞德楷督带安定、左后、副前、副后四营，五成精锐，于九月二十三日自兴隆场取道开州、清镇驰抵安顺，探确岩、白二酋屯踞何处，相机剿办。如果实心受抚，便挑其丁壮，带赴下游，以备前行。其余老弱妇女，均令听候贵府安插散遣。如其尚怀观望，便痛加剿洗，击出安顺境外，始行拔回下游。所有四营勇丁抵境时，概不准入城。需用军粮，见委县丞刘葆良就近于郡城内外采办转运，并希转饬绅耆帮同办理，以期不误军食”等因。又据函称，“无论剿抚，都请黔中兵团不必助势，以免各营彼此口角滋事”等语。本月初一日，于丞德楷已带前队到郡，即日进扎离城十里之欢喜岭矣。摄府窃查岩、白各逆蔓延上游四五年，东奔西突，出此入彼。论其罪恶，自不容诛。然各属地方筹防筹剿，闾阎穷于搜括，省局困于转输，民团日耗日衰，兵练日疲日玩，盖不独安顺为然。今各逆既踞普定之张官屯，又分窜永宁之募役等处，土夷勾结，四出纷扰，势甚披猖。纵令彭军得力，助以府练，不过夺回屯寨，必难杜其奔逸，其为患害仍无底止。若得唐军召其首逆，挑其丁壮，尽入戎行，则根株既清，办理自易，诚为方今要务。惟唐道本年派弁于郎岱召抚，未与地方官筹商周密，反成衅端。今其来文并所派之员、所定之计，已觉周密，而旁观怀疑者仍所不免。且其函称"不必黔中兵团助势"等语，在唐道实为免口角滋事之本意，而不知者必以为专功好胜之偏心。在摄府阅历多年，深知用兵之宜于号令归一，而他人或有不尽谅者。摄府已商知彭副将暂扎要隘，俟唐军抚剿有绪，再定进止。如唐军能抚，则摄府自当任安插、遣散老弱妇女之事，彭副将自可图肃清土夷之功。如仍须剿办，则或唐军、彭军分路进攻，或唐军专攻屯，而彭军遏其奔逸之路，总期勿生嫌隙，勿误事机。至于军家利害，易进不易退，可增不可减，唐道既有此盛举，即宜善始善终。抚则反侧全消，剿则狂氛尽净，然后可撤军而去。若半途中止，则民气愈馁，贼焰愈张，更有大可虑者。摄府请与唐道约，如抚有阻挠，剿有纷争，则惟摄府之责。如抚既不就，剿又未终，则唐道终不可恝视。是否有当，伏乞宪台查核、饬遵，并饬知唐道备案。

请留唐道奉撤之四营剿办上游并自闰十月起筹给粮饷

前以张官屯贼遁，请留唐军肃清上游，又因永宁被围告急，飞请军需局派援在案。初十日，接唐道移知，该军奉撤，无论行抵何处迅即拔回等因。是时，该军追剿窜贼，攻破逆寨，声威正著。而乌束陇、客田为极凶悍险阻之寨，此根不除，祸患未已。十一日，该军会合摄府所部，进攻乌束陇，各弁勇舍死扑至第二层卡门，枪伤石伤已数十人，尚未能克。若遂弃之而去，则彭军与摄府所部皆新集之众，图功更难矣。城乡各绅民情尤迫切，既在该营乞留，又来府署合词公请。此种情形，摄府前禀早已虑及。今唐道既不得自主，摄府明知地方有可危之情形，有可惜之机会，若顾忌观望，不展一策，则无以对地方之民，无以副宪台委任之意。且永宁被围，灾既切近，兴义踞匪势正猖獗，上游急需进兵，显然易见。今唐军派来四营，皆百战之精锐，枪炮器械件件精整，若新募骤制，何从得此？摄府前有自募千六百人之请，即蒙俯允挑募，亦不能如此齐全。又该营将卒多降人，唐道畜之数年，甚得其心，一旦相聚而撤，将何所归？周军门督师来黔，将进击苗强乎？抑先击散练乎？此为一省大局，固当酌留唐军。而目前为上游大局，尤当先留此四营也。再四思维，已商知于丞德楷，仍留此四营暂剿办乌束陇一带。该营口粮，截至十月止，十月内尚由唐道支发，自闰十月起所需口粮，据摄府所见有二焉。一则或由四川督部堂多加四营月饷，或由周军门少募四营，留此四营先肃清上游，而后归并下游。此调停之稍委曲者也。一则省局虽甚支绌，而见在各处所养之练，费亦不訾，兵贵精不贵多，与其照黔饷以养零星之营，何如照川饷以得合并之力？拟请撤去黔饷之不得力者，而养此川饷之四营。一营虽需两营之费，直可得四营之用。此转移之甚便捷者也。是否可行，伏祈酌夺。如由省局发饷，固须源源接济，或由川中加饷，由周军门处拨饷，当咨商。未就，川饷未到之时，亦须由省局垫给。如皆不可行，即求迅速批回，俾该军于十月口粮未止之先，拔回平瓮就撤，以免滋累。但地方情形之可危，机会之可惜，摄府实已陈明，与初到任时所禀，同一通盘筹画之意，非始终异辙也。

陈各营围逼乌束陇情形请筹供安定营口粮

窃查安顺所属镇宁狆夷，附近郡城者数十寨，自咸丰五年变乱以来，迄今十余年矣。寻常既以烧杀劫抢为生，时复勾引外贼入境，大肆攻夺，所蹂躏乡村以数百计，镇宁州城两次破陷亦由于此。及援兵来而外贼退，则诈乞投诚，兵退则又如故。其中凶恶最著者，为乌束陇、客田、石头、夏官堡、黄桶、董梨陇、脚蜜蜂、薛家庄、河万屯、毛口庄、猓狸河等十余寨，而乌束陇则又地形之最险巨，贼之所归宿者也。

屡经孝、赵、罗、陈各军门，赵道、沈倅、钱参将，王、周两署守及前任毕摄守先后剿办，或迭经挫败，或迄无成功。今年六月，摄府初到任，正春、贵两营观望未进之时，官民哗然，谓该军虽进必有挫败之患。适该夷具禀投诚，摄府遂乘机许之。所许之意有二：一则以谓晓以至诚，摩以岁月，或可感格于万一也；一则官军既不足恃，摄府初到任毫无头绪，虽明知其诈，亦可稍缓以俟布置也。该夷经摄府苦口谕导，亦已开呈户口，愿入汉团，道路肃清者月余，颇有誓不复反之意矣。乃有普定生员邵秉铨者，因倡六合团之乱，事平逃入夷寨。今复煽惑，其中谓一前明后裔素有异征，须借乌束陇为立命之基，安顺为开疆之地。该夷等信之，遂迎入寨中，奉为伪主。该逆生遂受伪吏部天官怀德公之号，其余伪大司徒、伪大司马、伪大元帅、副元帅、伪大将军、副将军等官名，遂遍布于各屯硐尔之间。八月杪，岩、白各逆在郎岱遂勾结以来，张官、余官两屯之骤失，实该夷伺隙设间而为之。非摄府竭力布置，郡城已不可问矣。彼时未尽陈明者，一则察探未确，一则恐兵力终不足恃，若遽显布之而难为收拾也。及安定四营为招降岩、白二逆而来，摄府即隐借以为剿办逆夷之计，而不料其遽奉撤也。及岩、白二逆以其半潜遁，以其半潜踞各逆寨，该逆等亦明知该营已撤，俟其去而后为所欲为。此摄府所以有必留该营之请也。该营乘势与彭副将及摄府所部，先后攻破薛家庄、石头、夏官堡、黄梨陇、脚河、万屯等数寨，阵斩伪元帅、将军十余人，毙悍贼四百余人，其余老弱坠岩死者无算。势已不可中止，而请留之禀未奉批示。若观望游移，坐废将成之局，而仍贻地方无穷之患，非所以副宪台委任之意，而亦非摄府蒿目时艰之初心也。安定营与彭副将及摄府所部，连攻乌束陇三日，各有伤亡。此寨奇险，实非专恃力攻所能克。惟有先行围困，乘其隙而薄之，可图聚歼，以为一劳永逸之计。十五日，安定副前营进扎乌束陇正东前卡，断其出入之路。安定左营扎东北，扼其旁窜，并各围一水井。安定副后营与鼎字两营扎东南，以遏外援。安定后营扎正西后卡，鼎字二营扎西北，各断其汲道。摄府所部留作策应，兼顾各路。十六日，摄府亲往察看，皆合机宜。该逆寨撤去草棚，人皆露处，以防火攻，其胆已寒。牛马号嘶，其声甚惨，已为断水之验。揆形度势，远则一月，近则旬日，必无不克。若仰仗威福，加以摄府激厉，各将弁等或能于旬日内成功，亦意中事也。伏祈宪台查核摄府先后所禀速定大计，万一难作久局，亦必为安定四营筹一两月口粮，使摄府得以竟乌束陇、客田之功。摄府因欲为地方永远除一大害，机会得失介于呼吸内外，主客曲尽调停，露去星回、废寝忘食者，十余日矣。若但饰目前而免身累，亦何必如是哉？伏求宪台鉴怜，而始终玉成之。幸甚！

陈查明沐邵二逆踪迹暨攻克乌束陇犄角一寨情形

前禀各营围逼乌束陇情形，并绘图呈览在案。继查明该逆寨所奉伪主，实自称为沐洪春，云系前明沐英之后。逆生邵秉铨者，今年夏间曾与李镇荣春通书，词甚悖谩。及为沐逆伪相，更肆猖獗。摄府先后得各营所呈该逆等伪谕，妖言鄙语固无足重轻，而煽惑顽愚则以此等伎俩为易入。是乌束陇不平，祸患未已。此二逆不除，祸根尤难断也。摄府已传知各营，必毋使二逆兔脱。该逆寨既经断水，忽十七夜雨雪，沐逆竟称为其祈祷所致，遂乘夜猛扑安定副前营，幸为该营登时击退。该逆等既得此夜雪水，复有岩泉涓滴，一日可得瓮余。若专恃围困，亦恐多费时日。摄府因商知安定营营官刘参将德顺等，务须寻间用奇，以图速克。该参将等遂于贼巢山腰挖筑长壕，使该逆无一得脱之路。旋于三十三日，攻克该逆犄角一小寨，斩获数十级。安定营分队驻于其上，已压该逆寨之顶，而扼其吭矣。见在激厉弁勇，悬以赏格，扫穴擒渠，当在指日。

报擒获乌束陇各伪逆

乌束陇将克，惟以沐、邵二逆兔脱为虑。因密为反间，布入逆寨，谓二逆将为内应。该逆寨果起猜疑，必欲二逆夺回犄角之屯，彼此各踞，始能信从。二逆不得已，于二十五日挈眷率队乘夜袭屯。时我军早有探听，使守屯者佯为惊退，俾二逆得入，我军预设之伏一时突起，四面兜围，遂擒获伪主沐洪春、伪吏部天官邵秉铨、伪护驾将军周发科、伪后童氏，并获伪印五颗、伪龙帽一顶。二十六日，安定营押解各逆并伪印等件到府。摄府督同普定郑署令、镇宁汪署牧，当堂讯明各逆口供，暂发普定县监禁。窃查沐逆供系云南匪徒，以妖言惑众，居然建号称尊，伪立国为大兴，伪纪年为永和。黔省上下游贼酋，皆受其封爵，听其指挥，荼毒地方，不知凡几，实为元恶大憝。邵逆供系安顺属已革生员，甘心背叛，首膺伪职，倡导诸贼蹂躏桑梓，亦为罪大恶极。今皆一律就擒。虽乌束陇尚未尽破，而免致既破之后漏网滋蔓，较寻常侥幸克复粉饰了局者，自相悬远。且该逆夷等见二逆既擒，已知妖言不可信，邪术不足恃，自此或剿或抚，皆可一劳永逸矣。除备录供词，派员将各逆解赴省辕听候审办外，理合先此驰禀，以慰宪廑。

报攻破乌束陇情形请保奖各员弁

该逆巢自各军合围断水后，其势日蹙。自犄角一屯攻破，沐、邵二逆就擒后，其胆更寒，明知无路求生，遂拌死拒。摄府督励各将士屡次攻扑，皆分数道。该逆顾此虑彼，防不胜防。二十二日，安定营营务处四川候补同知于德楷，密派后营营官参将刘德顺、副前营营官副将万昌喜、千总潘永升，率队由后路暗袭。左营营官守备刘占斗、副后营营官副将唐发、千总皮应烈等，率队由前路明攻。摄府所部副将高伯麟，都司易祖盛等，率队由两旁夹击，并分队会合镇宁汪署牧所带团练，伏于长壕，以待奔突。四更后，明攻之队方进，该逆知觉，石下如雨，各营受伤者不少。于丞德楷督令前进不少却，该逆犹自负嵎。而后路暗袭者已入，焚烧草房，齐声喊杀。该逆分顾不及，各路遂一鼓而登，火光烛天，喊声震地，杀死、烧死、滚岩死、奔突至长壕死者，孽种顽徒一时净尽，时已二十三日黎明矣。火旋扑息，尚余未烧之谷米，未烬之屋材，按照摄府所议，概令附近被害之张官、余官各屯民运取，以代赈恤。该逆巢墙垒概行毁堕，荡为平阜。远近各夷寨闻此声威，惟恐移兵相向，无不号泣乞命者。摄府是日适接周军门不能留安定营之信，且体宪台威德并用之意，首逆之巢既平，从逆之巢当抚，已出示晓谕镇永各夷寨，令其惩乌束陇覆辙，仍遵摄府初到任时召抚之谕。想继此抚驭得宜，自可永就安帖矣。是役也，仰承宪台方略，自克复张官屯，击退岩、白二逆以来，四十余日间连破附逆各夷十余屯，擒获伪主、伪相，阵斩伪元帅、将军等，卒乃削平首恶奇险之乌束陇，使十余年屡困之兵气为之一扬，数百里积愤之人心为之一快。所有冲锋冒险之将士，奋勇堪嘉。襄谋助力之官绅，勤劳可念。理合择尤开具清单，先请随折保奖。其余出力员弁，容俟汇请奖叙。是否有当，伏祈批示。至先登之副将万昌喜，屡次攻战皆身先士卒，此番被贼枪伤右目，目珠迸出，犹忍痛奋进，故保奖更请从优。

安顺书牍摘钞卷之二

关防条约示

照得本摄府生长民间，早悉闾阎之苦，驰驱天下，周知亿兆之情。平生以康济为心，思立功必先立德，夙夜以寅清为念，能正己方可正人。况当凋敝之区，尤切振兴之志。所有衙门条约、内外关防，循例者不待烦言，剔弊者务期共喻。兹开大略于左，其各凛遵，毋违特示。

一、本摄府及随带委员亲丁，不受各属丝毫馈送。词讼陋规，亦概行革禁。凡于铺户买物，皆照时价，不欠不赊。倘有书役人等指端诈索及借事苛索者，许官绅商民随时禀究。

一、宅门内委员亲丁，不准与外人交通。凡谒见本摄府者，由号房通报，不准在门房聚叙，致启弊端。

一、本摄府亲理词讼，或军务仓卒之时，寻常琐屑之事，间有委员代问者，皆必自判自结，毫不假权于人。

一、接词不限告期，除朔望、忌辰、祭祀、斋戒、庆贺佳节，又或有军务及别项公事等日外，其余每日皆于巳午间坐堂一次，亲接呈词。凡有告状者，皆先期挂号，临期由门役依次带进。一人退一人进，毋许混乱。

一、每案批词，皆悬榜头门，听双方及大众观看、钞录，不准毁匿。

劝谕投诚示

照得安郡七属，汉夷杂处，素有不轨之徒，凭恃屯硐之险，日以烧杀抢掳为事。初只狆苗各匪，继且汉夷不分，甚或勾结外寇以为声援，无法无天，殊堪痛恨。各大宪以本摄府历办军务，故委摄斯篆，先察尔等顺逆虚实，随以大军继后，务在分别剿抚，免至玉石俱焚。本摄府因思尔等原皆朝廷赤子，尔祖若父无非黔地良民，尔等纵未读诗书，亦不至生来即甘心作贼，亦未必不知作贼是自寻死路。其初或因乡党仇激，或因匪首胁从，或官民隔绝，告诉莫伸，或产业消亡，饥寒所迫，以为作贼是死，不作贼亦是死，不如作贼，可以报仇，可以抗官，可以抢夺衣食，过得一日算一日也。殊不知不作贼者，生为正人，死为正鬼，一时偶或吃亏，到头终有好处。作贼者不能对天地，不能对祖宗，虽然活在世间，已不算人，将来死在地下，亦不成鬼矣。今本摄府念尔等愚昧无知，误入迷途，不忍不教而诛。合行出示晓谕，为此示，仰各属汉夷民苗人等知悉，务须及早回头，互相劝戒。果能痛悔前非，改恶向善，即照乌束陇首先投诚例，一律准与自新。定以示到之日为始，所有从前一切为非作歹等事，概置不究。以后若有公事案件，听候地方官办理，务必随传随到，毋少抗延。倘若执迷不悟，抑或阳奉阴违，则是甘心作贼，绝无天良。天地万不能容，王法断不能宽，定即选调精兵，四围兜剿。绝嗣灭门，实由自取。良言尽此，速省厥心。

劝谕良民示

照得本摄府下车伊始，即招乌束陇各寨投诚。兹又遍谕七属各逆寨投诚，赦其既往，予以自新。尔各良民闻之，必有心怀不平者，谓该逆等烧杀抢掳，良民受害已极，今概置不究，民冤难伸。此固情理之所必然者。又或有暗中设计，借事生端，阻其向化之路，捏以反复之情，或争夺无休，或仇计不已，使该逆等终不能相安，以致不愿投诚，或投诚而再变。此又情事之所必至者。今本摄府为尔等明白言之，黔省本系蛮荒，朝廷改土归流，原为土夷不知礼法，特设流官以施政教，又以汉民素知礼法，使错处其间，借相倡导，谓之客户。盖欲各得其所，各遂其生，非利其土地也。自客户不能倡导土夷，反盘剥土夷，而土夷遂变。土夷既变，而客户难支，于是有逃亡者矣，有结寨自保者矣，亦有相率为贼者矣。此黔省致乱之由也。治病者，不寻其致病之由，投以对病之方，而欲病之全愈，得乎？俗谓黔省每数十年而一变，为山川气运使然，非也。盖每变一次，必痛剿一次，但治其标而未治其本，以致死者饮恨于冥冥，生者含愤于昭昭。怨毒相贻，冤仇相结。不发则已，一发则仍不可遏。安得数十年不变乎？今尔各良民，自问平日果皆不愧于礼法，不悖于政教乎？其与该逆等果皆无取侮之惭，开衅之端乎？当黔之既乱也，土夷固多为贼者，亦有不为贼而受害者。客户固多受害者，亦有为贼而害人者。贼有自境内起者，有自境外入者。当其烧杀抢掳之时，堵御不遑，奔逃不及，又安能实辨其烧杀抢掳之为某姓某名乎？事前不能消患于未萌，事至不能齐团以御，患事后则混牵混扯，或指一素有嫌怨之人以泄忿，或寻一尚可需索之户以取偿。种种弊端，而谓尔良民皆无罪乎？特未身自烧杀抢掳，即名为良民耳，而果皆能副良民之实乎？且客户之与客户，固皆迁自各省而同居一省者，客户之与土夷，亦皆同居数十年或数百年者。今举目一看，自祖宗以来，同生同长者尚余几户几人，若复伤残无余，抑或剿洗净尽，将来另招客户，尔等眼眼都是生人。兴言及此，凡未失恻隐之心者，能无感极而悲乎？而犹不思所以其相保全之法乎？又况良民中为乡团领袖者，或掇科目，或列胶庠，或膺职衔，皆必深知义理之人。凡知义理者，第一当顾天下大局，其次当顾一省大局，又其次亦当顾府厅州县大局，而忍以一家之私憾，借公事以相报复，使祸乱无休乎？抑知朝廷之兵刑，岂为尔一人一家私相报复之具乎？本摄府根于天性，早怀立人达人之心，既莅斯邦，更切已溺已饥之责思，所以治乱如治病之故，必恩威之互济，乃标本之兼医，恐尔等未达本摄府之苦心，而有碍于措施之深意也。合行出示晓谕，为此示，仰各属良民人等知悉。自示之后，凡各逆寨投诚者，尔等务须共释旧嫌，同期后效，齐团协力以御外侮，兴仁讲让以息争端。倘更有不平之事，或投诚人等再有违犯之条，但许呈明地方官秉公办理，毋许擅作威势，私相械斗。尝谓地方之干戈，生于人心之干戈，人心之干戈一消斯，地方之干戈永息矣。本摄府反复晓谕，实为拨乱反正、长治久安起见，每念尔等屯居硐处光景，辄泪下如雨，寝食俱废。不知何日得及吾目亲睹安全之象，尔等亦当共体之也。

劝谕息讼示

照得民间兴讼，原属事不得已。至于鼠牙雀角、寻常细故，讼则终凶。乃本摄府下车以来，披阅呈词，半系不甚紧要之事。即如昨日据府民吴世清、吴世休解报赵小丛幺等强取核桃一案，经本摄府随堂讯明，赵小幺所取核桃其价不及一两，照擅将去他人田园瓜果律计赃论，应笞三十，已当堂发落矣。似此擅取果木细故，路途数十里，干证七八人，作词投递，候批候审，若非如本摄府之随讯随结，知守候拖累更到几时？既费银钱，又荒本业，可恨亦可怜也。合亟出示劝谕，为此示，仰城乡汉夷诸色人等知悉，嗣后此等细故，务当投明公正团众，听从理讲，互相忍让，不必兴讼。若动辄兴讼，所遇地方官或审问不速，或听断有偏，被告者牵害多人，原告者亦适以自累，甚或酿成械斗人命等事，仇杀不已，遂成变乱之阶。是所争者小，而所失者大矣。本摄府一片苦心，谆谆告诫，其各遵之。

招安胁从各寨示

照得本摄府到任之初，即知镇永所属各夷寨多有不法，而乌束陇一屯尤为罪魁，本应早为剿除，因不忍不教而诛，是以示谕投诚，不究既往。殊乌束陇恃其险固，毫无悔心，藏匿伪主伪相，勾结外匪，破陷张官、余官各屯，故集兵荡洗，以伸国法。今乌束陇已平，各处夷民当知儆惧，果能痛改前非，本摄府亦法外施仁，撤退练勇，俾尔等各安生业，永不加兵。合再出示晓谕，为此示，仰各屯各寨从逆夷民知悉，自示之后，该民等赶紧下屯赴该州官投诚，照常纳粮，听受约束，永不滋事。各官各营并不准要投诚银钱，如有借招抚为名需索银钱者，准指名禀究。现在乌束陇之韦玉明等数人，因早听本摄府之言，下屯受抚。今经多日，不惟不诛其身，且安置其妻子，给以田产，其余不肯下屯者，至今性命何在？妻子何在？家产何在？该夷等看此榜样，谁得谁失，亦可悟矣。可怜乌束陇自断水以至于攻破之日，渴死、饿死者不知其数，杀死、烧死、滚岩死者又不知其数。本摄府日日伤心，时时堕泪。无奈天道所不容，国法所不宥，不得已而为此。倘乌束陇能早听良言，亦何至于此乎？兹尔各屯各寨，尚属完全，妻子家财仍然保聚，趁此回心向善，下屯投诚，既免刑戮之加，永无破亡之惨，岂不甚好？本摄府自来至诚待人，必不以假言哄我百姓。韦玉明且不欺，况尔等胁从之寨乎？其各速遵。毋违！

偿还捐借银米并申谕夷汉解仇示

照得前留安定营围攻乌束陇之时，所请省局饷项有无，迟速未定，特于附近城乡各有力之家，暂借银米以应急需。今乌束陇已克，饷项有着，所借银两自应如数给还。所捐米石皆作为借项，照时价发银，仰府属普定、镇宁各捐借银米之户，皆赴城防局领还清楚。其中首先借银之张聚五、杨盛兴、吕周宪、李临丰、袁德美等，实属急公好义，慷慨可嘉。兹本摄府如数偿还之说，既不食言，即各绅团愿捐者亦归于偿还之列。倘局中稍有含混，尔等随时禀明，立即查究也。本摄府虽卸事而去，仍关心尔等地方。嗣后如有缓急之事，务须官民、城乡同心协力，以消祸乱，而图安全，是为至要。再者，夷汉解仇，乃长治久安之上计。乌束陇之剿办，实迫于不得已，非本摄府本心也。前此劝谕良民一示，言之详矣，尔等其更体之。

剀切丁宁示

照得本摄府急求解任，自有不得已之故，非恝然于斯郡也。兹新任将至，本摄府行有日矣。各士民等，文字语言皆有恋恋不舍之意，本摄府岂独能忘情？然本摄府系候补道员，将来或得所假手，较之庖代一郡更堪展布。是与尔等相关之日甚长，不必戚戚于目前一别也。

即如本摄府数月以来稍可自问者，惟教化粗有头绪。除与各绅士面相讲论外，凡衙门书役、城乡团民，以及苗夷妇孺，或当堂训饬，或就案批判，或出示晓谕，或随地劝诫，多有能遵听者。即再久远，亦不过即此引而伸之，务望各士民等，父诫其子，兄勉其弟，师训其徒，友劝其友，常如本摄府在郡之时，岂不幸甚？且各士民等果系善良，亦只要能自立耳。果遇祸乱，亦只要问心无愧耳。果遇恶棍强徒，亦只要能忍让耳。果遇贪官污吏，亦只要不惹事耳。记此数言，乃万金至宝，念之念之。况绅士尤为地方之望，果能存心立品，以端表率，使诈者不敢欺愚，强者不敢凌弱，邪者不敢干正，将不待良有司之政教，而风俗自醇，元气自厚，天心自转，灾劫自消矣。本摄府身虽去而心未去，各绅士等犹可以文字相往来，以圣贤义理相考究，以地方利害相闻问，是尤本摄府之拳拳不置者也。其各听之，毋忽。

发告示申明团约饬呈清册札

照得安郡七属，惨遭兵燹，多由各属民夷互相仇害之所致。又查各团寨情形，其得力者只能自固本屯，屯以外即不能保。其不得力者，屯亦不能自保。兼以各团总、团长等，贤否不一，各团丁、团户等，良莠不分，殊非安全之法。兹本摄府刊发晓谕各逆寨投诚，及晓谕各良民告示各一纸，仰各团即张贴要处，互相劝戒，以绝仇害之端。嗣后，各团务须互相联络，挑练壮丁，设立哨探。遇有土匪窃发，外贼肆扰，立即传知各团，互相保卫。其贼匪众多者，禀请派练协剿，亦毋得借端推诿。并着各团总，开具团长、团丁及户口清册。其就所居之屯开列者，即注明某户系某属某团。其就所属之团开列者，即计明某户见居某屯。总期人丁户口皆有着落，不妨因地制宜，限札到后十日内，各团总、团长等，亲身赍持清册赴辕，以凭本摄府面察贤否，亲问利弊，并面谕仓谷钱粮章程。本衙门随到随见，既不需索分文，亦不稽留躭误。倘有逾限不到，及不遵呈清册借端捱延者，即治以抗违之罪。其有监生见赴乡试者，准乡试毕日即行补见，不在此限。

安顺书牍摘钞卷之三

为天主堂事上黎简堂方伯林贞伯廉访

昨教案局忽来一文书，据天主堂云称，凡教民被害之区宜设一堂。安顺府前有教民被害事件，令佩绅与许委员会勘一基地与之。佩绅当即检查条约，只有赔修经堂估付价银由堂中自行筹办之条，并无被害之区另设一堂及无端勘与一地之条，自不能照办，已直复之矣。窃思凡事虽不讲理，亦当讲见有之条约。如此事既太无理，又无条约，固不可施之安顺府，亦不可施之各府厅州县也。祈两公言于中丞，勿使若辈承办教案者毫无断制，则亦稍存政体耳。设又以此事添入条约，佩绅在任必不奉行。则请先撤参，得早去黔为幸！

复黎简堂方伯三则

某事已通发详文，无可言矣。我辈道义之气，根于天性。即平日毫无权位，若遇此等蔑弃彝伦之事，亦必愤惋歔欷，而以不得维持为憾。今稍有寸柄，而肯轻放耶？抑执事指譬之处，佩绅更隐有权衡者。盖宽于待细民，而严于待士大夫，浅于责俗吏，而深于责读书人也。然往往为士大夫所忌，为读书人所谤，亦正坐。此惟道义所在，非利害毁誉之所能摇耳。

接还示，勉以共济艰难，辞意肫切。佩绅何人，能不感动？顾念半生涉历，虽无所济，而未甚贻羞者，以进退分明耳。此番之来，固迫于尊命未果辞，而亦有姑一试之之说，求牧与刍而不得，则反诸其人，已于到任牍中显露之矣。

接来谕，以凡事宽容一步，诚为笃爱。然有时觉得松此一步，则无限可虑可惜，故不得不竭力图之也。鄙意，若只作人云亦云之事，则何不径让人为之？我既非有求于官，何不舍官，而自图名山之事业乎？亚圣所谓进锐退速者，为始奋励终因循者言之也。若难进易退与知难而退，则固圣贤之所许，而学圣贤者之把握耳。

上简堂方伯

十八日函牍，得毋怪其过激耶？抑谓不能谅执事苦心耶？然不说透内外情形，将来恐执事之苦心更负矣。继奉十六日来谕，有四千余金或者可以腾挪之许，然犹是活动之言，且未形诸批牍，亦愈见执事之苦心矣。川饷四营，每月八千余金，兹云四千余金，为数已相悬远，又自禀留唐军以来，未奉各宪许可之词，亦未奉硬斥之语。大约以为既被议之军又称为可用，则于事不顺。而此间事机明有关系，则又不能遽以为不然，此皆略知趋避之人，所不敢再任其事者。佩绅此时，一寒心一短气，而又一竖脊梁焉。谓尚有执事一函，而不乘机图之，何以副此出之初心也？于是，即刻致书渭臣军门，请彼处少募四营，以此四营隶之。大约往返虽速，亦须四十余日。又致书鄂生，请暂缓旋蜀，须俟渭臣交替。且俟此四营有着，而后可去。此间抚慰各将弁，或者一两月不必满给川饷，而四千余金若太不敷，仍可哀号于各宪，酌量求益。至被议之军则进围乌束之禀，但称安定营，未云唐军，已隐留地步矣。将来出奏时，各宪斟酌之可也。所以不惮委曲如是者，盖实见狆夷稔恶不可复纵，地方大害不可复留。目前虽用数万金，必可省将来数十万金，且有不可数计者。伏望执事之言于中丞，亦如佩绅之言于执事，庶亦可以鼓志士之气，而矫趋避之俗矣。

复简堂方伯

前今两日奉两手书，皆有心心相印之言，宣圣云不孤有邻，信不虚也。鄂生处，佩绅屡致书，亦费苦心。天下人才，既患无师友之助，又患有门户之分，故多不能相成，而反相扼耳。鄂生书来，常有推重执事之处。将来面叙，始能罄。天下事理，千层万迭，愈平心则愈清，愈虚心则愈明，愈细心则愈详，愈推心则愈透。然其源必自有真心始。有真心者，能层层迭迭加功，则不负其心。无真心者，则历练愈多，适以长其机变之巧。故圣贤之学术，诈伪者窃其皮毛，而适以助恶也。豪杰之才气，不得圣贤之学问，又终于无济，而或且有害也。此佩绅十余年之讲习阅历，所欲与当世贤人君子共切磋而不可得者。月余以来，劳则劳矣。然得执事之有言必纳，鄂生之从谏如流，实隐以为快，特未可为不知者道耳。鄂生推荐佩绅，非佩绅之所感者，其能听逆耳之言，而有不学无术之自道，有恨未亲炙之相答，则佩绅感且愧矣。佩绅本不欲显推鄂生，以犯众人之忌，然不为执事言之，非所以报执事也。故百忙中仍不禁言之甚长焉。

上林贞伯廉访

云山团厘案，已具牍禀复，陈委员甚朴讷，此事未免操切，盖亦拘牵之性使然。云山团总金炯奎，爱护团众，其团所以得力。而素不交结衙门，不联络城内绅士，故衙门城市之人多忌之。或亦陈委员听信众论，办理过激之所由来也。设非佩绅处此，金炯奎定遭谴矣。陈委员若是猾吏，佩绅禀复自又不同。因其可原而原之，非故作调停也。窃谓世俗之情，但任一己之爱憎，而不论理之是非，并不顾事之利害。即如金炯奎保全二千余户之屯，十余年不破。当六合团倡乱，诸屯皆变之时，又惟此屯不变，其是非利害亦较可睹矣。地方官不能为之事，而民自为之，有心者当愧之、爱之、奖励之矣。乃其人既从未得一保举，而反遭谤忌，岂复有公论哉？佩绅曾与祉堂谈及此人，亦以跋扈二字加之，他可知矣。大概各地方官所称为跋扈者，皆当以此类推。小则屈抑，大则激变，皆由此起。此关于全黔之民隐事机者不少也。祈执事与方伯同览，而共留意焉。

上方伯廉访

请留唐军，实近为上游，远为一省之大计。禀牍中，该军多降人，一旦相聚而撤，将何所归等语，望两公推广筹之。鄂生托大，未必能细意熨贴〔帖〕，善处则两全，不善处则两失，此在居间者之握其枢耳。天下事，有消患于无形而人不知者。所谓功不必自我成，名不必自我立，乃能据乎功名之先，超乎功名之外，而维持于功名之际也。伏望大君子虚衷采纳，转达于中丞，须大费一番苦心，始终玉成之。将来渭臣与崧生费调停处尚多，凡关系大局者，皆不能辞其责也。将帅参差一日，即事机延误一日，黔中尚经得几延误哉？窃尝谓地方之干戈，生于人心之干戈。而畛域者，又干戈之所由生也。故欲化民间之干戈，须自化官场之畛域始。

复统领援黔川军唐鄂生观察二则

承示，于仲芳司马来办召抚，甚符私愿。但尚须十余日，此十余日内，无召抚明文，而贼方负固肆扰，官军业与对垒，援军又将大至，其仍击之乎？抑停之乎？击之则贼疑。停之则官与民疑。两疑之间，或以酿衅，或以失机。即此亦疏阔之一端也。惟援军来，未必得力，能战则听其战，不能战则俟之，先求有以杜官民之口。至召抚之果成否，则望执事详密速办也。然无论成否，总以形诸公牍为要。弟从前颇厌常例，近来始知掀天揭地之事，亦须循例作成，运神明于规矩之中，我先有据，人皆受范。否则始终一坦率之宋五而已。至于争功之说，弟平生耻言功，自无所为争。若他军或有争者，弟以直道虚衷剖析而排解之，固不至颠倒是非，亦不令终持蟠蚌也。

二十九日，接大移并手书。月朔，于仲芳司马到，略叙梗概，即进扎欢喜岭矣。执事此举，实佩绅所祷祀而求得者。习安士民无不欣感，以见银照时价办粮，更无不乐从。惟仲芳口气，不如来文之切，至且云在清镇道中，诸事不顺，应即有反旆之意。佩绅谓极残破之区，无怪如此。今既近郡城，诸事有我作主，自可无虑。因以费心耐烦立功造福之说进之，又恐其地形未悉。晚间，复请吴清臣山长，携鄙函往其营申论之，尚未得其毅然自任之言。佩绅是以备公牍于当道处，请与麾下定约，即以奉复。此时为地方请命，将来为麾下间执，诽谤之口，即以此作张本，非好用文法也。伏惟熟察深谅，而始终安全一方为幸。白酋在张官屯，为普定地；顾酋在募役司，为永宁地；皆安顺也。来文谓贼如不就抚，便击出安顺境为止，自指安顺七属而言，而仲芳语有迁就，此不可不申明者也。彭协戎一军，暂羁縻于此，佩绅亦能保其听商量。黔中局势如此，一二自命者，必使眼前不能屏除之辈，皆视我为仇雠，亦何必多此一出。此佩绅隐吞涕泪，而强作言笑之处，亦生来悲悯之性，十年磨练之苦，所欲与当世贤人杰士共讲求之者也。曾侯曾调佩绅，而未赴，亦素未见面。五年前犹未深折服之。数年来，日思己之短，日知老成之不可及，始深以未见面为憾。前闻在天津疾笃，心切忧之。兹承示，李相调直督云云，未知曾侯何似，忧疑于中，形诸梦寐，执事如续有闻，祈速示知也。

致唐鄂生二则

大君子进退有道，处逆境之气象，当更有平和于顺境者，愿遥相印证也。

窃尝谓孔孟是恰好法，黄老是救急法。孔孟法须积累，豪雄者多不耐。到无可奈何时，只得以黄老济之，或成功，或脱祸，千古豪雄大率以此。至柔乃是至刚处，自汉初之臣以教其君，此法遂为有识者窥破。奸雄得之以济恶，则可恨。英雄得之成功脱祸，则诚可宝矣。阁下学黄老，得乎？未乎？然有恰好一层在，不敢不责难也。何时得把臂一笑为快。

复清镇令凌镜初

接来函，具知心苦而力瘁矣。事之难者，徐俟之。而专于招徕教养，以免先扰民气，此即不使民嚣，而事有济之法。来书已自道著，但其源，尤在于自治其气。鄙意，刚直之气行于义利之际，和平之气运于民物之间。此所自矢，而恐不能至者。足下能共勉之否耶？

上刘韫斋中丞师

自摄理安顺，遂入苦境。除民事军事外，无暇及问候之简赎矣。佩绅既不愿作人云亦云之事，又不得可以异人之权，其危苦情形，固当在洞鉴。迄今四月，于万难之中，渐有一线之转机。其无形而人不尽知，亦不以为切要者：纲纪、教化、人心、风俗，皆议道自已首，破上下交征之习也。其有形而人所尽知，佩绅不以自居者。八九月间，下游军务解体，上游贼焰大炽，安顺四面皆贼。佩绅以每月四百余金所养之练，先使贼不近城，徐设法罗致唐军已撤之数营，使其用命。十余年盘踞夷巢，号召上游之伪主、伪相，皆一律就擒。自此，或剿或抚，皆可一劳永逸也。而其中，简堂之有言必纳，力虽不足，而心实可原；鄂生之从谏如流，虽颇负气于前，而能平心尽道于后；佩绅苦则苦矣，得两贤之不孤有邻，亦借以自慰。天下人才，偏全纯驳要，惟有真心真气者，皆可相与有成。简堂、鄂生颇相龃龉，佩绅居间可调停之。然简堂仅承流之位，鄂生为已撤之将，本无能为，若并此而无之，佩绅其何能立于黔乎？见拟了清各夷寨，借为地方除一大害而去，原不作久计矣。佩绅到黔以来，大吏从未以大计相问，所以隐忍受安顺之委者，或借地方以立言，或借小效以取信。及言既徒言，信亦徒信，而犹未抽身者，绅民系恋之情，简堂敦劝之谊耳。拟俟乌束陇克后，到省一痛切言之。如仍是徒然，则已为地方除一大害，亦非恝然而去矣。

以郡事报家兄

摄守之责，民事军务为两大端。以本而论，则尽心民事，军务自松。以标而论，则军务能松，民事方举。未到任之先，沿途屏绝供应，访察情形。因有素得力之两大团，其团总素称公正，遂迂道先至其处察看一切。六月十九日入城，已得一郡之大概。彼时距城三十里之乌束陇一带，叛逆正与官兵相持。官兵不能办贼而徒害民，怨声载道。弟未接印之先，即以手谕招降，该苗民即具禀投诚。二十四日接印后，即出示申明约束。七月初四日，遂亲往安抚，其中亦有感激流涕者。弟因请军需局，撤回害民之军，而自募一军。乃局中只允每月发三百金，见尚只募得二百余人。一面整齐团练，互相策应，地方已较安于前。此军务之头绪也。接印之先数日，于访闻老成端方之士，亲往拜会，其余来则见之。接印之第二日，下学诸生照例讲书，毕，弟即亲为发明书旨，引伸触类，先提教化之纲。第四日点卯，因途次接一远方商人控词，为郡城一地棍骗银百数十两，控案经年，未能提获。即于点卯时，先点此案原差八人，勒令即刻拿获，稍迟即以地棍之罪坐之。于是卯未点完，此地棍即锁拿到案。今已追缴大半，尚在比追也。自此一月之间，一讯而结者七案，再讯而结者五案，自请息结者十余案，当堂不准者数案，斥责劣生一人，劣监一人，枷号讼棍一人，铁杆锁系匪徒一人，详请革办匿丧举人一名，其余皆未用刑，而地方已少事矣。接词既不限告期，初到时，每日旧词六七张，新词三四张，以后一日少一日，渐有两三日无一词者。代书初取三人，继革二人。每词，代叙代誊并给戳记，限取百钱为止，承发房买格式，限四十钱为止。号房、茶房、看堂、头二门，共限百钱为止。除公事、穷苦急、迫事准用白呈不费一钱外，凡大小案，二百四十钱可告一状。次日即可见批，批皆悬榜头门，不准毁匿，免抄批费钱也。每房检案，钱不准上一千文，每票差一人为止，共得钱不准过一千文。有难提拿者，准饬团协同提拿之。每接词时，结案后问以曾用钱多少，皆当堂直告。初到时，见有二三服饰鲜整之役，今皆不知何往矣。经捕厅，每月给以六两薪水之差委，不准受理词讼，然亦无词讼到彼处矣。向来盛时，安顺幕修千六百金，到前任只三百金，今复愿减百金以就我。常例事件可少费心，其关系民隐者，仍自为之。即其所拟者，亦十改五六，至当堂批判者，彼皆不知也。此系曾坐臬署之老幕，而其所拟尚不能尽用，况其余者哉！盖以粗心浅识观案赎，不能推见至隐，以常词套语了案牍，不能折服民情，鼓动民志。此由于书生既不读律，俗吏则并书与律而皆昧之故。京内则假手书吏，京外则专恃幕友，而幕友遂居为奇货。其实只一律本，四百三十六条耳，岂能如四书五经之费力哉？弟之一讯而结案者，非有异人之精明，亦惟反复推求。于案牍之际，十已得其八九，及当堂观其貌，察其色，问以中肯之数语，则情伪皆输。于是，举其所犯之律例，应得之罪名以晓之，既乃原情以断之，而双方皆称服矣。往往审断只有数语，而戒谕之言，则反复尽致，且令大堂以下之观者，皆得闻之，并令其出衙后传与众人知之，此其大较也。惟各属越控者，既照例不准，亦无许多精神皆能提讯，而念彼奔波号吁，实为耿耿，惟以守分忍气之言，苦相劝戒。其察有冤抑者，则严加批札以去。或者属员天良未泯，可稍感发耳。此民事之头绪也。衙门用度，即如弟之饮食，反不及浴月山房时，盖上下内外五十余人，每月米肉薪蔬油烛等项，无一官价者，共以五十金为率，其刻苦可知矣。必上下一样，在下者始能相与甘之。门印、签押、书启、钱粮、仓谷、监禁、跟班各项亲丁，共止用六人，一人皆兼数事。账房一人，是故普安令刘笠青之子。如此并省，而每月幕友修金、亲丁工食，亦总须六十余金。亲丁既不受门包词讼等陋规，则必得养其廉。得力者，每月五金，其次四金、三金也。垫发书役监犯米银，每月二十余金既不准若辈苛索，照例之项自当按时发给。捐发孤贫米银每月近三十金。定额十六人，可于秋米酌扣。自经乱以来，孤贫太多，历任皆有额外捐给半分者。弟到任后，准至一百六十余人矣。然嗷嗷者尚多，未能更加额也。此外尚有难定之用，合而计之，每月共算二百金。摄事者，只有廉俸之半，断不敷给，惟恃关税之羡余以佐之。若道路不通，则无法矣。钱粮兵米两项，只求平余能了兵米之不足者，则幸耳。

卸任后报兄

闰月，赍信者去，想到家矣。彼时虽早求交卸，而未能恝然于民。

若大府有善留之法，亦未尝不可为。和圣之援止而止，乃鲁缪公既无人子思之侧，而横逆拂乱之事，又将相逼而来，于是遂有带印晋省之举。经居间者调停，仍暂回郡，以攻克乌束陇为期。幸二十三日克矣。本月十八日，遂已得代。二十日，遂去郡回省。去郡之日，饯送者百余席，数十里不绝。未去郡时之挽留不待言也。民之易治，而王道之非迂，无疑矣。惟行道与守道不可偏废，绅士中亦多有知此意者，皆望我之大有造于将来，亦不忍徒以一郡消磨我也。

贵东书牍节钞

(清)易佩绅　著

贵东书牍节钞叙目

生平服官，颇不负所学者，安顺半年，贵东五年耳。盖事以难而获济，且在省会外，可先自主张而后闻，人以为异于今，而自以为合于古也。其后在臬在藩，皆无难事。而省会或督或抚，朝夕相闻，不能过立异，故自觉平平焉。贵东书牍百倍安顺，凡假手幕僚者，稿未悉存。牍稿所存，间有一二授意幕僚为之，而但自笔削者。书稿所存，则皆手书也。久置故簏，渐饱蠹鱼，中有苦心未免自惜，因节钞为四卷，刻之。抑其中所得为者，大半由于黎文肃公能受直言，倚任不疑也。安顺所刻牍先于书，此刻书先于牍，而第一卷与文肃往复书，尤缱绻予怀者焉。光绪十八年壬辰春二月易佩绅自叙。

贵东书牍节钞卷一

与巡抚黎往复书

光绪二年四月赴贵东道署任，先由镇远接印，五月二十四日上巡抚黎二则。道署在古州，咸丰七年毁于苗乱，同治十三年重建。然自乱起，历任道皆远徙思南、铜仁各郡，近年始在镇远，故须由镇远接印也。

吴令劣声四达，但宪台未知耳。职道初亦未知其如此之甚！此事若不正办，黔南断无转机。夙知宪台但不肯以暧昧绳人，若罪恶已著，自不庇官以负民也。

闻某官考列四等，服毒自尽，系其父迫令至此，未知确否？若非其父迫之，而徒因一官不利，辄自轻生，则性既愚暗，气又褊躁，原无足惜。若系其父迫之，则视其子之官，重于其子之命，尤为乖戾。宪台秉公黜陟，生死听之，断不可因此而遂慑于心也。心一慑，而人或窥伺，借为阻挠，则此后之气难振，而法难行矣。

赴古州闰五月初一日途中上二则

永从苗民苦况，湖南亦多有知之者。前日裴道来信，昨日辰沅陆道来信，皆言此事，证诸任守所目见，益信非诬。每寨向有牛二三百头者，今无一矣。自十岁至三十岁之妇女，今无一矣。所存之民，多掘草根以食者。各军惟刘德顺一营差强人意，余营皆极无状。而永从吴令尤出人意外，有不能罄述者。天乎？人乎？以宪台操节度，以职道赞戎机，乃竟决坏至此。每一思之，气愤填膺，又泣数行下也。

追赃一事，最为紧要。职道一到黎平，便当提追，有追得者，立即作赈，或稍救万分之一。死者长已矣，往者不可追，惟期无再误于见在与将来耳。

职道所过地方，无一称职之官。即如某守之懈弛，固所素知者，而不料其徇庇差役，横逞意气，更出意外。此在黔员素称矫矫者，今且若此，其他复何言哉？

到古州后闰五月十七日复

永从吴令事，宪台赐谕，职道有不敢将顺者。抑不知张军门之受该令蒙蔽何其深，宪台之因张军门受蒙蔽又何其深也。使吴令仅千数百之赃，黔员如此者多矣，职道亦何苦下此重手哉？闻黎古及省城各处传言，有谓二十余万者，谓十余万者，就有实迹者算之，盖离十万不远矣。以首饰银成色减算之，亦不下六七万矣。宪台且谓其前署古州，何以相安？不知古州民苗慑于张军门之威，吴令既谄事军门无所不至，又贿结军门左右，无一恶言入军门之耳。其署古州时，每一案件辄以弸子为敲搕之具，至今犹传“吴弸子”之绰号，其大概可知矣。即如道署系其承修，闻报销二万余金。今观此署，所修皆照旧基土石之工，无须另费，而木工粗率，瓦太薄，今多欹斜穿漏者。又彼时遍山木植，无人管业，原不需钱购买，其运木系用苗夫，初许每日给钱四十，继则二十，又继则一文不给，以此揆之，果用银几许耶？夫浮冒公项，国法虽重，而职道视之犹轻，至剥尽闾阎，敲骨吸髓，穷凶极暴，则职道不欲与之同覆载矣。梁运开之供与职道，惟恐该令暗耸，其翻覆宪台，乃欲审讯者恐吓之，使不供多赃。职道所不解也，宪台固非庇吴令，或以达之朝廷，有碍观听耶？夫用人偶误，不累大德也。偶误而旋自举发，益彰旷度也。倘或有几微掩盖之隐，则职道所宜力谏者也。前日，宪台行臬司文，未言追赃，方具牍极言之。适邹丞盘获赃款，续具一牍，盖吴令前借料理道署来古州，倾镕苗银不少。此番系带尾数来镕者，不料遂遇邹丞，吴令由小路来，邹丞由大路去，距古州三十里分路，若彼此或迟速一步，即错过矣。今乃恰遇，岂非神鬼使之耶？抑苗疆二百年来之冤，当从此一雪耶？宪台若能因此事入告，直陈小误，曲达积弊，则造功德于黔者大矣。若怙小过埋大冤，则不惟弃可造之功德，试一反对更居何等？此职道以公义私谊，皆当痛哭以陈者也。所呈首饰，中有小手钏、小耳环，系小儿女所带，如此者甚多。吴令皆一一逼取之，宪台见之，能不伤心流涕耶？彼逼取苗银时，先杀稍迟延者以胁众。凡交银，皆用大称，称尾必竖。苗所自有者不足，奔借各寨以凑之。想其凑银买命时，系作何狼狈觳觫之状耶？李世依、钟昌杰，皆谨厚不肯言人恶者，言及吴令，皆其前任，无不抚膺咋舌，但对宪台与张军门，不敢如是耳。

七月初十日上

职道因军事太繁，于吏治久未置议。查各属控案到道者，惟松桃、天柱为最多。天柱经职道过境亲闻亲见，盖纵容丁役，拖累百姓，不了事又生事也。松桃查阅控案兼以询访，并向镇任守等来信，则纵容官亲丁役，滥刑滥押之事，不胜枚举。职道因吴令一案太重，或办理从轻，则寻常贪酷之吏，复何必问。抑以年满大委届期，如松桃、天柱及镇远县，皆早已略言之，自必皆更换者。职道意中，但有欲劾之员，无一定可举之员，故徐俟之也。昨见一次委单，此三处皆尚未换，惟汪守调署铜仁，刘守回镇远本任。以见今铜仁有事，揆之汪守，似觉非宜。然业有成命，暂无庸议。刘守在省，只见一面，未知其深，而彼处控道之案甚少，其所申公事，皆有条理。采之舆论，亦称见在之铜仁府县差强人意。今刘守本任，在下游适中之地，果真贤能，仍堪倚仗。汪守则虽有素谊，反难倚仗也。松桃若不得贤员，则刘丞赴本任，亦当远胜于唐丞。铜仁萧署令，能否留任，并祈饬司酌定。

八月初一日复

窃思官场之坏，实坏于“调停”二字。凡事苟皆执理执法，是则是，非则非，重门洞开，千人共见，有何不可了之事？有何不可制之人？所谓大事化小，小事化无者，盖举有害于国计民生之事而言，或潜移默夺，或雷厉风行，皆可谓化，非调停也。如本系有害于国计民生之人，既未能潜移默夺于先，则当雷厉风行于后。若存一化小化无之见，则纵奸失刑，为害滋甚。一人侥幸，众人借口，整顿愈难矣。前阅京报，袁侍郎折中，有“悉除晚近之风，勿用调停之说”等语，职道深以为然也。即如何光祖禀署臬误穿蟒袍一事，首县再三开导，尚近调停，何光祖以为署臬有弥天之罪，故敢不遵。及宪台照公事批办，则署臬无事，何光祖复何所邀挟耶？设当其开导时，而彼即遵，彼反有德色，其邀挟将无底止。即此，可见调停与不调停之得失也。微嫌批词连及厘金命案，尚觉太促。若稍缓时日，庶不着迹耳。前传闻某官自尽之后，有进言于宪台，以后只发三等为止者，职道方恐宪台竟听之。嗣阅省抄，此后仍发四等并有不列等者，职道为之欢忭，岂谓四等与不列等遂足以整顿吏治哉？一事不挠于人言，则事事皆有把握矣。又思晚近之用调停者，皆由于自问先不能无私欲，治人而畏人之先发其私，其咎在先不自治其私也。因己之不能无私，遂恕人之私，亦恐误用恕字也。夫私过可恕，而私恶不可恕也。己本有恶，恕人之恶者，不必与论矣。若在己但有私过，而遂恕人之私恶，则先自诬矣。宪台与职道，皆可信无私恶者，职道之私过多矣，宪台或亦不免，惟当自治其私，严益加严，可以对天地鬼神，即可以劝善人，惩恶人。但为国计民生筹利害，一身之利害，且不计也，尚何人情世故之费调停哉？幸采酌之！蕨菜坪一带苗匪，是前年张邓合剿未尽之根，游勇滥匪是今春所遗之根。欲净此根，须精思密虑，慈心辣手俱全者。职道若非思铜宜往，则当勉图自办。今罗道与职道所见大略相同，其体气尤较能耐劳，当可蒇事，公牍颇详，祈加裁夺。

八月初十日复

奉手谕，系因见职道致曾道之信，而推诚见示者，读之不禁泣下。

职道岂不知宪台之心地者哉?以宗圣之贤,母子之亲,尚有投梭之疑,古来君臣朋友,往往有信到万分,而决裂于一顷者。即职道平生经历,目击已多,惟自行其是,不求信于人。人有疑者,亦不屑与辨。惟常存一见几之心,不显到决裂之地耳。孔子之仕,未尝有终三年淹者,职道颇近似之。及于宪台,则当别论,盖较孔子处父母之邦尤拳拳矣。然黔南一省,职道之所信者,惟宪台。叩别以来,一身太孤,言行皆危,劳苦忧愤之余,偶有见闻,不无过虑。窃以曾道者,职道欲引与相信,并欲其与宪台深相信者也。故不便径发于宪台之前者,信笔所至,与曾道一商之。设如职道之处曾文诚及诸公者,复何有此一商哉?流俗之毁誉,职道久不介意矣。腐鼠之不足以吓鹓雏,非一日矣。作官最苦,而山林最乐,职道之素性然矣。所系念者,苍生之属,望宪台之推诚不欲终呼负负耳。虽然职道之所自信者,亦惟一心而已,识鉴难尽周也,才力难尽到也。即如某某两守,职道初以为某可任,而某难恃。目前,有两属乡民数起来控事,职道问其心所愿者何官,则云某清廉而不理事,某理事而不清廉,似皆非所愿矣。以清浊论之,某自较胜,然倚任则皆难矣。如某倅者,此时亦但取其新气耳,然彼因过劳,已大病十余日,其办事用费,皆职道代为挪垫,如病久不愈,固难办事,如无职道代挪亦何能办?可见疲难疾苦之缺,非于清端一流人物,不能作也。罗道初七日已来此筹办蕨菜坪事,渠较有把握。梵净山事,据此番禀报,似即可蒇事。职道前往,惟须筹一长久之法,使贼难再据耳。盖凡事若无认真办理者,正不知何日是了期。即或可了,又不知如何烘衬装点。今果能如此即了,直是行所无事,必故须亲往一决之。

十一月二十五日上

甚矣,地方官之难,其人也!即如黎古一带,常目击之,常面论之,皆多难恃,况其远者乎?无论各官不能尽由职道黜陟,即尽由黜陟,亦安所得尽可信者,以换其不可信者乎?此所以日夜焦心蹙眉,而言之辄泪下者也。比来案牍,仍无暇晷,盖认真办事则事愈多,愈觉难了,愈抱歉。彼不认真者,又当奈何?不敢援彼自宽,惟臆度其废弛,冤抑之不少耳。

十二月十七日复

本日卯刻,奉到手谕,系十二日子刻发,自麻哈至此,皆无驿递,向来无此速者,亦可见道路之渐能奉法矣。职道正拟设法推行于各属无驿递之处,或尚易易也。见在黔省人才,除曾道外不能不推罗道。虽有短处,然无其短者,又不能有其长。职道至诚以结之,时就其短长之真切处,而点醒规劝之。渠若不北上,职道虽不往思铜亦可。渠若北上,职道明春不能不往矣。祈宪台以手书慰劳而挽留之,即不能留,亦当感而速返也。且更有虑者,宪台若有升调,则职道必不复在此。后来依次得中席者,必须得人为助,曾罗皆素与联络,且实皆黔省出众之才,地方可不遽再乱,终必赖之。今早为之地,亦为地方远虑应有之苦心也。大凡新旧之际,每多翻案,其应翻而翻者,自求之不可得。若不应翻,则决裂速矣。职道固少许可之人,亦实难知人,即或有可知可许者,每不欲极言之,恐一旦翻案,则前之因我而识拔者,即后之因我而挫抑者也。实在有进退人才之权者,固不当计此。若处五日京兆之地,则有不得不然者。职道于一己穷通得失之际,不肯委曲,而于百姓寮属,有不能不为之委曲者,往往如是也。今天下大势,有可忧之隐,凡真实正大之人才,恐不能大显,不能久任,于降格中得彼善于此者,或保全一分是一分耳。

三年正月二十三日复

职道前取郑丞,以其有冷劲之气,然颇不适于用。今宪台既因人言而摈弃,职道亦何庸护。惜惟此外,皆油滑之徒,将奈之何也。无欲之刚固难其人,然求得五分天理五分人欲者,亦戛戛其难,更奈之何也。镇远善后之议当是,李牧魏倅所呈,动辄说吴道赔垫,便是油滑习气，然其中亦有不谬者，姑存以备采。

二月初二日复

分硐扎勇之事，前函略已禀明。吴道能分责成，以楚勇省黔饷，岂非甚愿，但尤愿其不敷衍耳。职道于义理之是非，地方之休戚外，别无意见也。命撤郑丞回省，先已办稿，继思该丞但与吴道不合，其欲扎石硐，而以木硐诿诸吴道，亦彼此各图省便，非大咎也。故但撤去该丞善后提调及镇远发审差使，以避吴道，仍暂留古州差遣。且郑丞系善后局移发，若别有案件，仍由局调回可耳。职道不借此省薪水也。见以潘丞接该丞事，札中特令其就吴道请示，亦可知职道之非专执矣。袁守之练，初以为省局当撤之，若欲出自职道，则当通筹画一，不止袁守也。去年私厘之撤，凡有私厘之守令，皆衔于心，其中才能颇出众，且为职道所期许者，几欲遇事立异，有言不听，有文不复，若遽纠绳之，又念是彼善于此之吏，何忍出此。此默默自伤，隐隐求全者。故撤练之举，未仓卒也。职道明日启行巡视永从六洞一带，仍即返榕，返后或取道省城赴思铜，当备公牍报明且行知各属也。拟请示禁各条，初本欲自出示，继思不如出自宪台者更重。今既有宜有不宜，原非职道所能执见，悉听取弃而已。职道益知天下事，非一人之力所能为，更非一人之心所能周也。

三月十一日在省城上

吴延尧一案，职道久欲相忘，静候宪台与两司发落耳。顷间，忽接梁运开自待质所呈来禀词及谳局所授之供，始则气闷良久，继而痛哭失声，见尚头晕心痛，不知天生一性，何以独至于此。昨前数日所闻，知此案将定，或改供或不改供。职道作为若罔闻知也者，暂糊涂一日，且少病一日耳。乃梁运开之禀遽来，若即据禀批而转之，又多生枝节；若竟置之，而听谳局之所为，又何以问心，何以对百姓！故始而闷继而哭。闷者，闷处此之两难也；哭者，哭同一天地所生之人，何以皆能与世圆融，而职道独硁硁难化也。夫使职道于此事但出于怒，犹可用平气之功也。乃非怒而实悲，则必尽变其本性，而悲乃止，其何能变耶？惟有不作官，此等事毫不与我相干，则已矣。昨闻首府传宪台，言吴延尧若尚狡展，可即以众供确凿办之。诚是矣。诚是矣，则何不即录实供，使黔苗略见一番天日？又何必迁就掩饰，终贻口实于百姓乎？谨以梁运开三纸呈阅，其即由职道批而转之耶？抑宪台仍饬两司等正办耶？即候训示。

三月二十九日镇远巡次上

叩别后，二十二日至施秉，因熊令言及城工"若顺士民之请，修复原基，须再费一万四千金"云云，职道特留一日，率委员、绅士同视城垣一周，仍以缩小为是。盖前次缩小之举，诚为得计。惟未细审地形，致新脚不坚，且衙署向东，正对出水，似不合耳。窃意，凡万山中忽开一嶂，结一治所，自有一定形势。今所拟缩小之形，东西广于南北，坐北向南，自然合度，西北倚山，东方出水，南面生成案山，南城外尚留数里平地，皆系田畴，较旧城之田畴皆在城内，而城基皆迫近山脚者，大有得失之殊也。且考前明设偏沅巡抚，半年驻湖南之沅州，半年驻贵州之偏桥，偏桥即今施秉也。以巡抚所驻，宜乎旧城之阔大，今专为县治，何须如彼？惟照此改城，则旧衙署之基与新建衙署皆在城外，然衙署正可移接西北山脉，改为向南费亦无多，合之改城与移衙署，较修复旧城，可省费三分之二砖石，则但动新城不动旧城者。俟日久庶富，居民若自复旧基为外城，亦听之也。熊令及各委员，皆同声合赞，绅士虽有"旧城包九龟"之俗说横其胸中，亦难作异词。惟称须候县试各乡绅士到共定议，熊令始可具禀，职道亦姑听之耳。二十四日，至镇远。因汪守元庆拟于四月初六日始接思南印，彼间新旧交卸，晴字营亦初到，职道可不遽往。遂定计，先驻扎铜仁之江口，督饬向镇等速了梵净山事，再视各路情形，以定进止。即于四月初一日，由镇远赴江口矣。盖江口为镇思铜适中之地，亦罗道原议也。

四月十六日江口巡次上

本月初一日，由镇远历青溪、玉屏、铜仁。初五日，驻江口。时，正有贼匪扰江口附近一带。铜仁府县及防营，皆以为系梵净山外之另贼也。职道谓，无论山内外，固皆一体应办，然山内果清与否，必先有确实情形。各将谓，山内日久皆吴贼踪，若报肃清则不敢。若云贼尚在，则不知何处。但归咎于山之太深太广太路多而已。职道遂决计自登山顶祀神，为民请命，兼察看情形。初十日行，十二日上山顶，住茶店有五里，虽以两人扛小竹篼亦难行，特自步行以上。十三日，黎明致祭。十四日，仍回江口。一路询问居民，印证各营分防地图，始了然于心。盖东军三营，环扎山半，相连五百里。贼去腊度岁之地，离寨杉数里，防营甫探知前往，则贼已逸去，而追之不及。寨杉系副前营任守防地也。贼即由此路翻山，零星窜出。是向镇杨将防地之紧，任守防地之松，可见矣。今当重斥任守而撤其营，兼责向杨，而策其后效。以任守所带副前营三百六十人，留三〔二〕百二十人归向镇兼带，其副前营防地仍并属之。拨一百四十人归杨将，并为左营五百人，除其见在防地外，并顾及马鞍山一带。盖马鞍山又在梵净山之西二百余里，为石阡、思州地。前年诚字各营办马鞍一带，故贼人入梵净。今又恐回马鞍，故兼防之。自此，向杨两路防地，自何路出入，惟何营是问。兵虽以地多见少，而责成既专，赏罚不谬，自更当得力于前。惟罗道去年之议，向、任、杨三营与晴字营，同一米贵之地，固宜加饷。今晴字营既加，则此三营亦宜加。然晴字营奉宪檄，以三月为限。今此三营似不宜限，则不便加，惟按月发全饷。虽不尽饱腾，而稍免欠缺，此亦职道惟节饷、厉兵皆虑到尽头处者。俟备公牍，宪台及善后局想均谅而许之。且新旧撤拨之际，需见饷更迫也。贼势至此，或是速了之机。闻贼所到，除饭食外，凡物皆不掠取，其自有包裹亦焚之，似安排离营较远之地潜散也。职道已悬赏各路，分别杀贼、纵贼功罪，并移会楚军前途邀截矣。前月，古州防营擒斩蕨菜坪逸匪数名，昨下江防营又擒获著名首逆，皆生苗头人报官会办者。彼间苗性渐驯，似有明效。若铜松思南亦能如是，则休兵之期不远。惟专讲吏治矣。各官应留应换者，已约略函致藩司，当为转呈。

前函将发，适副前营昨夜截贼于板凳坡底，斩贼级一颗。职道亲验之，满头长发，真清江苗也，其骄悍之气犹见于面。以前所捉获之张老冒认之，是贼中称为徐大王者。前日，问梵净山前年逃出之僧，云贼初入山时，二十四人中有清江苗二名，余皆本省及四川人。及询近日贼中出者，贼到之地寨民所见者，皆云只存贼十一人。是向镇杨将等，屡次所报擒斩合计十数名者，正相符也。今又杀一名，则只存十人矣。盖此处是副前营防地，故先出队，已早饬前营自东路邀截，左营自西路邀截。左营较近，昨日已到，与副前营分路围搜。聚歼之期，当在此时。

四月二十九日江口上二则

梵净山所余十贼，有两名同于十七日受重伤，各贼轮负以奔，我军因夜黑，不能远追。次日，就血迹寻之，至林箐深处亦不复辨。数日间，贼到之处，各寨民所见者，皆只八名，其两名不知毙弃何处，尚在搜觅也。余八名者，穷蹙已极，而奔窜愈速。职道深以不能净尽为焦急也。嘉庆年间，川楚之役大功告成后，犹为十余贼搜索者数年，盖差之毫厘则失之千里耳。任守之营，向杨皆不愿分拨。武夫谁不欲多带勇者？亦可见认真从严之事，利轻责重，即不敢侥幸也。处置情形，详于公牍矣。

铜仁府擅杀四命之案，因水口、江口两庙争田，始则袁守断归水口，继而江口再讼，许守不能理，至刘守则凭拈阄以断归江口。于是，杨祖光等上控，方经职道严饬刘守，谓案须正办，不得以儿戏了事。而汪守旋接任，其时纵或有抢谷械斗之事，亦地方官有以酿成之。况抢斗未成，何能颟顸处之也。杨祖光等投案候审，汪守邀同任守坐堂问供，并无一供，而擅杀四命。任守推为汪守主之，汪守在铜仁见职道亦殊为自任，且谓杨祖光既杀，地方少事矣。此等颟顸之言，彼固已说惯，然小事可姑妄言妄听，此何等事而亦以脱大，模糊了之耶？平日全不理事，一理事则如此谬妄，是断不能瞻徇矣！或有谓其受江口巨贿者，职道不敢信，今但就案论案而已。致藩司函中已议及代者，余守文焕，杨守熙瑞，皆其选也。

回古州五月二十五日途中上二则

阅省钞，见甄别文职三十员，武职九员。职道虽不尽知其人，而所知者，已皆实录。官场得此一整，为全黔生民额手称庆矣。郑鹄在降调之列，职道虽惜之，而其考语为性情偏执，究与众不同，彼亦未必称屈。又代为感之，彼在职道处差委，虽已早撤，仍每月给以薪水二十金，知其景况实窘也。彼能顺受而力图长进，尚当求宪台为之再造也。李稌华等，初实畏郑鹄之发其覆，自以撤郑鹄为幸。今余守潘丞未知能不因此观望否？甚矣！得人之难，得之而能终用之更难也。思南粗有布置，业经备牍。二十四日，由思南折还。二十三日，在石阡接藩司信，因婺川令当换，梁守不宜，回思州匆匆复去一信，并请其转陈矣。

顷接向镇任守等禀报，四月十六日夜，板凳坡受伤之二贼，为余贼负去者，已寻获其尸于距坡二十余里，地名凯德之深箐中。仍以张老冒认之，其一即贼首刘踈子云云。若果如此，则余贼更不难净矣。然职道尚待核实，不肯即据以定案也。

回古州后六月初九日上

前拟留地方官补牍一层，思之颇难。盖一人之耳目，固实难周，若假耳目于人，亦难尽恃。专采舆论，则士民有或受邀结，或挟嫌憾者，皆难一一据实也。所可据者，地方安静，政务振兴之实效耳。就此而论，古州为最。一年以来，查保甲，缮城垣，修书院，设义学，辑志乘，选师儒，举善良，买桐茶杂粮各种，以教树艺，置水机钩桶各具，以备火灾，轻骑减从，遍历各乡寨，如父兄之教其子弟而毫无所扰，此大率职道所亲见者。其次，则下江地方之安静，官能与防营合力，而政教尚无可述。八寨官民最相安，而今年书院未延山长，据云读书者太少，不如留费以备应用之时。是其振兴不如余署丞，或其为核实起见，固当与钟署倅伯仲也。清江无论矣，都江尚难定论。台拱则仅能自守。而施洞一带苗民，仍是庶而且强，全无教化，此其可虑，不专在席署丞。虽另换一丞，恐亦无能为也。容徐细论之。松桃陈署丞，一切公牍最有条理，是能事者，上控案较前任少十之八九矣。虽尚未见其人，未窥其深，然良吏难得，自是当留者。印江刘署令已见面，且历其地几遍，虽难许其精干，实已见其勤朴，亦自是当留者。其余，仍如前致藩司函，不再赘。若竟备牍，则首举者为余署丞，嫌于阿好，又其人颇好高任气，凡道署寮幕，古州防营将弁，鲜有喜之，且有毁之者。其长短，固职道所深知，又安保所毁之，无一二实哉？以当首举之人，而不能翕然取信于人，若此，其余有安能尽信哉？职道所劾者不少矣！若所特举者不足以服人，其何以自立哉？且凡所当举者，或励于风声，或感于气谊，设职道一去位而旋变焉，岂不更贻口实？故艰于备牍也。又职道生性甘受怨而耻市恩，故劾者显之，而举者反欲晦之，亦兼寓此意也。今再致藩司函，若职道言可采，即并前函采之。虽未备牍，亦可附卷以代牍。若不可采，则听之而已。

六月十三日复二则

连奉赐谕，承教爱兼至，岂宜自以为是？顾其中，实自有所见，不能自昧者。即如汪守一事，人皆不以为然，固职道所早知者，岂独在黔？将来渐次腾播，在湘在都之人，皆必不以为然矣。制宪系其同年旧交，更可想矣。盖汪守若不做官，或但作京官，其诗文书画言论风趣，自近于高雅一流，职道必与之始终无间也。即作外官，而非职道所亲辖，不知其事之底蕴，忽闻有人劾之，亦或以劾彼之人为不然也。是则他人之不以为然者，皆无足怪也。顾窃于宪台处公牍外，更有禀函言此事颇详，他人虽不谅，宪台当谅之。今如此，复何言耶？此事若真穷究，未必非枉杀。职道但言擅杀，已留地步，正恐真有枉，而职道或未能伸，则人责犹轻，鬼责较重耳。即以擅杀论，职道岂复有纤毫稍刻？思南府县暨晴营拿获积恶土匪三人，必待职道到而后决。杨祖光等四人，乃词讼相争者，即令当决，其处决系三月二十二日，职道四月初三日已到铜仁，竟不可少待十有一日乎？即职道不到，何不禀请核夺乎？即不禀职道，何不禀宪台及臬司乎？况杨祖光等曾控于臬司而批府者乎！且杨祖光监生也，余三人，一系其弟，一系其雇工，一则水口寺之僧也，纵令有应得之罪，竟不分首从乎？姑无论其案，即论其到铜仁，皆投到，非拿到者，可尽以土匪例之乎？职道苦心孤诣，稍期遂所欲为于万一，有一玩法离经之知府，倘人皆效尤，职道复何能为？若汪守不能动，职道固已安排不为矣。如汪守办事无谬，但礼节、词气间再加倨傲，职道不校也。其实汪守并未倨傲，旁观揣测道路传闻，亦听之耳。刘令之为徐道婿，梁守之为丁制军亲家，职道早知之，但知之，实与不知等耳。不侮鳏寡，不畏强御，固职道生性有然者。至外间群言不愿作东道属员，果何谓耶？如东道责以苞苴，嘱以情面，此而不愿，则但去东道一人，而吏治即清，诚为厚幸也。若非然者，则岂止一东道之认真可畏，而外皆此不认真者耶？益可忧矣。古称外台廉直者，墨吏望风解印绶，职道但自畏其名不副实耳。若人言则毁之，适以誉之，又何畏耶？职道原未安排久作官也，故作一日，即不轻放一日，到明日不作时，回思先一日无孤负此日者，即慊然矣。夫以天地民物为新者，如何不欲久作官，顾气运之难挽，天亦无如何也。守道以听天，自是进日少而退日多耳。

就此时情形而论，都丹黎古一带，原可裁军，但恐职道去任后，地方未必长能如此安静，故未轻议。且撤人之不欲撤者，其忌恨必更甚于地方官。故但将东军之由职道领饷放饷者先撤，虽调度他军，不能如东军之灵通，亦不计也。

六月二十七日复

汪守事，职道实留有地步。如杨祖光之母与妻两次呈词，皆未准理；分枭四首，悬挂路旁，亦如未见。此隐衷之不能尽无私者。惟非有求见好于汪守之心，且不惟隐然者不求见好，而显然者直甘被怨，或者显然之人怨，与隐然之鬼责，略可相抵。此方寸中，于天理、国法、人情、时势互有权衡，不求人知者。因宪台再三讨论，故职道亦再三披露耳。天理、国法、人情三者易晓，时势一层，因军兴以来，本有就地正法之章，今若必平反，则凡应就地正法之案，已办者，民间或希图翻异，致滋多故；未办者，地方官或拘泥瞻顾，致纵真盗，此亦留地步之一端，非仅为汪守也。宪台或即如职道所揭，科汪守以擅杀之咎，亦只能罢职，非一定难作之大题也。来谕谓以擅杀故题加汪守故云汪守明得一处分，稍泄死者之恨，或以稍逭阴谴。若一味袒庇，使居官如故，则恐汪守之阴谴难逃。而汪守之外，又有任咎者矣。抑更有进者，宪台于职官弟妇被夫殴毙既葬月余者，不惮因访闻而开验之，是诚欲匹夫匹妇无一埋冤之仁心矣。揆之铜仁四命，得毋有见牛未见羊之分耶？抑故旧之情，根于天性，实有难化，遂不自见其睫耶？惟平心而默权之，幸甚。至京控一层，若在浙之余杭，蜀之东乡，则不可知，此固无虑也。杨姓之势甚微，江口之力百倍于水口，江口只忌水口之一杨祖光，今祖光既除，水口复何能为？盖向来黔民之积受冤诬者，亦不仅此一事也。

地方官可不换者而换之，当换者又非其人，区区求治之心，如何能遂，安能不作退计耶？崇畯今春之荔波何所见而撤，今夏之婺川又何所见而委耶？此无可捉摸者也。黎平加古州考语，有“恃才任性”四字，未尝不似。然正当振衰举废之时，似不嫌此。若辈老于俗吏，狃于积习，党同伐异，势所必然。且未尝不欲以此四字加于职道，但碍于分位耳。此有可捉摸者也。职道惟益自廓清此心，严公私之界，化人我之见，审仕止久速之机而已矣。

八月初八日复

职道致裴道函稿,宪台似未深察者。职道函稿,意非欲目前即去兵也,正以清台底蕴,将终无可去兵之时。而欲善为计也,善为计之权。黔不能操,又不便径言于楚,但与密友一商之。钞稿之寄藩司,俾转宪台,亦此意也。明知更张甚难,亦安知竟无不难之法?即终碍难而听之,亦聊使两省大吏共知此底蕴,或相与潜移默夺于其间,不无小益。此区区长顾远虑之苦心也。宪台前奏,留楚军以四五年,计今二年矣。再过三年必仍不可撤,撤必有事。官黔者,但作三年以内计,或三年后楚军仍可留,则已矣。倘过三年而楚必撤,或三年内有意外之事,而不能不撤,黔其能晏然耶?今职道又上变通各事宜之牍矣,缕缕六千余言,筹度数月而始具稿,点窜数四而始定。有考证,有体验,非徒逞臆见,而不愿成法舆情者。伏求宪台勿厌琐屑,而徐阅之,可行者即行之,若仍匆匆过目而即置之,则职道之心血为空耗矣。若但为将来职道文集中存一议而未行之稿,亦可惜矣。迂拙微忱,不胜拳切之至。

八月二十三日复二则

罗镇军添勇六百名,大半系职道所部古州原有之数而分拨之者,省局添饷无几也。抑自职道接任以来,诚字营勇五百撤矣,永从练三百撤矣,黎平练三百撤二百五十矣,富字营五百,复字营四百调上游矣,顺字营三百六十调川矣,下游每月已省饷六千余金,省局亦算计否乎?职道辞统领费三百,罗道请假,停统领费三百,亦算计否乎?职道言此,必有谓其自炫者。然避自炫之嫌,而人不知其底细,即宪台或知之,而恐有阿好之嫌,亦未必能一一分辨之,将公道不彰,谁肯为公家尽心任事者?是迫职道以不得不自言也。且顺字营之分防黎平永从也,职道惟恐其单,特拨副中营二百助之。及顺字营调去,职道不复添募,只添拨副中营为三百六十人,如顺字一营之数,尽填其所扎之地，又多数处。是职道处人，则必使为其易，而自处则甘为其难之一端也。人亦有知之者乎？凡人之隐德可自晦也，若在公事，则当为天下伸公道立表范，不得自晦，而使人共晦也。

罗研老之书，与职道有同见矣。惟割唇之刑，究非典要，古所本有之肉刑既废，而不敢议复，古所本无之肉刑，岂容创耶？周静修固亦非中道人也。其实烟不难禁也。即如古州城内外，职道自六月杪札厅出示，禁挑卖熟烟，限五日，熟烟馆尽歇业。示中，除禁烟馆外，申明官员、士子、兵丁之例，其非此三项者，自行煮食，不在禁例也。乃民间相劝戒，非此三项者，亦多断瘾矣。当未出示之先，职道所过街巷，烟臭夹道，借扇以挥之。及出示以后，再过之处，不复有烟臭矣。前日，见街道两旁之民，其面貌大半有充腴之气，未尝非戒烟之效。而示禁以来，固未刑一人也。昨罗镇军云，渠实向有烟瘾，自职道咨请禁其所部弁勇，渠谓岂有不自禁而能禁人者，遂登时断瘾。今一口不尝者，五十余日矣。此罗镇军之从善，亦近今所鲜见者，是直道亦有可行之处也。罗镇军与职道相处以简，非有面告之事，不相往来，无所谓相得也，直相安耳。此亦职道厌虚文，而与世路不谐之一端，罗镇军颇近之耳。

九月十二日复

过于激烈，养气未到之谕，诚有可砭警职道者。惟职道与宪台地位，固有异焉。宪台身膺国重任，责无旁贷。凡事径达于天子，人固不敢轻谤议，己亦不可避谤议，或委曲以求全，或容忍以求济，皆性分职分之所当然者。如禹稷伊周之地位是也。职道则一署任之候补道耳。在上，则为试可乃已。在己，则为兆足以行。在同寮，则少一人可多一缺。在属员，则此等上官以上更有几层，一涉谤议，即难办事。若过于隐忍，则近于有所回翔希冀，而道义之气不昌，故去留之几不可不决。如孔子、子思，孟子、泄柳、申详之地位是也，虽然在宪台之前，则有未径遂者矣，亦课诸隐微而已矣。

九月二十二日复

职道今春到丹江八寨一带，各防营请点名、看操。外观自是整齐，而隐弊岂能尽察？徒费职道犒赏银两，不便报销耳。夫其力请查点也，岂畏查点者耶？职道则徒费犒赏，他员则转得馈遗，如宪台所云某道之往事是已。求高出某道者，能得几人哉？即如虚数，专以古州东军论之，职道在江口时，余署丞密函说副中营虚勇，而黄营官禀云，有谣传其虚勇者，请员查点。职道即飞饬余署丞查点，以为必得实矣。乃仍以不虚禀复，是私函直说之人，即不能公牍直禀也。他何论哉？后求其故，则黄借镇营数十名，以应点耳。然仍不能据以撤其营，特因他事撤之。此弊究何能清？惟有箕斗册之一法，按月对验箕斗以发饷，斯鲜有能伪者。乃此法行，而凡为箕斗所限之营哨，遂归怨于管支发之汪令应禧，以为其法由渠立也。即如夙称憨直之某员，亦声言道宪不应察察为明，盖有一哨月饷由其散放也。嗟乎！无欲之刚，何处寻耶？此法行于古州二三营，且酿衅如是，能复通行哉？即通行之，又安有如许信心之人，以备稽核哉？此职道所屡计屡虑，惟有择彼善于此之员弁耳。绿营五成兵额，半饷之，复果能少代防营之用，自是长计。古州如此，则城守及各营汛之勇可撤矣。惟兵米折价之议，同时并定，则更善耳。

十月十二日复

饷营固须斟酌，而铜松事体，亦正得头绪。吴守、潘丞密函，及夏倅致蒋次香之信，谨以呈阅，既可知彼间底细，而职道所筹，宪台更可裁决也。向镇武夫而颇识字，其较诸武夫明白处在此，其生病处即在此。初到防，实有锐气，梵净山至今只存数贼，而不敢昼动者，实其力居多也。彼亦因渐有功效，遂气渐盈而志渐荒，其自生之病在此。罗道去年在彼，不能折其气，而“大器”二字之褒，受理词讼之文，反以纵其气而阶其衅，是罗道之有害向镇。除职道前陈宪台外，更无有知此消息者矣。吴潘之函，亦只知其外，而不知其内也。罗道并令杨将亦受理词讼，是但恤民间之疾苦，愤衙门之弊窦，而不顾朝廷之章法。幸杨将未敢从也。今吴潘与夏倅，能如此同心合气，则彼间易了矣。刘踦子之伤毙，已有数证。实即为职道祷梵净山之第三日，亦未始无感通也。拟改梵净山为卓山，有长歌一首，将来拟请如奏，改定名号。俟察考此山有无掌故，关系朝典，总作一记，即以备牍，兹先录诗呈鉴。此事职道焦忧者数月，今幸得端绪，并可借纾廑念也。

十月二十八日复

数日间，始将各处文檄发讫。盖以前皆密计，得宪台檄，始宣露调度也。调度梗概，已备牍矣。向镇因印江一事，诉屈不休，职道正俟思南府来禀定夺。昨适接汪守禀函，闻有撤向营之议，恐该营以为因印江而撤，弁勇等或因忿怒生事，宜善为计。职道已函嘱向镇，谓该营声名既已坏，而宪台犹念其劳绩，既经优保于前，此番檄调，又有面商公事之语，甚为冠冕，当如何感激？拔营之时，宜加倍安静。米价有欠，宜速即清厘，并谕各弁勇此拨云见天之时，只要加倍安静，纵有冤诬，自可昭雪。且该营到省，若为宪台鉴赏，自当加倍倚任，否则，川省调往，亦为便利等语。是不遽以撤遣告之，且慰安而歆动之也。今早接善后局撤向营清饷之文，似此宣露，职道之心更悬悬矣。然向镇若能如职道所嘱，宪台若见为可留，亦当留之。此于地方虽有龃龉，而一旦缓急，实为可恃。今川陕之间，纷纷多事，黔中恐亦难晏然视之也。此子甚蔑视夏倅，方以职道重用夏倅为非。职道岂真重夏而轻向哉？权衡于合时宜与不合时宜之间耳。大抵无才无气者，不能办事。而有才者，往往其心难测，有气者，往往与人不合。职道所以不调向镇来古州者，正恐其与余署丞两气相触也。一片苦心，几为之碎矣。

十一月十七日复

向营兵力，是职道信为可恃者。其次，则杨副将。今向既撤，而杨亦两次来禀请撤，虽留之，亦恐其与夏倅不合。彼间匪类，不仅刘跰子也，慑于兵力，则贼首既毙，而余焰可熄。兵力一弱，难保既熄者不窥伺而复起，此正职道日夜悬心者。所望于夏倅之联络调停，与汪吴严潘各守丞之吏治蒸蒸日上，可不烦兵力耳。

十一月十九日复

奉到十四日飞饬之札，阅石阡禀稿，已转飞饬思铜各营矣。其实晴字营尽可不调，即令石阡之禀，贼近百数属实，而石阡城有新勇百名，有存城之兵，又得高字营前往，岂尚不足以当之耶？去年向营未到铜仁之先，松桃亦有围城之警。乃自营到以后，思铜思松各城，皆距梵净山甚近，无一言警者。今石阡距梵净甚远，乃一警至此耶？去年松桃唐丞，报贼之将围城也，直云贼有数百，职道已知是张皇。今年亲入梵净山访问，果然贼在去年亦只二十四名耳。今石阡所禀之数，固较去年松桃所禀者为少矣。虚报者既少，则以实数准折之，自更少矣。职道谓，梵净山只余数贼，非仅据营员之牍，并非仅据铜松守丞屡次会审之贼供也。职道在彼两月，登其顶而环其旁，只带四十余人，忽往忽来，毫无需警备。而访问各绅民，亦无不言只有数贼也。阅李守之禀，固系素不知兵，畏葸张皇，亦或为请款邀功地步。宪谕，似此烧杀情形，究系因何而起，必得彻底根究，诚为允论。盖虽承平之世，地方匪类，偶然结党，突起烧杀，亦所时有。况石阡本多匪之地，何所见而定为梵净山逸去之贼耶？总之，无论何处之贼，苟兵力能及，虽非东道所属，亦当办理。但不可牵混，致乱头绪。且轻调防营，徒滋纷扰耳。然请调而不应，则将有自行召募，自行击退之文，糜费滋矣。职道固当妥为操纵耳。东道各属，凡从前一切张皇、粉饰、请款、邀功之积习，消除已尽。今又管到隔属，使皆无所施其伎俩，其尽能堪耶？亦自问吾心而已。

十二月初三日上

昨接思南禀牍，云石阡匪徒滋事，恐与梵净合党。是李守之禀，虽未核实，亦非无因。然因此而知贼所自来，已无疑义。新贼旧贼，实所当分。向镇任守等年余之劳苦，亦可不尽没矣。职道一人之毁誉不足言，惟相从者但受劳苦而毫无回味，为可念耳。职道接替之请，实不得已。初敢于自任者，为公家省虚糜、求实济耳，事能有济，虽众谤群疑而不恤。然疑谤太多，则须用百倍之心力，而始能济一事，职道亦甚惫矣。东道虽不能遽卸，防务必须有分任者。前只待罗道来，今罗道尚无来信，阅宪辕钞，邓道善燮已到省。此系知兵者，当可分思铜之任，兼顾石阡，惟审裁之。幸甚。

十二月二十四日复二则

月初阅宪辕钞，有各官"问安"字样，已虑是起居违和，故未以手函奉渎，但函致曾道询问而已。昨奉手书，乃知玉体感冒，经历月余，始就痊可。然邪热总是有余之疾，元气必不至亏。惟古人有毒药攻疾，只可到七分之说，寒凉之剂，大率类此，须用之有节也。窃谓平日调摄，莫如养心。时贤之有福气者，以幕友书办为师保，以人情世故为条例。凡事有师保可遵，有条例可循，无一费心之事，无一开罪之人，其心既无所谓劳，自无待于养。如此者，官吏相悦，寮属相安。凡同在官场之绅士，亦相感相颂。虽有无穷之祸变酝酿于其间，小者易掩，则共相掩之，大者迟发，则咎无所归。惟继其后之不幸者当之。古来酿祸之人，多不身受其祸，且往往身名俱泰，存殁俱荣矣。反是者，则心愈劳而事故愈纷纭，人言愈庞杂。既不胜其劳，更何暇于养？此志士多苦心，千古同慨也。职道近拟一境焉，凡事未来不逆计之，既来而不能遽办，姑勿系于心，既办而利害未定，姑勿萦于心。然此心操之既惯，欲勿系勿萦，不易也！则于前事方往，后事未来之隙，或取平日爱读之书读几页，爱临之帖临几行，斯心有所寄，不放而亦不劳，较之博弈，自犹贤也。惟嗜欲不可少徇，宴乐不可少纵，一徇一纵，则或颓废或速乱，或因吝生悔，或因乐生悲，其累心更无穷矣。此职道自拟自课者，宪台以为何如？

替人之请，由职道拟之，而宪台径断之可也。若由职道自请为帮办，日来思之，有数难焉。罗道本有亲军，今邓道须另募，又增经费，一也。下游各军，多罗道所部，声气无隔，今邓道未必遽能浃洽，二也。地方官于本道之认真者，已嫌累赘，于委员营员之为上司所亲信者，已嫌耳目太密，另添一上司以临之，其心愿乎？罗道去年偶历各处，已不免微言，邓道能免此乎？且近来地方官颇得人，拟即责以成效。委员如徐丞者，思南府不以为然，亦只待其公牍至，即撤之。若请添一上司，更恐拂其意，三也。晴营李守与夏倅辈，来函皆言石阡贼数，实系虚报。印江宁令，亦言各处多无故而惊者，是攻战之事仍无所需。夏倅与地方官，兵团互济，方有头绪，似可姑如常以俟之。惟晴营李守，甚畏人言之掣肘，谓职道或不亲往，则宜一有权力者监之。盖欲明是非，资决断，亦有鉴于向镇徐丞耳。抑或者见在无事之营，有可易之将，即以邓道领之，使驻于中路下游之间，声势相联，督察相资，亦为得法。此议如有可采，即乞与司道及邓道商定之。

四年正月十六日复

承示，近日模棱云云，使职道果能模棱，则是去年与宪台屡次论辨之后一段转机，然实未也。为属员计者似厚，亦事体之有在，非模棱也。盖地方官实不妥，则宜换之，既非宜换，则地方事皆当责其成，不宜侵乱也。地方官能自任而不须委员，则乐得裁减之。见拟撤沿河徐委员，而必待思南汪守之牍，亦须其牍能指明委员不妥之实迹，以凭质核，又须其能自任，则不再用委员，而专责其成。盖不以其私函为据，而必以其公牍为断。今牍犹未至，则事仍未发。此中固隐有权衡耳。抑古人亦有时似倔强，时似模棱者，如诗之称仲山甫也。曰不侮鳏寡,不畏强御,此非似倔强耶?又曰既明且哲,以保其身。凡模棱者,不亦托之耶?盖气质不囿于一偏,刚柔必衷诸一是,固学力为之也。然亦有其时有其地焉。国有道,其言足以兴国。无道,其默足以容国。士遇,则国士报。众人遇,则众人报。非时与地为之乎?职道当曾文诚之时,安顺既卸事以后,何尝复有所建白哉?今宪台以职道为模棱,而意犹未足,固职道所犹恃,以不绝意于黔者也,故特表其心迹,不欲宪台之知职道未尽也。若他人之疑是疑非,见深见浅,则仍听之而已。噫!亦惟职道平日不求知于人,更不与不知者辨,故落落至今耳。天下无论何等人,非有声气凭借者,不能出头地。声气尤分轻重,凭借尤分浅深焉。噫!亦听之而已。

二月初七日复三则

曾文正公前寄职道联语,乃"磨砻去圭角"也。磨砻是学力,模棱是两可,音相近而义相远。宪台误记之,职道亦误会之,故不能不辨。今正其误为"磨砻",则可不辨矣。

见驻铜仁思州之东军,共只二营。每营每月饷银,只一千一百一十两,且兼顾碉屯。富字营,每月饷银一千五百两,岂尚不足顾石阡一隅,况东军尚兼顾之耶,此诚可无虑。楚军每营月饷二千八百四十两,黔饷渐减至每月一千五百两,余所部东军又减至一千一百一十两矣。此亦足见黔事之难,余之更任其难也。故于原稿中节此一段,又自注之。

职道出巡之计,自难遽辍,惟见提黎平一案,甚有关系,须得其大概,始可定行期。此案,是黎平府属千洞寨民,去年九月以窃盗畏罪自尽报府,府委经历相验,经历十月往而未验。府差赵顺等,提寨首数人进城,私拘于家。十一月底,始过府堂一次。该寨民已用钱四百余千,而该差等需索未休。正月二十五日来告,即发差往提。是月初二日,先提到赵顺及所拘之寨民等。寨民告赵顺过手之钱三百余千,赵顺但认百七十余千,因先杖之。赵顺受杖不哭,而寨民皆哭,且骇颤不已。赵顺之惯耐杖而不哭,无怪也。寨民何为哭且颤?则谓该差等受惩一次，将来雪忿，该寨民苦累更深矣。盖寨民控道之初意，只求于四百余千之外不再索耳，不料道之认真审办也。由此观之，则苗疆衙门平日之积恶，尚可言耶？苗民之愚困，不更可念耶？赵顺供中，有“开消经历马蹄银八两，及少爷与各二爷钱数十千”等语，寨民又供另送经历银十二两，虽尚未指到知府宅门内，而其差役私押寨民四十余日，知耶，不知耶？黎平距道最近，又以为其人可恃者，乃其郡中之底蕴尚自若此。职道去腊感怀诗，有“郡县今方庆得人”之句，今忆之，倍自愧矣。

二月十八日上

适接独山州劫案之牍，荒谬已极，不能不请撤参。此人本乖戾，而又加以荒谬，若竟容之，必益肆行无忌。则从前已参之员，将来应参之员，皆以为畏强凌弱，有所借口，益难整顿矣。彼之迟延者，恐只是报道之牍，盖其牍中有请免开参之语。所畏者，职道之作难耳。以为宪台与藩、臬一准，则职道无如何矣。今职道此举，彼必深恨。然为地方起见，甘心受之。祈宪台力断之为幸。

六月初四日复

铜仁、松桃、思州，久无贼警。思南所属，偶有被扰者，大率在防地之外，又系零户，不肯搬入大寨者耳。苏子熙军门分段责防之说，两年来皆是如此办法，无待重申。窃谓此事不当以军务办也。盖梵净原只二十余人，既而只十余人，初办之不已者，以有贼首刘跰子耳，及刘逆伏诛，今据铜仁府所询，贼供只有五贼矣。木黄之劫，初以为梵匪者，得安化县禀，又知即是土匪廖水牯矣。古来岂有贼首伏诛，只余五贼，尚算军务者乎？只以山深箐密，贼愈少则愈易藏逸，而官军愈难搜截，故非军务，而较军务益吃力。然恐终不能以军务了之也。职道意中之计，拟改属其权于地方官，如思铜石之守丞令，皆择知兵而廉干者，久其任，专其责。全撤防军，而以养防军之饷，交地方官，除自养亲兵数十名外，余尽作团费。划清地段，各自为防，仍并力搜捕。如此，则不独梵贼可尽，即另起匪徒亦可尽。职道未遽发议者，以撤防军之难，而各地方官皆得其人之不易也。然舍此，实别无长计。至武人则但自为拥兵计，更不足与商酌矣。

六月十四日复

士君子学古入官，岂不愿有位？但位为民物计，非为身计。无位则身得宽闲，有位则身转劳瘁，必有圣人如伤之隐，而后其愿有位也，非自利。亦必有幽人履道之贞，而后不以无位为戚也，非矫情。职道非曰能之而志之，所向固早与宪台印证之，不自今始也。

六月二十二日复

凯里苗警，出于意外，虽旋即扑灭，而不能不加意经营。窃意，但宜清乱之源，而不必穷匪之党，清源仍在吏治也。且有谓此事，为某军之隐为煽激，而图久握兵柄者。虽在意中，然苟有革面洗心之教化，亦何至为煽激所摇动也？职道仍反求诸地方官，益反求诸己而已。

题补贵东道后七月初二日复

凯里之警，初报二百人。既而堃字营问供，只五十人。丹江各处问供，皆只数十人。苏子熙咨宪台公牍，则云二三百人。而致职道函，则云百余人。即此人数参差，已形破绽。而各营按寨搜杀，固已近百人矣，其中能无冤耶？子熙来函，云湘院奏调该营回湘，而以吴龚两军分填其地段。此中利害，当分理与事而论之。若苗疆吏治蒸蒸日上，则少一枝楚军，即少一枝扰地方梗政教之军，实为幸事。此以理论之也。若吏治不可恃，则大形空虚矣。此以势论之也。倘职道准补后，能以用人行政专其责，成为苗疆一隅破除轮委之常例，则职道敢专论理而不论事〔势〕。否则，理仍退，听于势矣。刘崧生英勇伉直，洵于名将中可列一席。惟于荀子论兵用财欲泰一语，已成习惯。恐于瘠苦之黔非宜，于不当以军务办之时尤非宜，故渠早有信来，而职道未一言于宪台者此也。今渠既已来，且已承宪台之鉴许，又适值苏军调回之时，此等名将实当留备缓急。惟渠所言于宪台者，既未深于理，而亦未切于势焉。其云须用湘饷，以三千人为度，每月只一万五千饷，仅可作事云云。查职道所部及下游归节制之军，合共六千余人，每月尚不到一万五千饷也。渠欲以一万五千饷，只养三千人，是仍湘军五六八章程也。湘之坐营，向只四四，何得黔之坐营，而反加之？见在黔军，除思铜外，皆无事之地也。以无事之勇，而每月以四五金养之，百姓如此之苦，而独厚于勇，实可不必。且见在绿营招兵，而当勇者，皆不肯当兵，以勇饷在二两内外，兵除月米外，只银五钱故也。使勇饷更加多，谁复肯为兵乎？又，加饷则减勇，所减之勇归于何处？直添贼耳。驱之为贼，而或难制焉，固成大患。即尽能捕而诛之，又何忍乎？故今日所养黔勇，直是养无业之民，使不为贼耳。若吏治日上，能使无业之民，皆乐于就业，则地方尽无贼，即可尽无勇矣，又何必计及于饷之加减哉？且晴营之饷酌加矣，则在铜仁之东军，亦早应照例早加。而顾未请加者，以东军为职道所开，似较各营为亲，一请加，则各营皆援为口实，虽有有事无事之分，而人或不谅，故宁使较亲者吃亏耳。当向镇任守承办之时，而早加饷焉，安知不更为顺手乎？亦实知办此数贼，如以牛压虱，牛尽加大，仍不足以制虱之命，其中有定法焉。则必勇与团合力为之也，有定数焉，则气机所至，而勇与贼自巧遇也。无奈勇团屡相龃龉，而气机亦未至，惟当责联络勇团者之不善，而益竭人事，以迎气机耳。纷纷局外之论，无中款要也。加饷，自亦人事之一。如晴营在思南，有一千九百余金之饷，东军环梵净山及扎思州木硐者，只二千九百余金之饷，即此而较，已未允惬。而职道之苦心，亦稍可见矣。盖非天理人情体之有素，时势利害、表里深浅揆之无遗，实不能得其款要，亦原不能求谅于局外一切蹈常习故、营私便己、怀忌挟诈、道听途说之人也。今为留崧生计，与之讲解，渠亦以为然矣。渠欲姑了梵净事，即请了之，作为帮办下游防务,统领各军。思南秦登桂既投诚,晴营所添之饷,可量裁矣。仍为划留一千一百一十两之数,裁出八百六十六两。夏倅所带向任两营,拨出一千一百一十两之营两,共一千七〔九〕百九〔七〕十六两。以三百两作为崧生统领费,其一千六百七十六两并交崧生,或汰勇,或加饷,或更换,听其为之。夏倅则仍带七百九十九两之营,作营务处。如故,专责以联团之事,而以捕匪专责之崧生。崧生亦应承矣。但恐渠意在更换之处较多,须为预备五六千金,以为汰旧召新之费。渠又云,接手后多则五月,少则三月,如事不了,即当交营辞事。职道谓其,且俟三五月再论。渠又云,须先自召营,而后撤夏李所拨之营。职道谓,如此则事更稳速,但费较多,善后局恐难另筹。故请宪台商诸司道裁决之,俟文到即遵行也。

七月二十二日上二则

部文减饷,论目前局势虽有不宜,然职道不能不为其难。故又先裁其所亲部者九百余两,此外则谢营之三百余两,共一千三百余两。合之去年所裁,共八千余两。较职道初到任时,下游所有饷数,省五分之二矣。

各寮属见职道详核处,或以为刻薄难事,见浑含处,又或以为长厚可欺。不知职道一准乎理,而不拘成见,彼各以私意窥伺者,徒自误耳。

八月初二日上二则

崧生请益,不谋之于职道,而谋之省局者,以职道之执,而省局之通也。然诚能裁各军可裁之营,使崧生成一大军,亦未尝非计。惟天下灾区,连年几遍,今湖湘又告昏垫矣。危迫之象,日逼日紧,即此时从根本作起,已属过晚。况仍未认真根本乎!如医病者,不顾人之元气,徒事攻伐,一患未平,一患又起,攻不胜攻,伐不胜伐,而奄奄一息矣,究何为哉?故选将整军,粗论之,则是要务,细论之,只是无聊之计，非职道欲有为于世之计也。古之守道者，不能如其所欲为，则不出，出亦即退。职道见及之而不能断，此其所以日夜焦思，而继以渐惶者也。若湖南腹地有事，何能顾黔？黔有患，固为川楚粤之患，川楚粤有患，亦即为黔患。黔虽能治根本，而他省不治，亦载胥及溺，况黔亦不能治，不暇治耶！

永从、下江因广西苗变，边防又宜加紧。思南事，若汪守果能认真，职道不遽往，亦可无妨也。李徐一流，原拟用其搏击之才暂消导，而即加以调理。乃消导亦不如法，则调理安施？故增闷闷耳。一心经营，而四体不能供其运用，此又职道治贵东之病象也。黎平能使邓守到任否？其地甚须整顿，非昆守所宜。昆守谨厚而才识太短，再迟必酿弊患，恐难免参劾，能早为之，地亦善也。

八月二十七日复三则

廷旨，不允苏军之留，而以操练防营，慎选牧令为要，自是探本之论。下游各军，得崧生统领，自易整顿。惟饷项若不能济，则须据实入告耳。吏治重在牧令，而黔之郡守，关系尤重，皆必得贤才久任之而后效，不知朝廷亦洞悉否也？湖南永绥会匪滋事，松桃筹防，已备牍矣。

黎平命件，昆守欲避公罪，反涉私罪，是其刑席为之也。职道又具牍矣。昔人云，公罪不必无，私罪不可有，职道早奉为圭臬，非刑名家所知也。职道赴公车时，即尝谓天下大局，一坏于京内之部书，一坏于京外之刑幕。半生偃蹇，不能反天下积弊，惟自家守得一分是一分，任人嘲笑为迂疏而不顾。得公罪固不恤，即被人罗织为私罪，只要自问本非私罪，亦所不恤也。

苏牧如职道春间所揭者，已是难逭之私罪，况又罗织无辜，复何待搜求余事耶？惟职道结怨于此等凶人，大失趋避，亦只仗苍苍默佑耳。

八月二十九日复

纷更足以误事，多口足以败谋。梵净事之屡纷更者，由于多口也。多口之能动摇者，由于职道独任之事，不敢专执也。今得崧生共任，若再有多口，宪台可勿听矣。

九月初二日上三则

接晴营李守信，已于八月二十三日，将秦登桂交思南府收禁。是既许以不死，亦须有以服众，有以善后。职道拟一不失信，而又不失政刑之法，已函复李守致汪守，并谕秦酋。昨夕汪守信来，又复之矣。思南得此整理，已可放心一半。李守一辈人，固全赖驾驭耳，自严札申饬后，尚无辞退口气。若能降心效用，亦难得也。

昆守继袁守而劾，实有不能曲护之理。今吴守有在铜仁之一案，竟出意外，只俟查明又当举发。职道实不欲劾人，而诸人或显与相背，或阳奉阴违，其奈之何？故前函谓题补若经部驳，正乐得借以抽身，少结怨耳。

黎平之差，竟有极恶如徐洪，即徐枝培者。袁守初到任时，尚能查拿，继乃更名仍充府役，而不知。夏间，有人见其顶戴补服，在人家赴宴，言于昆守，而置若罔闻。及职道知之，始密饬副中营、开泰县会拿，则藏匿更密矣。今又不知作何伎俩。故不得不着落其弟与王贡生也。其弟为乙亥武举，真如虎之添翼。王贡生，亦与相狼狈者。赵顺之恶，尚为末减，将来只照案办之。此恶，则当照土匪例也。各属恶毒，尚觉不少，若能尽除之，以伸善良之气，则亦可以增治化，而减兵端矣。沈制军请停武举，亦职道意中事，后世必有用其言者，固不仅为省费计耳。

九月初十日上二则

承示欺字一段，窃谓君子可欺以方原，不以受欺为讳也。不逆不亿，亦不预疑人之欺也。惟先觉之理在心，或先不疑其欺，而竟不免于欺者，亦先有以防维之，使不得肆其欺之害，则理与法兼济耳。又人之才力不及，与欺者有别也，有似欺而与真欺不同者，其辨尤甚微也。才力不及者可恕，而欺不可恕。似欺者可原，而真欺者不可原，此在主持者之先不自欺耳。即如各属之欺，职道何能尽觉之？惟既觉而即发之，如宪台之所谓不回护耳。然职道之举发，亦只能自尽其职耳。省中之认真与否，职道又何能预焉？如袁守固与职道有笔墨之交，而又怜其宦况之窘者，若干弹劾何尝不为之恻恻？然理法所在，不能顾私情也。昆守又有遵驳改详之文到矣。其初详，盖亦为刑席之顾全袁守所误，今既改详，亦听臬司之议耳。职道又何容心焉？黔中积弊固多也。若竟以积弊为定例，而终循之，又何时得见天日耶？然职道之取怨太多矣！日复一日，有加无已，何能当万矢之丛集？思去之心，有不能自禁矣。

前日，接古州游击咨文，其言千把外额苦况，自是诚然。欲为转达，又似应会合镇军方可，而彼又禀镇，故尚踌躇。且此事通省皆然，不独古州也。阅提镇廉俸皆全，且另有亲兵经费，而官愈小者，折扣越多，甚不情也。又闻虽准领之项，折扣亦甚，此项不知谁归，尤非政体也。兹将原咨呈阅，以为可转达否？抑不必转达，而宪台可谕藩司一厘正否？

九月十九日复

百乐厘局遽撤回丙妹，以遂刁奸之计，固属不宜。东军中营一哨，多扎彼处数月自无不可。惟查该局近来抽收太重，若专恃兵力以制之，或商民真受困，或商人竟裹足，于理于事，皆不当也。昨罗将一禀，未转备牍，兹钞呈一段。其所言："近来加重之厘，出自总局改章乎？抑委员私意乎？伏祈察酌，以顾本原。"至炮船裁减日久，幸皆无事，今忽有事，自必有由。且炮船尚存三只，若不虚人数而整顿之，尚有三十人，岂真不能御盗？是既开启衅而又疏于防，两失之也。今恃有防勇在彼，若益肆其朘削，则职道之心愈难安，而地方之怨益深矣。见在办法，又已备牍，此则牍中之未能尽言者耳。祈采察之为幸！

补授贵东道后十月二十日上

前闻宪台有陛见之请，职道正在踌躇。盖以怨谤太多，得宪台主持可无顾忌。非然者，虽不至显有中伤，或不免阴有牵掣，岌岌危矣。今部议准补斯缺后，有应引见之文，乘此一行，看去任后地方何如，公论何如。若地方可无需职道，而公论仍未以职道为然，则职道不来矣。忆在安顺上宪台书，有“若只能作人云亦云之事，则何不径让人为之，我既非有求于官，何不舍官而自图名山之事业”等语，今犹此意也。

十月二十九日复二则

奉还谕，不允交卸北上之请。在宪台，则以若陛见得请，职道更不宜去。在职道，正以宪台若陛见，职道亦暂可抽身。前函已寓此意矣。盖职道与宪台之相处者，皆一诚也。或同或异，或从或辨，皆诚之至也。他处能乎哉？他处之称赞职道，或更有甚于宪台之许可者。然职道不能信彼之心，即亦不能自输其心。心不相输而求其相合，难矣。职道又往往有不屑与人辨之处，倘有当辨而皆付之不辨，或受枉，或误事，皆难定矣。生平每与人不合，而皆未至决裂，以善退善去耳。必至决裂，而始退始去，非明达者之所为。宪台试为职道一设身计之，必有以处此者矣。请交卸之牍，若尚未批，勿遽批可也。俟宪台请陛见之旨有定，未晚也。职道未交卸一日，仍认真一日耳。天下人物，且无论邪正，只诚伪二字，相去一远，断无能合者。故职道未敢自信能久于宦途也。

十一月初九日上

上江协营一案，其谬处全在邓协也。都守等固皆不能无谬，然实皆由协之谬为之也。职道应即举发，惟又添怨家矣。昔胡文忠守郡时上臬司书，言黔中之事，非立诛三五贪劣将弁，并劾去三二十人，不能起鼓声而作士气。此在黔未变时，专为绿营虚额扣饷者言之也。未几，而大变矣。文忠所言，但为不能制变，而尚未进于弥变也。然使当事者过，能用其制变之言，亦安知祸不少逭哉？

十一月二十日复

属员禀讦上司，不尽干例禁也。例载，凡实系切己之事，方许呈告。若将弁克饷，务须营伍管队等头目，率领兵丁公同陈告。又直省各上司，有恃势抑勒者，许属员详报督抚题参。若该督抚徇庇不参，或自行抑勒者，准其直揭部科，奏请定夺。审实，将该上司分别议处。皆载诬告律内。惟诬告，则反坐加等耳。兹上江都守据兵丁之告以上达，且系切己之事，似无可议也。

贵东书牍节钞卷二

与各官及诸师友往复书

光绪二年三月十四日致湖南候补道裴樾岑

此间诸事有待，徒敝唇舌而丛忌怨，无益。因薇垣须入觐，叠有遗缺，湘潭公以首道见商，弟辞之。以谓此随两司后循例画诺之席，无庸嘐嘐者，拥虚位而召实忌也。继以西东两道见商，亦辞之。无已，则愿东。盖东事方棘，又有再乱之机，若举其职责，劳苦数倍于西。甘为劳苦其劳苦者，且安危与吾湘共之，亦仁和公所属望也。湘潭已谅而听之。若胜任与否，则视力之所能到而已。

六月二十八日复藩司吴眉生

来示，家有墙垣所以合好掩恶，谓吴令事于滇湘处少及云云。湘固毋庸及也，滇岂可不及者哉？夫合好掩恶，指饮食男女之类耳，合好无论矣。所谓恶者，盖饮食有醉饱之愆，男女有狎昵之失，掩之可也。若家有一人焉，夺一家之饮食，杀一家之男女，此可掩耶？可于其家长处亦掩之耶？滇黔总督，固与黔抚同为黔之家长也，可不及耶？然除公牍外，则无只字，不如陈抚之琐琐矣。赃据已获，过付已解省，弟事毕矣。非弟所得操者，姑听之耳。

同日复署道曾挚岷三则

来书谓兄亲理词讼，其实非能一一理之也。但递词者只费一文钱买一张纸，故甚易甚多。又每令入见，除就案开导外，并问地方情形，其词则有准有不准。即准者，亦但饬就近郡守提讯禀复，未遽亲提也。盖动辄亲提，既侵地方官之权，又拖累远民。虽道署不要一钱，而旅费亦不少矣。惟使下情不壅，则地方官亦当知所忌惮耳。

郑春江已居署内，笔墨非其所长，当徐察其长而用之。向来本不深知，但见其有冷劲，气自异于委琐者。昨渠述中丞面谕，此去毋长君逢君云云，虽是戏论，然隐隐中亦视兄为苛刻一流矣。兄心目中见得各僚吏，为理法所不当容者甚多，尚未举发。只一吴令，是人所共知之巨凶，不先举发，难问其余。亦俟先举发，而省中能按法行诛，乃可问其余。亦俟按诛一人，或各吏知警而速改，亦可不问其余。乃甫举发此一人，遂有苛刻之目，其尚能由我放手哉？吾为黔民滋戚矣。渠又述中丞语，云颓风已久，殊不易挽，当徐为之。夫惟其颓故当挽，惟不易挽故当力挽。今日徐徐，明日徐徐，其尚有挽之期哉？不惟不能挽也，将益颓矣。嗟乎！以曾公之阿私纵弛，号称和平可以致高位，得美谥，以易子之悲悯忧愤，力求匡济，不过一候补道，人亦孰肯不为曾公之所为，而为易子之所为哉？吾为世道滋戚矣。夫恐春江长君逢君，则拿获过付之任怀玉，盘获赃银之邹乔林，其为长君逢君不待言矣。为任邹者，闻此风声，或神销气沮，或改弦易辙，皆未可知。即春江初到，即借中丞之言以进规，恐亦不能副我意中之所欲用者矣。兄既无人可用，其何能有造于黔哉？兄于中丞之谊，断不忍轻言一去字。然恐或虚拘，或徒劳，则可惜此一番遇合矣。老弟其何以教我也？

星潭昨来，居十余日去。政事之外，兼论学术。盖彼此不患有短，但常能如讲，论时不以凡流自待，终当进德，终当有济于世。老弟近来自治复何如？兄为世道民生责望贤者，不敢辞僭妄之嫌也。

七月十二日致候补道罗星潭

天下大患，是软熟庸滑之气习太深，虽非甘为不善之人，亦必带此气习始能有合。此风难挽，则正气不昌，人才难振，区区一片苦衷，终成画饼矣。人不患有短，只要有真才真气，皆能济世。有一分之真，即能得一分之用。今之时，既相率为无才无气者，稍不同，即又偏才伪才虚气者，悠悠苍天，竟不使一二真正大才、真正大气者，得有提倡人才之权，以致中气日亏，外邪日炽，将成难医之病，其奈之何！

七月十四日致曾挚岷

吾尝谓，黔吏必尽用书痴，而后可图久安之治。此言虽近偏矫，实因一种油滑无赖之人所激而然也。乃反其道者，必尽用油滑无赖之人。即稍有书气者，亦必使消磨净尽而后用之，则吏治尚可问耶？遥知老弟胸中必不如是。然或偶一附和，或置不与辨，亦是欲消书气之渐。兄在老弟处，敢于僭妄，故特期责之。兄年逾五十矣，虽日暮途远，不忍稍为迁就，以负生平。弟春秋甚富，已实擢监司，虽少不获上，少不从众，究于前途何碍？愿遇事直言，多为天下留正气也。

九月初三日复罗星潭

连日途次，正悬念节麾不置，今日申刻抵省，适执事蕨菜坪函亦至，诵悉一是。游匪慑于声威，先期遁匿，是意中事。而生苗得睹如此汉官汉将，春温秋肃，天日一新。盖苗疆开辟以来未有之气象，遥为苗民额手拜赐矣。酉刻带呈，中丞亦极称赞，将来会禀，仍由麾下酌量定稿也。惟此事必得老弟一手了之，乃能尽善。若能为地方造永久之福，尊先大夫在天之灵，当如何欣慰，自不必汲汲于目前之改卜也。

九月十三日致裴樾岑

抵贵阳后，因星潭观察剿办箐山生苗、境内游匪，初报甚紧，既而成功太速，星潭又急于回籍，弟以新定之苗，新整之军，星潭去后无人可恃，仍须折回古州，已于本日出省。其思铜事，加派妥当委员先去矣。即请代陈明仁和中丞也。

九月十七日致署松桃同知陈春岩

松桃人民苦唐君久矣。得阁下涤旧更新，大旱之后沛以甘雨，松民其有瘳乎？企甚！祷甚！闻唐君前与协镇在孟溪抽收牛厘，系弟出示裁禁私厘之后，何其太相刺谬也！且闻系借防堵为名，然既有各营在前敌，又防堵何事？今若尚在抽收，祈阁下立即停止为要。

九月二十五日复广西巡抚涂二则

自闻中丞建节粤西，为粤幸，为湘惜。既而佩绅权巡贵东，樾荫不远，屡欲上书，借求教益，苦于所兼揽之事太多，所欲为之心太广，才力与日力皆不能给。故每一执笔，辄因他事而辍也。窃思黔乱之起，由于官剥民，而兵不能卫民。黔乱虽平而不可恃，由于官仍剥民，而勇复扰民。汉民惟官剥之，苗民则官与汉民同剥之，勇之扰苗民又百倍于扰汉民。由斯以往，苗疆之乱，将终古无穷期矣。去冬六洞之变，非苗变也，游勇挟之以变也。游勇之变，实营弁营勇通之也。游勇既得苗财，遂嫁祸于苗而遁。营弁营勇，既掠苗以为利，杀苗以为功，乃尽纵游勇，又将为他日再获功利之计，此深堪悲愤者也。不料，官为害，更有甚于营弁营勇者，则又意想所不到。如永从令吴延尧是也。佩绅思，欲为稍能久安之计，非力反其弊不可。故接印之次日，即使人拿获吴令得赃之过付，而和盘托出之，继又盘获其赃，据而层层紧逼之。窃谓能以此令正典刑，则全黔一肃矣。然此令奥援极多，惟恃湘潭中丞之力排情面，尚不知终能惩一警百否也。治吏治军之道,在劝惩。治民之道,在教养。然得同志之人,固难可得,可使令之人亦难。且道员之不能自举其职,非一日矣。况署理者乎?所恃者,湘潭中丞之相知耳。然欲破众习以从一人,又谈何易也。见惟一罗道可能为助,即帮办善后防务者是矣,此番箐山之役全赖其力。若在他人,则不能制游勇,而徒扰生苗。目前之费固多,日后之患尤巨。今以数哨之力,十日之期,轻轻了帖。此固非积年专阃者之所能为,亦非循例论功者之所能识也。会禀,系罗道在营主稿,佩绅在省会印。惟阵歼之数,或不免多报十之二三,然进止布画,及俘获之数实无少溢。此禀发后,陆续捕诛者,又不少矣。未知湘潭中丞已咨执事否?兹寄呈会禀稿,免另述也。佩绅初因有罗道在古州,故可抽身进省,即往思铜亲督各文武,搜捕余匪及善后诸事。嗣因罗道遽离古州新定之地,实难放心,遂仍折回。途遇罗道,已请其代往思铜,暂缓回籍矣。本月二十三日抵署,始奉读手示,则前使已去矣。既而驻柳州易道使至,附此转呈,祈进教之幸甚。

粤西近黔各地方民俗吏治,佩绅亦颇有所闻。盖游手甚多,赌风甚炽,此民俗之由来已久,宜匪徒之,难于清厘也。今夏,佩绅使人运米至六洞,半减粜,半发赈。有船户系粤人,向差弁等叹曰,此地之官并苗民亦怜之,我处则如何是好。我处若有好官,则我等可复业,不必糊口于外矣,云云。即此,亦可见吏治之未尽善也。中丞莅任后,风声所树自宜不同,然亦不敢不附告也。夫边民虽顽,苗民虽蠢,若有好地方官,则又易化。但上官距远,觉察不易,非不待劝惩之吏,不肯独作好官,又缺多瘠苦,非不计丰啬之吏,亦不能作好官。中丞在任,固可惩贪警墨,更能为去后长久之计,则边方永赖矣。

九月二十九日致罗星潭

前在都匀,谈及三脚鞭门丁之事,固同声称快矣。嗣闻途中百姓传说,罗大人有十二个铜鼓,要三脚派夫搬运,三脚门丁对以地方早经免夫,今不能派,罗大人遂责之,云云。在麾下,彼时系为百姓雪愤。兹百姓所传，自是三脚门丁等诬捏，然嫌疑之间君子不处。若当时不发暴怒，但传州同训斥，令其自责门丁，庶为得体。凡当下快心之举，多一思索，自更完善。或左右有私忿，借正言耸动以图快心，尤宜加察此类是也。且十二铜鼓，皆以为打生苗得来也，及至古州，始知为春初各营所掳六洞之物，麾下买得者。夫此物，苗家以之岁时行乐耳，我辈何所用之？即欲以异物归示乡里，得一二足矣，必十二何为者？薏苡明珠之谤，乃未思耶？即此二事，鞭三脚门丁是盛气，多买铜鼓是稚气，老弟细思之，然耶？否耶？能于此透进一层，凡事类推，可以寡过矣。朋友遇合甚难，得一瑕隙，而能力攻之，亦非易易，惟始终交勉之。幸甚！

十一月初九日复罗星潭

匿名公论一篇，特献媚于诚斋玉田诸公者之所为耳。然其疵议鄙人，正是颂扬鄙人，老弟有功夫批驳之，转觉太老实矣。兄往往闻誉而惧，闻毁而笑。以常情窥之，即此便似奸雄，宜公论之，有此目也。夫闻誉而惧，圣贤英雄皆宜然矣。其以名实不副为惧者，在圣贤一流居多。若以不能韬晦致生忌害为惧，则英雄奸雄皆有之。至于闻毁，更有数境焉。圣人闻毁，其心必悲，非自悲也，实悲人也。我辈若悲，则有自悲之嫌，反示人以轻也。贤人闻毁，益自加修，亦其所毁者，或有一二恐自蹈焉，故兢兢也。今既不宜径发其圣人之悲，亦无所用其贤人之自修，直浑于英雄奸雄之一笑。果英雄乎？果奸雄乎？曰狂而已矣。狂者，有与圣人异貌同情之胸襟，尚不屑同于贤人之蹊径，英雄奸雄复何辨焉？若辈以为狂，诚然矣。倘介介于若辈之言，又岂所谓狂者乎？老弟之批驳，固子服景伯乐正子之心肠也。此春秋贤大夫邹峄高弟子，又岂仅优于今人数等哉？惟遇狂者，则必笑其老实耳。

十二月初一日复罗星潭二则

兄常以尊体为念，而不得其致疾之由。今观来书，系寅初二刻作。若寅初而起则可，若寅初犹未寝，则即致疾之一大端矣。三更不睡，血不归心。此养生家言，诚有至理。三更是子正也。古人鸡鸣而起，是丑寅间，则其寝也或戌或亥。兄半生来，每宵必熟眠三时，则日间始觉爽快。故亥正寝则寅正能起，子初寝则卯初能起，子正寝则卯正始能起。凡如此，皆无须午睡。否则，虽午睡仍困顿，且从来不惯午睡也。倘有不得已，而丑寅犹未寝，且竟夕不寝之时，则因之不爽者数日。以此推之，故知古人之寝兴有节。今之无节者，若非禀赋过人，则必致疾。即习染鸦片之害，亦恐由此而起。吾弟其深念之。

评骘各文武，兄早已十得其九。但未经藻鉴印证，不敢独断耳。好谀好胜，在我辈则为大害。若武人仅有此弊，是即可用者。然仅可为人用，而不可使彼用人。某公是好谀好胜之极者，初作营官甚出色，作统领则减色，作大统领又减色矣。职是故也。

十二月十三日复带东军前营记名总兵向斗南

星潭观察信来，盛称足下美材大器，云云。其实足下之长短，仆所深知。美材则诚然矣，大器则须加培陶铸之功也。大凡小智、私慧、矜能、使气、偏听、偏信、轻喜、轻怒、饰非、护短、喜同、恶异、好奉承、爱虚体面、多才艺、生怕人说不好，各种气习之类，有一未除，皆不能成大器。所谓大器者，聪明而非巧察，浑厚而非囫囵，豁达而非浅率，深沉而非阴险，正直而非抗傲，和平而非柔靡，凝重而非板滞，刚毅而非粗猛，宽博而非纵放，精密而非琐屑。有能如此，虽遭际不利，名位不显，不失其为大器也。反乎此者，虽高官大爵至封侯拜相，不足为大器也。足下试细思之，且与令叔芸翁共讲明之，就身心一体验之，可知所进步矣。改归文班，仆意不以为然。

朝廷设武科，兼有试文艺一场，功令最重，其敢于倩代者，考官之罪耳。行伍军功两途,特武途之宽者耳。曾谓武员皆不应读书识字耶!有一能读书识字,而即欲改班。岂谓今之文班中,军功捐纳两途,稍识文墨,能自标日判行者,遂能称其识耶?呜呼,可哀也已。古之武将,敦诗书说礼乐者多矣,即如岳忠武文集,是何等学问!但不可如时下之专学作诗写字,以无益害有益耳。

光绪三年正月二十七日复四川候补知府罗惺四

二十三日,伻来。适先两日,接长沙信,女婿陈诚甫病故,心悸体惫,又有急切须理之事,扶病理之。来书粗读一过,昨夕始再读,今约略奉答。兄生性挚于内而旷于外,加以己、庚两年之学问,辛、壬、癸三年之经历,死生亦适然矣,更何论穷通!惟名心似有结习,四十以后,特于此用功,近数年来,始不计较毁誉。然毁誉者,一时之名。而千古之名,未净于心。今欲并此无所庸心,乃不虚耗切己宜用之心,可造因物付物之境,此方寸中所自课也。今之世,可与言此者,几人哉?何况黔之自桧以下也。《论语》连记"色厉内荏"以下四章,最有意。此四章书,括尽千古世俗之人,为世俗作人之通例。四章又括为一例,曰"鄙夫而已"矣。世俗之人,无不患得失者,即无一非鄙夫也。"乡原"是鄙夫之最精者,必谨身寡过、功成名就之耆老巨公,方足以当之。色厉内荏,是鄙夫之有心机有气焰者,伸于昭昭,隳于冥冥,自以为取富贵功名之伎俩。然有成亦有败,不如乡原之有成无败也。道听(涂)[途]说,是鄙夫之有记问有议论者。其记问议论,亦以为梯荣干进之具,然尚无关于成败之数也。前三章,同一鄙夫之底蕴,而以"色厉""乡原""道听"为各著之形色。若别无形色之可著,则即专名为鄙夫。故合之虽一例,分之仍四章也。欲不入此四章,除大圣大贤外,惟狂狷二种。然此言出,而乡原必自曰我狷,色厉内荏,道听涂[途]说者,或自曰狷,自曰狂。然则何为真狂真狷耶?亦惟孟子所谓豪杰之士,虽无文王,犹兴者,自课于心而已矣。真狂真狷,求进于中行尚已,自揣其资之近狂者即求为真狂,近狷者即求为真狷,亦世道所深赖也。近狂近狷者,何以能自知,则亦惟王阳明之所谓致良知而已。阳明自谓,在南都以前,尚微有乡原意,后乃自许为狂者,此阳明之良知也。今天下之良知,几于尽昧矣。良知者,道之本也,形而上者也。惟道可以范物,惟本可以控末,惟形而上可以制形而下。以物范物则易穷,以末控末则愈争,以下制下则变百出。今天下皆舍道而逐物,舍本而逐末,舍形而上求形而下,中国之形而下不足,乃求诸外夷。呜呼!良知尚存者,其能不为世道痛哭耶?阳明之学,是今日救一时,并救千古之急务,惜无此大力之人能讲明于天下也。兄少时偶阅阳明书,即有所契,彼时未知有门户也。己、庚两年,遍读宋元明诸儒书,以程朱为归,不取阳明。彼时,固有得于程朱,亦带有乡原意也。阅历体会,至于近年,乃与阳明合者甚多,亦时为之也。盖真有所得于程朱而从之,真有所得于阳明而从之,皆非乡原也。非真有所得,而随众以从之,则乡原也。近年自课于心者,大率若此。不复计较天下之毁誉,并不计较千古之毁誉,尚何有于一黔之毁誉哉?老弟念此,可不为道谤议论悬心于数千里外矣。姑就用财之丰啬言之,杜冒滥,节虚糜。即如下游军饷,自兄到任以来,每月已裁减五千余金,诚啬矣。而局章,每月有统领费三百,兄已先自裁之,岂自丰耶?初接东道印,即裁革各属私厘,欲丰于民,遂啬于官矣。而南嘉堡厘金,每岁七八千金,皆东道私入者,已先自裁之,岂自丰耶?其余可类推矣。老弟之得失,窃为揣度,亦可略言焉。其谓为人任事,或见功者,智虑之周也。为己任事,或见过者,气力之弱也。为人用人,或得力者,旁观者清也。为己用人,或至偾事者,当局者蔽也。思虑至周,而罅漏愈出者,心愈周则分气者愈多,气愈不足,顾此失彼也。推信愈隆厚,而疮孔愈丛集者,所推信非其人,愈隆厚愈以为老实可欺也。果然耶?否耶?亦惟老弟自课于心而已。要之,观过知仁心,固可谅有过,则改道亦不妨。兄所不敢自诬者,亦惟一心耳,不能保用人之无过,处事之无过也。今日以是人为可而用之,明日知其不可而舍之。一念以此事为宜而行之,一念觉其不宜而止之。但不护短,不执见,虽或不免有一二致失,较之瞻徇拘牵者,为害小矣。短长求诸己,得失求诸心,穷通听乎时,毁誉听乎人。夫有限之心气,专用之以求短长得失,而犹形不足。若枉用之于穷通毁誉,则更可惜也。愿与老弟共勉之。又承问精力何如,兄禀赋本不强,幸颇知所养。然频年以来,骨肉之伤多矣,养不敌伤,而伤又性分,所难免者,亦命也。以此时精力,若专管一道察吏安民之事,而不兼揽兵柄,则敷用。兼之,而分任得人,亦敷用。今兼之而不尽得人,明明虽能支,恐暗耗者不少矣。

五月初二日上前任湖南巡抚刘韫斋师

见驻铜仁之江口,为思镇铜松适中之地,兼在梵净山脚,民事军事并理之。此一带,古称三不管之地。盖川、黔、楚三省接壤,岩壑阻深,诚难管也。见为贼者固无论,即未为贼之民,亦容易为贼。官既不足以化之,兵力又不足以制之,则皆贼矣。去年,若非改弦而更张之,已成大乱。从此细意熨帖,未尝不可久安。惟事权固未尽属,而烦劳实亦难支,分任不尽可恃。每到无可如何处,只得以力所不能,分所不能者,默祷诸天而已。

五月初六日复向斗南

梵净逸出之贼,若尚不速净,参办其小焉者,足下半生期许,竟成空谈,尤为可惜。夫闻警而后动,以之处敌国外患可也。捕贼者当如是耶?不趁此时日夜设法以净此数贼,仆固无颜,足下能晏然耶?

六月二十二日复张埜秋太史

来函拟尽手复,苦于无暇,掌记者代叙大概,百不宣一。要之,以天下视为闲冗之职,厕以权摄之员,而独汲汲不遑,硁硁不化,忌之者固多,笑之者亦不少。近状虽粗有绪,远猷恐终无期。乃过客留心,独以为可与论治策,所欲为勖所未逮,惟有在职一日,即期不负明教一日而已。

七月十一日致裴樾岑

昨接苏子熙军门书，言署台拱同知席启悌病故，嘱委其营中贵州补用同知区维瀚暂行代理，已照行矣。台拱地方及楚军情形，弟久欲言于仁和中丞而未遽发，今值此事，试一发于阁下焉。贵东系黔楚两省之安危，其要害在苗。苗之要害在新疆六厅，六厅之要害尤在台拱，知之者多矣。今巡历一周，而知之更真。盖六厅者，黎平府之古州，都匀府之八寨、丹江、都江，镇远府之清江、台拱也。皆环雷公、乌东诸大山之脚，周千有余里。雷公山一带，即牛皮大箐，台拱在其东北，相距尤近。乾隆元年，张经略成功处也。溯苗疆变乱之由有三。一，官吏之需索也。国朝开辟新疆，苗田永不征赋，既体恤苗民，亦使流官无所借手以肆贪暴，苗民无所借口以生变乱也。恩至渥，而法至善矣。然各厅之膏腴，皆已设为卫田，所存在苗者硗瘠耳。苗生齿日繁，虽不征赋，已不能自赡。乃有采买兵米之一政，官吏借手贪暴，有什倍于征赋者。咸丰五年苗乱，皆曰闹粮。夫国不征赋，何粮之闹？采买之害，甚于征粮者也。其余差徭之苛敛，狱讼之规费更无论矣。土司通事之借官以害民者，亦无论矣。一，汉民之盘剥也。律例有汉民入苗寨之禁，然依寨而设者，有交易之场焉。设场者，皆汉民也。两湖两广江西四川之民，多为汉。物卖于苗则价昂，苗物卖于汉则价贱固已。乃故诱之以赊欠借贷，又或以牲畜寄养，养成则重分其利，不成则厚责其偿，积累日深，以息作本。不数年间，苗民产业遂分析抵当，辗转数次，以至赤贫无依。更有折算其身及其子女为佣奴，终身力作，不给一钱且百般凌虐者。凡苗疆有田业之汉民，大率皆盘剥而起者也。律例有汉买苗田之禁。今苗寨中多有汉姓名汉语言而苗装者，盖由禁令初颁时，其祖若父，犹知畏禁令，托苗而讳汉，以便于占苗产业。继则相忘于禁令，公然汉占苗产而不讳，公然汉苗争产讼于官，而官亦不知汉民有苗产之非也。苗之积怨于汉，非一事非一日非一人，殆无人无日不存报复之心，但不得当耳。一旦得当，其报复汉民甚惨，有由来也。汉民无能反而思之，悟而改之者，将循环报复无已时也。即凡土司通事亦皆汉人为之，可类推矣。一，语言文字之隔阂也。真土著之苗，皆不识汉字，不通汉语者也。有汉字汉语之土司通事，为之纲领枢纽焉。有假苗装占苗产之汉民，能汉字汉语者，为之寨首焉。朝廷虽有良法美意，深恩厚德，流官虽有善政善教，不能使真苗知也。或文告，或劝戒，或讯鞠，土司通事寨首递相以意变乱，甚有豁免也，而反谓追催者矣。赦宥也，而反谓搜捕者矣。不准需索也，而反谓加倍逼勒者矣。于是，真土著之苗，惟知朝廷有兵刑耳。兵刑之加，惟银钱可免耳。当其无事也，土司通事寨首递相变乱，以牟苗利。及其有事也，土司通事或亦退避而讳汉，假苗之寨首，纠集党类，或以仇恨激苗，或以妖异煽苗，或以株累迫苗，遂成大乱。咸丰以来之叛苗逆首，皆汉奸也，非真土著之苗也。真苗之可激可煽可迫，则不识汉字不通汉语之故也。以上三者皆相因，皆致乱之源。一源不清，未有能数十年不乱者。视汉苗之盛衰，吏治军政之隆替，为迟速而已。然则，黔楚之交，将终古为杀戮之场耶？曰正官吏，有道焉，厚其禄，久其任，优其赏，重其罚而已。夫必使居官所处之境，如寒士之最难堪者，毫无沾润，而又百事具[俱]举，此可以望上智，不可责中材以下也。各厅养廉银，千两八百两有差，较之州县似厚矣。然州县或有不可伤于民之沾润，而六厅则无之也。欲沾润，则惟采买，而沾润不已，则必激变。除采买则毫无沾润，实任者得千两八百两，以寒士之境处之，尚可以自赡。署事仅有养廉之半者，求如寒士之自赡而不可得，非情也。故必设法以厚其禄，乃可养其廉。即凡丁役工食之类，皆从厚焉，乃可以驭下，而无累其廉者矣。久其任，凡地方官皆宜然，而苗疆尤要。既期于久，道化成，亦省迁移往返之费也。边缺为升缺，升固为赏矣。尤当准其治绩，而优之焉。罚之当重，莫甚于贪也。迫之以贪而重罚之，或有所不忍，可以不贪。而一有贪迹焉，虽置之于死，不足矜也。制汉民，有法焉，严汉苗交涉之禁而已。有汉民告苗民欠债者，惩罚汉民而已。有汉苗讼田者，断归苗民而已。惟旧案难翻也，当划日月以断之，期于再无盘剥者而已。通语言文字，有具焉，设义学而已。教以文字，即教以语言也。尤必择取深峒穷寨真土著之苗，真不能汉语者，教之。其已能汉语者，不必汲汲也。语言文字通，而后义理可明。然姑勿绳之以义理，惟使先知义理也。此法行，而土司可先革矣。行之五年，而通事可尽革矣。无废无间无敷衍，行之十年，可期一道同风之盛，苗民自知改装，自知易俗，自知循礼，不待督促矣。汉民自不能欺之，交涉之禁，有不必严之时矣。流官或偶有贪者，苗民能以义命安之，有贤良者必加倍感之也。此三者，始于吏治之得要，成于义学之得效。然义学之效，非先得其官不能也。怀此者有年，今年巡历一周而益信。惟举办善后之始，弟未与焉。即使与之，而机杼不尽出一手，无当也。今各属粗规，渐将有绪，纷更既难，而原办之歧出者，亦难画一。且兵端又实未净尽，兼有兵之足为政教梗者，若措词而不蒙深谅，先恐启嫌于楚，故未轻下笔也。盖六厅中，如古州、八寨、都江，苗本较驯，而台拱最悍，清江、丹江次之。八寨、丹江、都江，近年以来皆罗星潭守郡，时所援引、相与讲求者，皆能自爱而有为。其防军，皆为星潭所节制。文武一气，地方既相安，亦骎骎乎有教化之意矣。古州为弟亲驻，厅员亦弟自择，颇足相埒。惟清江相距较远，其官先不免需索，何论教化？今已易之，且看后来者耳。台拱得席丞，可少免需索，而政教则未之闻。今夏，过施洞口所见，适有触于中者。其时为五月二十七日，苗民龙舟竞渡。苏龚两军门树幕江干，邀弟观之。计三十余舟，每舟三十余人。军门以酒肉银牌犒之。云其人皆居清江两岸，每寨一舟，排日相竞，旧俗也。由外观之，洵升平气象矣。然合三十余舟，共千余人，皆极精壮。其执旗鼓者，皆装束如营弁。有两舟争发，哗斗不休，苏军门亲往弹压，良久始解。夫施洞为苗疆首乱之区，平定最后，岂甫经惩创而平定者，遽有此气象耶？其毫未惩创，毫未教化，已可概见。其大半为汉民之居苗寨者，亦可概见。盖六洞中之汉奸，本以台拱清江为尤多也。以其地距汉近，而水道尤便也。窃忆湘中责望席砚香成功时，砚香曰："吾欲极兵力，俾一劳永逸耳。若但欲成功，何难？"未几，功遂成。盖成于受降者多矣。夫受降，诚可也。抚之以恩，驭之以威，范之以教，更一劳永逸也。若假之以宽玩，导之以侈靡，奖之以争斗，不几如捕役之养盗纵盗，以自留生计耶？席启悌之署台拱也，亦以其带楚军一营也，黔自不能撤之，弟正思有以陶铸之，而苦其难，今竟逝矣。区某暂代理，未知可久任否？然另委他员固难得贤者，即贤而仰鼻息于楚军，能张弛自如耶？楚之欲裁军久矣，以见在古都丹八之气象概之，亦未必无可裁之日矣。然以黔军之月饷无几者，尚存人人存一惟恐裁之之心，即存一惟恐地方无贼之心，况楚军耶？倘漫一裁焉，即如施洞之千余人者，一呼而起，其谁制之耶？若竟不裁焉，将与此终古耶？台拱者，六厅之要害也。施洞者，台拱之要害也。咸同二十年之乱起于此，今乱平而乱之根犹在，乱之机复著，是可忧矣。弟一署任者，徒怀此忧，无可如何，欲建言于黔楚两中丞，恐或以为有所希冀也，或生无限之嫌衅也。今一发之于阁下，亦以为可忧否耶？有可善为计者否耶？可达于仁和中丞否耶？惟密酌之。幸甚！

七月二十日致署川东道唐鄂生

坤山军门久在黎平，纪律严肃，士勇精壮，地方和协，洵不愧大匠之门。亲承绳削者，为黔计，则宜留，为坤山计，则不如赴蜀之利。抑黔果能如弟所欲为，虽坤山恐亦无所用武之时。若弟不遂所欲为而去，坤山即留，亦谁加另眼者？故不阻其行也。又去年黔东之患，夏秋以前，在黔粤之交，秋冬以后，又在蜀黔之交。今得麾下仗节于蜀边，消蜀患，即消黔患。坤山此去，亦黔之利矣。

八月十二日复广西巡抚涂

自春杪出巡北路，夏初登梵净山贼巢，历黔蜀交界，擒捕积匪，整理保甲，禀撤知府二，通判一，知县二，佐杂二。盖劳惫已甚，而嫌怨益多矣。近复陈六千余言之牍，救积弊而策久安，未知能采纳施行否？亦尽吾心之所不容，已者而已。此间秋稼甚茂，但犹未一律登场。闻蜀中旱灾已成，当近年各省荒歉之后，颇怀隐忧耳。

八月十九日致署铜仁府吴献廷

昨批大牍，知前任轇轕，接篆颇迟。比来新政所布，当有头绪，念念。仙逋口一案，似有枉情。弟不论其枉，而论其擅，尚留地步，但须阁下平心察之。果有应昭雪者否耳？然其所争之田，无论是江口水口，既因争讼而骈毙四命，佛若有灵，其忍享之乎？见在大佛寺未经修复，弟拟改其寺为卓山书院，设义学以兴文教，专候阁下之清厘区画也。

八月三十日致藩司林贞伯

变通事宜一牍六千余言，未知阅者能不厌烦否？改台拱为府之议，更为闳整，但恐论者以为太重大，更难于主持耳。大抵地方振兴之迟速，自关气运，我辈亦惟不自昧所见而已。

九月十四日致林贞伯

十二日，由省城发还公文五角，其中公事九件，系敝署前月二十三日咨贵署者。有两封面，一贴红纸，一贴白纸，皆书退还之故。有一封面未贴纸，径于封面书“因无门费不收，退还”字样。窃思各衙门丁书陋规，固所不免，然业由道转者尽可收存，徐于应索之处索之可也，仍退还道署耶？道署又何词发还各属耶？况其中更有本不需陋规之件耶？尊处门丁，不应如是。或先从收文者起弊，亦未可知。然弟不能不为执事之关防计也。若仍备文送上，既嫌彰露，亦仍恐丁书格阻。故以原文五角，封寄余守文焕处暂存，特密函布达，执事或召余守，令其面呈，或令亲信者向余守取到，察看封面字样，细密根究，不动声色，善为惩创，以肃清关防，而清积弊。则此一事也，未尝非高深之一助也。但弟之取怨于若辈,又深一重耳。

九月十六日复曾挚岷

尊议添设巡道一条,即敝牍中所谓曾有议之者,惟须合通省而计之耳。鄙意,拟以驻古州者为贵东南道,辖黎都镇思州四府足矣。古州可改为直隶厅,不必归府辖也。添设一道,驻思南之沿河司,为贵东北道。以东道之思南铜松,首道之石阡隶之,沿河司即设为沿河直隶厅,共辖思铜石三府,沿松两厅。如此,则下游远近之机局,皆灵紧矣。遵义、安顺两府,皆宜拨归首道。仁怀厅,宜归西道。此则合通省而计之者。卓见何如?

十一月十一日复思南府汪泉孙

春寿勇于建树之时,操守当不至坏。轻听轻发,过执过激,或所不免。晴川来函,亦似有微言。然人才难得,惟彼处不须委员则已耳。如必需之,何人可代?正费踌躇也。汉光武有云,每一发兵,头须为白。弟近谓每一用人,亦头须为白也。前函谓,凡为弟所信重者,或有难测之处,皆不拘成见,富哉言矣。倘以阁下之言为不足信,则密加访察之。亲信可靠者,又靠何人哉?惟不可恃亲信,不可偏于亲信,斯弟与阁下所当交勉者耳。心术之坏,药石所不能攻,意见之失,僚友皆所能救。我辈惟自问心术,不任意见而已。彼间一切事体,阁下如确有所见,即请详示。其应如何办理,应如何变通,如何更换,并祈熟筹复示,勿稍见外。

十一月二十六日复汪泉孙

城北公之举动,有半在意中,半在意外者。意中者,是其意气。意外者,是其操守。意气太过,已难济事,况操守难信耶?然弟之倚仗阁下,已于十一日复函尽之矣。精神力量,能举一郡而周到之,只就郡属之僚吏,参以地方正绅,即足以供指臂,而事无不济,害无不除。则无须另设委员，见有之委员，无论其贤否，皆可撤之。上也，不能无委员，则阁下莅事渐久，声气渐孚，自择之而自考成之。次也，惟审量而明示之，毋过谦，毋避嫌，过谦避嫌皆客气也，皆非以地方为重也。人之推重弟者，颇以为有才，其实弟无才，惟遇才则爱，见善则从而已。才而不才者，自咎其错爱，善而更有善者，从其更善者而已。

十二月初二日复曾挚岷

兵米折价，能除民害，虽不能省费，亦当为。况每岁可省二万余金耶！然昨有言者，采买，官利也；挽运，官利也。粮不解省，而就地作兵米，亦官利也。今尽改之，官更难作矣。兄初议，原谓厚官禄而后可以革陋弊。今陋弊革，而官禄未厚，且入者减，而出者反增焉。诚不可以不计。其即以所省之二万余金，分作各瘠缺之津贴，可乎？祈与诸公再详酌之。

光绪四年正月十三日复曾挚岷

来谕，治事本于治心，自是正论。老弟治事，不患无才，治心亦不患无法。有才有法，盖即宣圣所谓智及之者，仁守、庄莅、动礼尚有数层，能一一透彻否？是在隐微自勘之，非远道所能遥度。此数层，自以仁守为大关键。守之日坚日熟，则庄与礼可驯致矣。兄往往自觉仁颇能守，而智反有不及者，岂天禀之有限耶？抑庄莅、动礼之功有歉，不能强固精神，以充长智慧耶？则仍是守之不坚不熟而已，安得常有严师畏友昕夕观摩耶？言至此，更悚然，且恻然矣。

二月十八日复裴樾岑二则

吾乡桃源匪警，是祸根酝酿之。偶一见端，虽有扑灭之报，终有大炽之忧。弟展布之志，既难期黔之能行，归休之计，又难保楚之能安，天下滔滔，同一逐末忘本，饰外忘内，务名忘实，营私忘公。瞻乌爰止究于谁屋？见在黔东一隅，弟所殚心竭虑者，亦恐付之徒劳。俯仰四顾，泪涔涔下矣。明日，往永从会广西右江道，勘黔粤交界之地。此事发自六安中丞，徒为厘金琐事，无足轻重。弟则因此为地方大计，欲以地之近粤，而离脱于黔者归粤，近黔而离脱于粤者归黔，已禀咨两省大吏，不知能行否也？永从折还，仍当有思铜之行。以防务未尽了，且民情吏治得亲历一次，自有一次之微益耳。顷间，又劾一乖谬而有奥援之吏，甫定稿也。去腊，感怀诗有"郡县今方庆得人"之句，盖较前两年之无状者自胜耳。然何能表里一律，姑借此诗以歆动之，使勉力要好者亦不负之耳。

正月十九日上刘韫斋师

去年以来，吏治渐好，而犹参劾未已者，何也？固求治之密益加密，亦下手之难而又难也。如某守者，夙有才能，为黔中知府之冠。佩绅故不甚检校之。然彼显邀绅士之誉，隐遂书役之欲。惟难堪者，无告之穷民耳。此固天下巧吏之惯技，往往以此身名俱泰，存没俱荣者，彼亦未尝不得计也。乃适值穷民有能告之一日，遂不能不发其覆，亦彼之独不幸也。又如某牧者，有口辩，有气焰，于可以谄事之上司，则巧为逢迎，于不可攀附之上司，则故为抗傲。故偏党之上司皆护之，而长厚之上司反畏之。使能弥缝到底，固亦无无如彼何，乃既败露显然，安得稍为轻纵也！然此辈之奥援多，而毒恶深矣。佩绅之举发者，率多此辈，处不上不下之间，而伏难测之忌怨。多留一日，固颇为民之幸，早退一日，亦未尝非身之幸也。

四月十三日致带晴字营候补知府李晴川

前月榕城发轫，原拟筑垣小憩，即晤教于思唐江上，缘有不能不折回之隐，遂卸肩于鹄卿观察矣。区区治民之意，欲先使知教，继使知法，终使知恩。思南顽民，尚未闻弟之教，何有于恩？所慑者，麾下之威耳。威得其正，即知法矣。乘此时，敷之以教，绥之以恩，正有一番运用，所急欲与麾下图维者，乃闻新粮道将至，调任者不能赋闲，此席自交卸不远。教与恩，皆非数月所能为。而黎古附近一带，教与恩颇洽之处，尚欲加意检理，故马首仍南耳。麾下处置秦登桂、发落魏良才等事，威之所在，即法之所在。惟教与恩未知何如？然明法即所以立教，亦视运用何如耳。如秦登桂之出，既许以不死，则信不宜失。而捐金免死，则实为乱法之大弊。黔中向有投诚费名目，亦即类此，实积乱之大根，弟所痛恨者。初欲亲往发落之意，拟相其人可赦，则竟赦之。惟宜录其产，而迁其地。离其所居五百里外，指一荒地，令迁往开垦之。即发还所捐之一千二百金，令其自为迁徙开垦之费，交所迁处之地方官或营官管束三年，无过即与。凡民同科，有一恶迹，即按新罪诛之。如此，则信不失，而法不屈，教与恩亦行乎其间。言于院司，皆以为然，令并授意于鹄卿矣。至其党与〔羽〕，尚有应分别迁徙者若干，其田产可籍者尚有若干，此惟在麾下细心体察，酌就条理，一面商之鹄卿，一面报弟断而行之。思南局面，即可作一结束。以后，弟或任或卸，皆裕如矣。

四月十九日致罗星潭

梵净山之至今未了者，一误于老弟前年之不能久留，再误于任怀玉之回家，三误于向斗南之与地方官绅不和。初以夏麟白代怀玉，既而斗南亦撤，遂专用麟白，取其圆到敏干能联络地方也。自去秋以后，梵净山老贼，实只存四人。而刘跰子固已伤毙，讯验确实矣。思南石阡皆有零星土匪，而不察者皆称之曰梵净贼，此亦不足与辨，但宜廓清而已。晴川惩办思南匪已不少，更得春寿为助，而皆与地方官不合。兄以人言之多，或谓我有所左右于其间，且弟既不来，而兄亦交卸不远，眼前粗规，亦恐难保，复何论远猷？请院委鹄卿观察代往思铜，一了近局而已。

四月二十六日致帮办思铜防务候补道邓鹄卿

我辈办事，于财利上，只能不鳃鳃计较耳，岂能尽向家中取用哉？阁下之辞经费，弟颇不以为然。二百金或不敷用，且看诸公再议何如耳。弟于彼间诸事，甚多阙漏，惟仗执事代竟全功。凡事应仍应改，地方官与委员营员孰是孰非，俱祈直言无隐，大作主张，是为厚幸！

七月二十日复邓鹄卿

阁下经费二百，实觉不敷。既不欲向省局请益，兹弟于古州东军费中，每月裁节百金，借为挹注，已备牍矣。尚祈垂念时艰，并省局二百，将就支用，勿复推辞。

九月初一日复李晴川

接来书，知秦登桂已交思南府收禁，极为欣慰。麾下与春寿诸君，真有手段，惟不经淘炼不成精金。自此，弟之期诸麾下者，益无穷矣。弟之主见，秦酋断不可杀，尤宜使之不自寻死，以昭麾下与徐杨诸君之大信。尤望思南府署，不磨折以取其钱。盖若辈之为大团首，能跋扈者，平日必有小仁小义，以笼络其团众，竟视作官者毫无仁义，今亦使若辈尚见天日也。办理之法，总以还其资迁其地为要，前函已详言之。今更言于泉孙麾下，可与详商也。如能解来古州，弟更好相度而安置之，甚或可得其用。惟恐渠疑惧而死，特发一手谕，祈麾下转寄示之。若解来，即由泉孙派役，尊处派勇，好为护视。一切用费，皆于弟处开消也。

同日致汪泉孙

晴川诸君，曾许秦酋以不死，弟欲示民以信，断不杀之，且欲使之不自寻死。惟免死之银，断不受。须为黔南破此积弊。而迁地之说，则必行。有恩尤必有法，须指一荒地而迁置之，即还其资，以为移家垦荒之费。前已函致晴川详言之，阁下可与熟商也。此意一定，则其诸案自易了结。若能解来古州，弟相度之，或可因以为用。但恐渠疑惧寻死，已发一手谕寄晴川处，希转示之。尤希谆谕署中人，善为护视，慎勿取其一钱。盖若辈之为大团首，能跋扈者，平日必有小仁小义，以笼络其团众，竟视作官者毫无仁义，今亦使若辈知有天日也。

九月二十日复某观察

夏杪，承惠书，所以期许鄙人者，当益加勉。至讲学一层，弟固不能讲者也，惟有慕乎能讲者，觉其本末秩然，表里洞然，较之昧昧汶汶者，有把握有根据耳。顾久未裁答者，则以另纸一节，有踌躇于心，而难于报命也。弟生性不耐言利，惟知量入为出。自前年莅任以来，竟有迫于不能量者。今年总计亏欠，将以万计。目击之人，有代为谋者，谓不能不虚勇数，弟既唾而斥之，亦复哑然之一笑。夫以二二章程之勇，每名勇饷一两八钱，纵虚百名，亦只得百八十两耳。弟所部，除各督带各开账房外，其截旷之数，可自权衡者，只千人也。此千人者，即月有二百人之截旷，亦只得三百六十金耳。然尚复成何队伍，作何布置？且又何以为各营之表率，免众人之指摘哉？故近之来窘迫益甚，虽重以尊嘱之暂为通融，而亦不能慨诺也。虽然通融未能，而馈赆有礼。如北上期定，即勉奉五十金为从者之需，尚希示知，以便预备。

十一月初十日复黎平书院山长胡子何

弟承乏两年矣。乃黎平为至近之地，政教先不能行，差役业经拿办，势焰犹张，苗民渐就安驯，而汉民之匪类转不能靖，城中之劫盗亦不能防。某君本出众之才，只方寸难窥，遂使同志竟成异辙，期许皆托空言。余子悠悠，复何所望？或稍有忌惮，颇知揣合者，能使目前不甚决裂耳。安能与之课隐微，而图远大哉？以故，虽忝真除，愈怀退志。昔胡文忠霸才也，不能展于黔，遂有二十年之乱。一展于鄂，而鄂遂以安然。霸才犹易用，其效犹易睹也。如区区者，愈求远大，而愈见迂疏。黔既不宜，复何处宜乎？仍归家作腐儒，谈王道而已。知我者，其笑之耶？抑教之耶？

十一月十九日致湖南候补道陈右铭

黔事言易而行难。既非一手一足之所能为，又非徒手徒足之所能举。见惟改兵米为折银，永停采买挽运，已经院奏准。从此，苗疆除一激变之大端。其余，尚多议而未行，革而未尽者。前承示，须使官能养廉。弟何尝不为此计，尝论处苗疆官吏，有四语：厚其禄，久其任，优其赏，重其罚。盖必厚其禄，乃忍重其罚也。惟断不取之于民，盖苗民实无可取，取则激变矣。见在苗疆厅县，每月由善后总局给以经费百五十金。在局议，甚以为过优，而厅县方以为不足。其实俭朴者居之，每月五十金已敷用。除廉俸外，一年有千金之余，亦何所负。彼自不俭朴而又无厌者，则无如何耳。然局款终非长计，欲请朝廷加禄，势必不行。惟采买挽运既改，每岁可省费二万余金。拟即以此项，分作各瘠缺之津贴，与省中诸公商之，尚未定议也。

十二月十五日上署巡抚林

近有谓佩绅轻于进退人者，且谓初附之则用，继不附之则参劾者。悠悠之口，不足与辨，而不能不一陈之于宪台之前。夫必信到十成之人而后用，则不独黔无可用之人，恐天下皆难。惟敷奏以言，明试以功，实为定则。试可乃已之言，不得谓四岳之非。盖圣贤英雄之本领，皆在于不护短耳。胡文忠公之抚鄂也，往往有极亲信极倚仗之人，一旦严参，出人意外，此其所以有超出时贤之伟绩。曾文正亦称文忠晚年进德之猛，见于章奏，实以不护短为最要也。至附己之说，当论如何附法。恶则不可附，而善岂不可附哉？唐虞之附舜也，如蚁附膻，岂得以责舜哉？然佩绅实无容心于人之附不附也。即如徐某之用，因李守之荐。既用之后，徐尝致佩绅幕友书，曰人皆谓笏宪难事，且有劝某勿就者，某偏欲报效，云云。此其附佩绅为何如哉？佩绅劾之，岂因其不附哉？秋间，吴守锡琛因寨头查案就便，赴古州与佩绅讲论治道，极殷勤款洽之致。甫去数日，而铜仁事发。佩绅劾之，岂因其不附哉？其他可类推矣。佩绅自四十以前，已打破穷通生死两关，四十以后，极用力于毁誉一关。近来，虽闻毁不怒，而未尝不戚于心，悲善类之孤也。往往则怀退志，又复重自警责，谓仍是毁誉之关未破，益扩充其所未至。然不必求谅于他人，而不能不陈于宪台。盖必宪台主持于中，而佩绅方能有为于外。为一道之弛张计，非为一人之毁誉计也。

光绪五年正月十二日致署藩司吴眉生

弟一官将届三年，愈增惭惧。惭者，以诚意之不能尽孚僚属，政教之不能遍洽民苗也。惧者，以内政尚难自强，外患又或相扰。即此两年之粗安，而亦殊难常恃也。防营不裁撤，则饷有可虞。裁撤之，则游勇先无所归。弟初意，原只在整顿吏治，以力治其本，使地方无思叛之民，自无所需于兵。以小口粮养无归之勇，暂羁其身，徐图安置，只求无扰地方，不必皆为劲旅也。乃官僚不谅，既以察吏为过刻，而吏之善者，能不贪已为难得，更求于不贪之外有何政教，直是夏虫语冰。且有伪谈政教之包藏祸心，反不如不谈政教之可无他虑者。此吏治之难也。又有不谅者，因梵净数贼稍稽时日，谤论蜂起，遂不能不议更张。而至于崧生，此可谓极将帅之选，黎林两宪台，阁下与挚岷及弟，皆有同心者。然弟与崧生初约，只以原饷办事，不能加多。其后崧生加饷，则皆由省局作主，全未与闻。此又防营之不能尽如鄙见者也。故去年北上之请，实兼存退志。既不获请，而多苦一日只得安一日之命。今年，注意欲厘定屯卫，或全仍旧贯，或稍事变通，总必尽我心力，故求贵衙门钞发成案，以备考核。去年，于贞宪处但致书，今则备牍矣。惟垂察幸甚！

正月二十七日上署巡抚林

东道各属之津贴，向来按季解道。有不解者，则古州厅代催之，或亦请藩署坐扣之。佩绅到任后，念各属皆清苦，而欲勉其廉，遂皆免之。然亦但免于佩绅任内，非并后任而永裁之也。今因镇远吴守请复已撤之厘金，分给佐杂，佩绅则谓，与其复民间已撤之厘，何如用各属应解之津贴。遂将各属之力尚能支者，但酌减之，而不全免之，请藩署于各属廉俸，照已减之数坐扣，以摊给各佐杂。然原数四千六百金减之，则三千金也。又请将东道见有之经费，每月拨去百金以附益之，业经备牍。但佐杂之缺分、等差、摊给多寡，系此间六七佐杂共议者，不知悉当否耳。

正月二十八日复署臬司曾挚岷

尊议采买挽运之改，每年可节省司库银二万五千余两，向行采挽之各丞倅牧令，每借此腾挪。一旦难免掣肘之虞，拟征收复额，将节省银两，酌量分别津贴，俾励廉隅等语，洵与鄙见合矣。乃近来各官告苦，每谓折征解库，取于民不敢多，而解于道不能少，且有盈焉？但为粮道书办之利，而甚为地方官之累，不知执事亦有闻见，亦曾虑及否？是必速定分别津贴之议，而力杜道书之弊。则老弟与兄倡议之初心，始可无憾也。惟亟图之为祷。

二月十六日复署巡抚林二则

刘崧生因送黎宪，遂回籍省亲。正月二十日，铜仁有人来。彼时，渠尚未回防，殊非平日之所期望者。谢鸿章改为游击之师，从思南下手。而昨夕安化罗令报来，竟有天生桥之劫，皆恐行不副言。已飞饬晴字营，并移崧生，请转饬谢鸿章矣。此事，只有责成团练之一法。而苦于地方官难尽得人，又苦于旁观浮议太多，以致将领屡换，迁延至此。今又岂能再议更张哉？惟耐心以待刘谢之蒇事耳。

前函谓黎古东军之饷，遽难再减，继因善后局函商，遂再减三百，此后办事益棘手矣。此间文武随员及先锋差官，每月薪费需六百余金，此五百经费所不能敷，而兼于正饷腾挪者。今年因欲整理屯卫，尚须多用委员，而目前已难支矣。武员原无庸多，然若辈借此羁縻且备更换，而一员之薪水，每兼数勇之口粮，亦难支矣。出巡之费，更无所出，恐亦难再举矣。此固仅佩绅之难也。而以大局计之，勇虽可减，而无所归，是添匪也。本省吏治能整，虽减勇亦可无虞。倘外警忽来，如李扬才者，或假道过境，其何以制之？此真思之头痛者。然勇若不减，则饷实无所出。知宪台处此，自费焦劳，不知能筹一万全之计否也？

二月二十九日复署巡抚林三则

黎宪因事降调，幸其事不足为辱，且年来疾惫，久未复元，得此休养，未始非福。但不知早于途中得信否耳？

佩绅前请以津贴给佐杂者，固是欲养佐杂之廉，亦实因吴守请复已撤之厘，颇有所激耳。尝谓捐输厘金，本皆不得已之政，然近来援例之捐，无派无勒，不过轻名器，而滥仕途耳。至厘金，则徒以为病商者，非也。商人视厘税之轻重，以为物价之增减，甚有借厘金任意昂贵者。物贵，则病不在商，而在民矣。即以盐厘论，虽乞丐亦不能不食盐，是捐及乞丐矣。惟迫于不能不用兵，而无饷则无如何耳。除不得已之兵饷外，皆不宜出自厘金也。今天下之以厘金作一切费用者，大谬也。佐杂之调剂，原非急切，如诸多窒碍，即作罢论亦可，但万不可准其复厘耳。

刘崧生信来，云花朝前复当晋省求卸，不知宪台准否？准，则必撤其营，须以营勇无留扰地方责成之。谢鸿章如须赴川，则其营可撤矣。窃意，刘谢之营既撤，似可无须替代。拟以铜松思石印婺之守丞令，能事者留之，不能者换之。各给练费，使督团练，以行保甲，互相联络，仍专责成。某属杀贼，则某属之功。某属被劫，则某属之罪。

如此,则饷可省而事可了,但以得人为要耳。伏祈核酌。

五月十八日复署思南府蒲卜臣

披览大牍及另函,深为钦仰。三闰两月,共结三十余案,皆当情惬理。而永祥寺只准养僧人一名,计月给食,所有田谷,概作书院束脩膏火。尤非政体学术兼明者,不能如此判断。以此仪型各属,何思民之多幸也。惟既作束脩膏火,则当不复称寺田,直称书院田矣。须另详立案,免后来之翻异也。他处寺庙有类此者,似皆可照办。若不敷作书院,即随地作义学可也。当通饬各属仿照行之。印江郑令,弟尚知之未深。安化周令,则弟所素知,是能办事者,颇近申韩。弟尝以折衷孔孟进之,想益深纯矣。大概萎靡不振者,是为偷吏,固可忧。敷衍邀功者,是为猾吏,尤可惧。得执事审察于其间,庶地方有实济矣。毒绅宜除,毒役尤宜除。向闻婺川毒役最多,而府与安化亦不少,能惩一警百固善,否则,当一律访拿也。天主为害政之教,实堪发指。弟所隐隐期望者,岑宪之先声,或当使彼辈慑伏耳。安印一带,初夏雨水为戹,闻之怃然,或有当赈恤豁免者,并希留意。

八月初三日由省城回古州上刘韫斋师

佩绅六月间,因新抚岑中丞先于镇远接印,召往议事,继随晋省,会商改练军、裁冗员各事,昨甫就绪。本日,出省旋榕,略报近状。

回古州后八月二十二日复巡抚岑

十六日,奉到初六日饬改练军之檄,并赐函以湘抚调还楚军奏稿见示。二十一日,续奉十八日函,谕以上游林陶两统带各营,换驻楚军各防,并示前檄误缮,饬缴还涂销等因。职道奉到前檄时,以此举甚善,急思就绪。又以各营骤难画一,先由职道就近所部编成,以作表式。故遂录宪檄,咨请两镇查明兵额,约计兵勇相抵之数。除两镇标暂缓改编,其各协营则已分派统带五员。一面禀闻,一面移行。而就近所部者，则已经示谕，勇饷截八月底止，九月初一日即起兵饷。此外，各营则皆约以编定之日，为改饷之日，不限一期也。所奉前檄，似与职道在省所议皆无不合，惟屯勇一层，亦已另禀请示矣。兹承谕，通行更正办理之檄尚未奉到，俟奉到校对后，即将原檄缴呈。其已录文移行之处，或移行更正，或将原文换回，似皆无妨碍也。惟两镇标兵额，职道初因各镇尚有亲兵费，每月二百两，拟其三营练兵，可不另设统带，听镇军或自行统带，或委中衡。即以原有亲兵费，酌量存留，改作统带费，似为两便。今既有上游两统前来，似又当别论。且古州镇标马步兵额一千一百三十二名，镇远镇标九百四十三名，而林陶两统带之数，皆有过之，亦尚须裁度也。又石阡亦称下游，为镇远镇辖，而其地非东道所辖。故余受义之营，职道未经议及，并以奉闻。至铜松思南五营，皆周环梵净山，将来刘守能以团练办竣则已，否则，仍此五营之责也。

九月十一日复巡抚岑

练军扎硐，若换一文员统带，自以曾办硐务者为便。余守云焕，办事有条理，尤能体恤失业之民，以之统带各营，兼清厘硐务，必臻妥善。惟景将不便位置，若调委一协参优缺，则公私俱顺矣。

九月十四日上巡抚岑四则

昨夕，据刘守禀报进搜梵净山情形，已具牍转报矣。该守所驻扎之茶店，即是梵净山顶。其顶上之顶，不能住人，惟茶店可住。然过八月后即冷，不可当矣。职道丁丑四月十二日，在彼住一夕，重棉而加裘，方可支也。刘守驻此，其能吃辛苦已不待言。然谓能获贼，仍未敢必。盖溪壑幽深，林箐纠密，在山脚周围之数百里也。时会巧值，能一举净尽自善，否则，铜松思石练军编定之后，仍可用也。从前办法，以防勇搜山，以团练守卡。将来团练照此时局面，仍令搜山，而以练军备其周围，似更紧密。伏祈裁夺。

职道去年禀请交卸引见，固是例所当然，亦隐有行至中途，视病躯轻重，以为进退之意。经黎前院奏留，遂不敢固执。原拟今年续请，盖自知精力不足，嫌怨甚多，避贤[嫌]避祸之意，兼而有之。乃值宪驾贲临，特加青睐，国计民生，备承奖诲，感激之余，油然思奋。公义私情，皆有遽难求退之隐。然居省门廿余日，所见所闻，千奇百怪。其以为独邀知遇，而微言讥刺之同列，犹可言也。其曾经职道参劾之员，有迭次踵门求为转圜者，有经谢绝而咆哮于门外者，迨出省之日，有追至龙里，而涕泣叩头不已者。夫咆哮者之恨怨，固显然矣。而涕泣者之恨怨，更难测矣。其未咆哮、未涕泣叩头者之隐隐相伺，更多矣。其未显经参劾，而或求乞不遂，或曾受指斥，或预怀畏忌，并思中伤者，更不知凡几矣。此等荆棘丛中，岂复人所能居？虽守道听命，惶恤其他，而知止藏拙，亦闻其义。出省以来，常切此想，但不忍遽决耳。乃昨者，省城人来，得有匿名一文一诗，皆指斥职道者。其文中自注有“刻待属员，挟私妄禀”二语，即此，固可知作者之所由来矣。其诗题曰《弃妇词》，尤为可怪。盖职道之居官，昭然在人耳目者，彼不能明诬以事迹，乃于闺房暧昧间，捕风捉影，以伪乱真。虽不能祸之，而已能辱之，其计亦巧矣。宋之毁朱子者，至谓不孝其母；毁欧阳公者，至谓乱起甥女。今职道所遭，较之于古，固甚轻。然使其毒愈深，其口愈肆，或有甚于今日者，将至罣弹章，载野史。若后世之名，不能到朱子欧阳公地位，即此一节，亦不能辨白于后世，岂不亦大可悲哉？子〔仔〕细思量，只有求退之一法。山巅水涯，无能持我短长者。著书养性，以终天年而已。俟下游练军一律编定，即申去年之请。伏求宫保留心替换之员，是所预祷。

职道前有调员他省之请，承示：见裁冗员，不便另调。窃思裁冗员者，求精也。虽裁而犹不得精，则当益求精者。职道鲜能知天下之士，而天下之士，与黔相宜而能不遐弃者，亦少。惟有湖南候补道裴荫森，安徽阜宁人，己未进士，见署衡永道，想亦将交卸矣。其人厚重耿直，志不在温饱，仁以待人，而义以自守。居官自奉如寒士，而勤求民瘼，无微不至。曾历戎阵，能耐劳苦，恒以随地济物为心，不以险易肥瘠为念。若居贵州司道之任，皆是相宜。职道既迫于不能不退，而又不能恝然于地方，且借荐贤以报知己。伏惟采察。

悠悠之口，不足与辨。然有不能不略白于宫保者，则匿名诗所指之事也。职道之妻，尝欲为职道置妾，以佐晚年之服侍。去年三月，蜀人之宦黔者，言其同乡一流寓黔省之难民，有一女愿卖，且谓曾见其女甚勤敏，遂于四月，以二百金买来古州。职道之妻察之，则已有身数月矣。诘其故，亦直言其早有所私。闻其父在都匀，遂遣一仆一媪送往交之。既不令退银，并以衣饰与之。且嘱其父毋伤女命，俟其分娩后，为之配人。既而，闻其父又卖与他人矣。诗之所指，盖即此事。乃谓职道因妻妒，而弃有子之妾，且题曰"弃妇"，何其颠倒侮蔑之太甚也！容园飞秋阁，成于丁丑冬，而此女来于戊寅夏，十余日即去。乃谓此阁为居此女所造，抑何其可笑也。古州木料贱，容园新建者，只一斋一阁，余皆仍旧贯，而锡以新名。所费不过五百金，皆出自廉余，不谓亦称口实也。容园已刻有碑记，拓呈钧鉴。职道丙子署任，甫数月，已谤书盈箧。有匿名公论，斥职道为假道学真奸雄，以吴道黔军之撤，为职道之擅利，以职道谓刘玉田不宜在黔带勇，为离间黎前院之亲戚等语，罗道一一批驳，以告职道。职道一笑置之。彼时毫不介介，而今颇介介者，盖彼时以为建白方始，不免孰杀之歌，迨上下交孚，当少不平之论。乃辛苦三年，谤言加甚。虽有热肠，亦将冰冷。琐琐直陈，伏祈谅鉴。

九月十九日复巡抚岑

凡职道所举统带卫队之武员，不惟无亲故，并无一同郡县之人。即如前带卫队之武员，是江西人。今带护兵之文员，是广东人。可概其余矣。此非有心立异，只是无分畛域。然而怨谤之兴，或即从亲故与同郡县之人始。此事权之难居也。顾见在之统带与营哨官，亦非尽职道所心赏，特就地取材之较可者耳，可用则用，应换则换，惟俟宫保之徐试而察之耳。

九月二十六日上巡抚岑

刘守初九日大岩之报，恐仍是练将至，而贼先扬。其“攻破夺回”等字样，犹未免铺张之陋习。然径驳斥之，则恐拂团众之心。故职道批词略指瑕隙，而出以微婉也。录呈电鉴。批中所谓向任者，记名提督向长曙，候补知府任崇儒也。向提督是职道旧部最有勇略之将。职道之初署贵东也，原只注意黎古，无暇远问梵净。因先往镇远接印，适向提督辞其四川所带之营来黔，相就论及梵净情形，及一切办理之不善，悉中款要。又曾道罗道所同荐之任守，既办事有效，亦熟悉梵净情形，谓宜联团以佐勇。职道言于黎前宪，愿就见在营数，有减无增，但易置将领以办之，黎宪遂以梵净各营拨归节制。惟吴道所部之营，不愿归节制而求撤，黎宪允之，而饬职道另募。职道亦迄未另募，盖即裁减一营矣。又彼时，苏子熙军门亦方请于黔，照楚军章程，添募一营，会办梵净。黎宪已备文许之，因职道接办而中止矣。于是，以向提督统带一千二百人，专主搜剿。给任守经费，每月三百金，以联团。盖其时，并撤换两营官矣。此接办之始，而明明应忌怨者，固已数人也。彼时，下游府厅州县皆设有私厘，托名办公，实皆入己。东道亦有南嘉堡木货私厘，职道接印之次日，即出示先撤之。徐察明各属所有，而陆续示撤之。以为先自减每年数千金之入，而后概之于人，自可服众，而不谓众心之怨，已自此深，不待参劾，而始然矣。古州一带防勇，初皆镇军统带者。骚扰哗噪，变故百出。及拨归职道，甫一月，而远近帖然。而忌怨者又可知矣。半年之内，所参属员，除撤任外，问死刑者一，革职者二，而又系素有党庇之员，而怨谤蜂起矣。无题可借，而皆借梵净山矣。向任未到梵净之先，日夜烧杀，道路不通。甫办一月，而白昼无贼矣。妇女脱归者，十数矣。办两月，而匪党或毙或散，只余老贼十一人矣。然未几，而向任有隙矣。任守谓兵柄尽在向，而彼呼应不灵，职道亦以山脚太宽，独力难周，遂分一营使任自带。于是，各划防地，而互有推诿矣。因请罗道代往督之。罗道自曾文诚在任时，已隐与黎前宪不合。谓但由职道之推荐，而非黎宪所心许。乍到思铜，即具牍请引见，而黎宪不留，罗道遂去矣。去之日，向任两人皆能办事，惟恐不合而已。此丙子腊月也。丁丑二月，职道出巡。三月，至铜仁，察悉先年八月以后所仅余之十一贼者，犹如故也。而向提督松思一带防地，数月无贼踪。贼偶出，只在任守防内。因斥任守不力，摘其顶戴，并饬向提督以无分畛域。职道又亲登山顶，祷之于神。于是，任守遂发愤，短衣芒履，身率士卒，日夜不停。四月十六夜，遂遇贼于板凳坡，斫毙一名，击伤二名。此祭梵净山之第三日也。毙者，割验首级，发甚长。伤者为余贼驮去，夜深不能追。次早，寻其血迹至林莽深处，不见。又旬日，寻得贼尸二具于一山，使自贼中出者认之，其一为逆首刘跰子也。其后，铜仁县获贼，探问之，亦云然也。然职道不据以论功，惟禀报存案，姑赏还任守顶戴而已。前承发铜仁监生李浩泉条陈，其中称任守之勤劳，盖即指此时也。然而任守者，黎宪之所不喜重，以职道之请而用之也。既而，因事为地方官所牵，黎宪饬必撤之。职道不得已，遂以夏倅锡炳换之。未几，而向提督开罪于地方官绅矣。向有勇略，而负气护短，职道屡戒之。及铜松印之守丞令，皆称其与地方不相宜，而职道不能护之矣，遂撤之，而以夏倅专办。所取于夏倅者，以其有肆应之才，可联络官绅，而不致隔气也。然而资轻望浅，虽不开罪于人，而不能慑伏人也。此又丁丑冬间事也。其布置皆已就绪，惟俟次年职道亲往一督，营团合力，可期有成。乃去年三月，职道原拟由省前往，虽已闻新粮道将至，职道将解任，然须曾道回西道任，而东道始来，职道尚有数月可竟梵净之事。及到省，而黎宪谋以曾道调东道，于是职道克期解任矣。岂有克期解任之员，而犹仆仆于千里之外？在旁人观之，岂非恋位也哉？又岂能呼应地方哉？于是，请黎宪委邓道善燮代往督办，职道回榕候交卸而已。亦不料东道遂出缺，而职道遂即真也。乃邓道一往，以经费不多，鞅鞅草草，而诸事又解体矣。适刘崧生军门来黔,黎宪欲用之,此宿将也。职道岂复有异议哉？于是,职道梵净山之责,至去年七月卸矣。刘崧生既亦知难而退,至于贼氛转炽,则又职道之出乎意料者。今刘守之才具,不能胜于前人,惟取其心地之朴诚,民情之爱戴,当能奏效。而又全仗宫保之德威,有以感天心而戢众志耳。职道回思两年之无功,固由将领之纷更,实由职道之精诚不能交孚于上下,而事会之参差,亦似有莫之为而为者。故因刘守之禀,而益有触也。自板凳坡毙贼三名以后,向任夏仍屡报杀贼,但未必真老贼耳。今老贼只余四名,则似三名之后,又毙其四,未必非从前诸人之劳也。职道生平耻与人争,并耻与人辨,今不禁倾吐于宫保之前者,因知遇而生感也。昨承另函,谕以坦怀,勉以无倦。职道何人,能不奋励？惟策其所能到,课其所自矢而已。

十一月初二日复巡抚岑

松桃两营,归刘守编补统带,此至精至便之策,职道竟未暇想到,益服宫保之宏略矣。陶鹤汀军门仍以署镇带其所部,填龚军之防,则清台天柱四营统带,自是相宜,故遂以之易黄提督也。黄提督亦职道旧部之素得力者。初以之统带清台各营,亦以其素知职道驭苗之深意,可不至离经也。今既有陶军门宜于位置,岂敢谓陶不如黄？故令黄暂行帮同编定。编定后,即令交之。然黄遂向隅,亦复可念故牍中有“黄诣宪辕,听候另用”之文。黄如赴省晋谒,即祈传见而察看之也。

十月初八日复巡抚岑

梵净山事,承宫保筹布尽善,再无别法矣。惟显责其成,而隐宽其限,似又当有微权。盖刘守虽从八月接办,只先有松桃一属之团,各属即皆认真,而文告期会,原非旦夕所能周,重罗密网,谈何容易。今刘守改统带练军二营,而营额又多,又尽召本地团民充之,是不待各属之凑力,而已操全胜之权。功之必成,实卜于此。惟练军始编,而三月之期将满,恐勒限之期,当改为练军编成以后也。盖宫保初莅黔疆，求治心切，故勒限必速。及明察暗访，所知益真，千筹百虑，事机方会，此中正得一转关耳。伏祈洞鉴。

十月二十二日复巡抚岑

梵净山事，地方绅民又滋多口。然刘守之短长，固在宫保洞鉴，非其居心之不欲正办也。其识其才其气，只能见到此，作到此，贯注到此也。即别有识才气之胜于彼者，而或反不能如彼之心，实难遽议更换。只有随事提撕，谅其心，充其长，救其短，以俟机会之适值而已。官民之议，必皆难画一，惟恃宫保与职道与刘守，皆以一片至诚相注，诚心所至，天必凑之，自有不期然而然者矣。职道从前所用之人，不能不纷更者，以职道之分位，不能排众议，持独断，而弃短取长也。惟断乃成，有忍乃济，宫保具此识力，而又得分位，固不仅一梵净山之可操成算矣。

十一月初十日上刘韫斋师

佩绅一生，鲜顺适之境。有外似顺适，而中实危苦者，更非旁观之所知也。近来，惟益鞭辟入里，只求无自我致戎之理，便一切听之。不逆不亿，早已矢于平生，何趋何避，更欲忘于方寸。盖人之所能自尽者，惟理；天下之不使人妄窥者，为数。愈能忘，愈能尽也。危行言逊，行险而顺，富哉言乎？即如此时迹求北上，意在冥飞。然一则或恝于民，一则或牵于势，皆有不宜径遂者，亦徐决于理而已。

十一月十六日上巡抚岑

凡事更始之际，谣言固多，而苗民愚蠢，尤易惑动。如古州苗寨，见靖武营开来，遂有谓加营以剿苗者。屡经出示晓谕，犹疑信参半。而苗疆之出示，尤有难者。盖苗不识字，若有奸人颠倒、变乱其词以告之，则壅蔽加甚。如或示禁苛派，而奸人则反谓加派。示宽胁从，而奸人则反谓严拿胁从。由此类推，益见苗疆之难治，尤不可以径情率意治之也。故职道每出一示,词既浅显,又或派亲信弁勇,或召苗寨平日堪倚信之人,赍往张贴而讲解之,殊费委曲也。此时,苗势方衰,虽有疑为将被剿者,而亦无如何。只有惊惶哭泣,且或将猪羊鸡鸭尽行宰食,谓莫好着兵勇者,则其情更可怜矣。苗疆之民,幸有额粮者,只荔波水苗、永从洞苗,皆有粮户。而两县之官,遂竟因宪示,而反欲巧售其贪。荔波之民,识字者尚多。其来控者,只谓加征甚于昔日,且闻尚有宪示而未见。职道已钞数张给之,并批府察办矣。乃永从则竟援示以立言,且明说借加征以代经费。职道初接民控,犹只批该县自行再酌。及该县来牍,已经通禀,而巧饰其词,希图耸听,故不得不早陈于宫保及藩司、粮道,且微兼及各属矣。各属伎俩,大半是阳奉阴违者,或加征而民不从,则并其正供者不收,直以抗粮搪骇之,民之隐情,岂能一一达于宫保哉?思至此,且痛且恨,而眩晕之疾,又作矣。

十一月十八日复黎平府邓乐钧

贵治为东道首郡。弟初权巡篆时,守郡者为袁杏村,以为长才足倚,可无过虑,不料衙门积弊包藏甚多。昆宝田嗣任,又只畏慎而无振作,遂使鄙人眉睫之下,不能睹日新之象,徒唤奈何。弟早年到黎,以为民风朴质,优于他郡。盖惟朴质之民,乃益受书役之蠹也。又经乱以来,郡城未破,城外各乡寨凋残之民气,不复如故。城内自承平以来,书役相沿之陋习,所由酿乱而激变者,如故也。以如故之蠹而蠹,不如故之,民更难堪矣。弟自去春以来,始提黎平两案。乃一则积恶之府役徐枝培,久拿未获。一则已定绞候之府役赵顺,而又脱逃。其余者,未知近来亦颇敛迹否?今得执事莅此,弟为黎人冀幸者深矣。阁下宏才伟略,弟所夙钦,尤望相见以心,鞭辟入里,事事皆为民生起见,而不参一境地肥瘠之念,不参一观望趋避之念,更不参一矜张涂饰之念。古人所谓绝利一源并志一往者,乃无不可化之民,无不可革之弊,无不可臻之上理也,大抵锄豪猾而扶困弱,是为首务。

如徐枝培、赵顺辈者，特宜留意。又其地有绝逆屯田一项，早经上闻者，久无头绪，徒供中饱，徒滋讼端，清厘完善，皆在阁下矣。弟近谓改防为练一事，丛脞烦劳，几于成疾，意欲申请北上，借资休息。而回顾蚩氓，频年寡效，心所愧歉，期之贤者，伏惟采纳。

光绪六年三月三十日复罗星潭

来书箴规之意，自承厚爱。然似以乡愿见勖，则无乃康子之药，未达而不敢尝矣。至谓有根柢之人，而不恕其小过，更不知其所指。夫黔员之有根柢者，几人耶？兄之未恕其小过者，几人耶？道德之根柢无论矣。即以官论，廉洁爱民是根柢也。真能廉洁爱民者，兄曾苛求之未耶？徒看过几句呻吟语，便算是学问之根柢耶？看过几段智囊补，便算是经济之根柢耶？是不可不辨矣。兄将长为林下人，虽有所短，无害于世。老弟方兴未艾，立身知人，必益求实际，勿轻为蜉蝣之荣悴，苍蝇之黑白所摇惑也。

六月初六日上刘韫斋师

四月五日，已具牍请交卸北上，中丞犹未接阅。适报梵净山余贼四名，已逼在一处，中丞亲往督办，仍调佩绅同往，以竟全功，且同定善后之计，只得遵照。四月十八日，离古州。三十日，抵快场行营。五月初三日，驻乌罗司行营。数日间，四贼尽获。初八日，中丞至。初九日，陪中丞讯贼供，处决。迄善后之事亦已议定，遂面申交卸之请，承谕以秋间再议。初九日，中丞回省，佩绅亦遂折回。五月二十七日，抵署矣。

八月二十日上刘韫斋师

七月，续请交卸之函。中丞复信，谓八月初旬出省，阅兵上游，俟与制军会于威宁，始能商定东道替人云云。八月三日，又续上一牍，今尚未批回也。近日心境，别有自得之处，愈摆脱则愈佳矣。

贵东书牍节钞卷三
禀　咨

揭参永从县知县吴延尧勒派军费滥杀无辜

署道于四月十三日由省赴任，沿途即访闻署永从县吴令延尧，办理六洞善后有勒派军费、滥杀良民等情。接印后，当即密委候补知府任守崇儒，于二十三日前赴黎平，会同黎平府袁守开第，严密查访该令所派经费已未过赃，所杀良民有无实据，务须彻底明确，无少冤抑。去后，五月十五日接据袁守任守会禀，称“四月二十八日，卑府崇儒行抵黎郡，查得永从县之绅民吴家珍等，因吴令借端缉拿，避寓郡城。卑府密传查讯，所有勒派情节属实，惟过付、杨凤举、梁运开均未到案，恐难定案。因会商袁守，借带练丁数十名，亲往皮林扫洞一带，以查拿滥练为名，相机诱致。五月十二日，至大团，直抵梁运开门首。该生以为带练武弁过境，出迎至伊家暂息。面询姓名得实，乃密饬差练于其出送时，就而执之，带至郡城。卑府等当堂会审，梁运开供认不讳，即于取供后交役看管，据实会禀”等因。据此，窃查六洞地方，自游勇煽变，甫经分别剿抚之后，疲苦已极。职斯土者，亟宜加意抚字，以纾民困，何忍再加剥削，大肆贪残？兹据禀，该令勒派军费，赃至巨万，滥杀无辜，命至数十，凶悖情形，甚于寇盗。地方若此，尚复有何天日？民心何由得服？苗疆何由得安？署道有巡核之责，未敢稍事徇庇。拟即于二十五日，由镇赴黎，再将已经拿讯之梁运开，亲自质讯明确，即行解省，听候审讯。理合先将委员查讯吴令枉赃妄杀各情由，据实通禀。伏乞宪台一面将该令拿问参办，追缴赃款；一面饬司速委贤员署理该县，以收民心。

禀盘获吴令赃银

署道委候补同知邹丞荫广代理永从县事，即密饬前赴该县盘获赃据。本月十三日，邹丞离古州未远，遇吴令自永从来，带有辎重。该丞即尾其后而返。十四日，吴令来谒，署道摈未见，仍饬邹丞转谕该令缴赃自首，差堪逭罪。该令遂缴苗寨首饰银一千一百九十余两，镕成块定〔锭〕者四百三十余两，总共合贵平一千六百二十余两，由邹丞交呈道署。该令对邹丞已自认万余两，谓“大半因公动用，今县署尚存三千余两，俟邹丞到并缴”等语。查律载，凡彼此俱罪之赃则入官，若用强生事逼取求索之赃并还主。兹吴令赃款为用强生事逼取求索，自不待言。若照各寨原数分别摊还，自是正办。若无庸摊还，即以赈赡穷苗，亦为权宜之举。除俟邹丞到永从，吴令果再缴若干归案详报外，见存道署之一千六百二十余两，及将来未缴之项，或摊还各寨，或赈赡穷苗，或须解省，以备赃证，伏候批示。兹就首饰银内，先取出苗项圈一件，重二十三两九钱五分，苗手钏大小二件，苗耳坠大小各样二十五件，共重十两零七钱，总计大小[二]十八件，共合贵平银三十四两六钱五分，特派差弁赍呈，略见吴令无骨不敲，无髓不吸之大概。

禀请拿问吴令延尧续追赃款

署道前以盘获吴令赃银禀明在案。嗣据代理永从县邹丞荫广禀，称：“闰五月十二日，奉宪台札，‘委代理永从县事，并面谕密查前署令吴延尧苛派经费银两，经手之丁役人等拿解宪辕，转谕吴令缴赃自首，差堪逭罪’等因。即于十三日由古州起程，途遇吴令自永从赴榕，卑职折回，遵述恩谕，劝令缴赃。据吴令承认，虽曾得银，均系督队攻破贼巢搜罗而来。除已因公支用外，尚拟修补城垣。见带千余两来榕采办粮米，运至六洞平樔赈饥。既已交卸在即，应将此项先行移交，县署尚有余存，俟核计实数，再为备文。当据交出苗寨银四袋二封，业经呈缴宪台核收在案。吴令于十五日径回永从，卑职亦于是日驰赴黎平谒见袁守，后，二十一日抵县。吴令先已移居民房。旋据移交印信一颗，并原招勇丁花名、领发旗帜器械及各洞缴存枪炮清册。此外，尚有抚宪颁发告示数百张，存留在署。卑职随往拜谒，询及前许移交之项，据称并无何项银两移交，而古州所交之银亦未备具公文。卑职不胜骇异，细察吴令，形色恍惚，若疯若迷，随任本无亲属，家丁早已四散，无从查究下落。次日未曙，吴令遽尔启行进省"等情。据此，署道伏查，张军门督兵攻破六洞，系本年正月十六日以前，吴令勒赃，据梁运开供词，多系三月以后。其滥杀数十人，系三月十五日以后。兹吴令对邹丞承认，虽曾得银，均系督队攻破贼巢搜罗而来等语，其一派狡赖，不待智者而知之也。其云因公支用外，携带千余两榕采办粮米，平粜赈饥，系已知署道发觉，借为掩饰之计也。其初认再缴三千余两，以为真可逭罪，及知不能逭罪，遂并已认再缴之项赖之也。邹丞所称，交出苗寨银四袋二封，即经署道秤准禀明之一千六百余两也。邹丞称该令存署尚有抚宪颁发告示数百张，查正二月间署道在省管理营务，抚宪发有赦宥苗民禁止骚扰告示数百张，交署道派亲兵送交张军门，请派勇转贴，是恐各地方官各营员不可信，特仗军门诚仁厚慎重之至意也。盖军门或又转交吴令，或吴令于军门左右计取到手，今尚存永从县署数百张者是矣。夫以抚宪仁厚慎重之至意，乃为吴令所壅，署道因念上泽之不能下逮，竟一至此，不禁泣数行下矣。兹吴令既已晋省，惟有禀恳迅饬臬司就省拿问，续追赃款，以伸宪典而活良苗，是为切要。又据邹丞称，吴令恍惚疯迷等语，固是鬼夺其魄，亦恐系该令妆点，倘迁延日久，该令或逃遁，或自毙，则不免纵奸失刑矣。

禀请变通旧制事宜

窃以物穷则变，治贵因时。贵州下游，自前朝设立土司卫所，渐开风教。至我朝鄂文端、张经略两次用兵,苗疆悉定。于群苗腹心之中,设立丹都八清台古六厅以钤束之,拨营汛以弹压之。以土司通事达上下之情,以卫弁屯军兼兵农之利。贵州之地,以下游为重。下游之地,又以六厅为重。统计贵东道所辖之区,额设绿营兵一万七千四百余名。初以苗疆本地之粮不足供本地兵食也,则于他处挽运焉。挽运不足者,仍于本地采买焉。此其立法治初,非不善也。迨其后,遂各有流弊矣。土司通事挟其势力,多置爪牙,以朘剥苗民。每年食米取之,烟火钱取之,丧葬嫁娶费取之,男女生辰费取之,世职承袭费取之,夫马供应费取之。汉官过境,借名办差,所出者一,所入者百,又取之。然犹谬谓土司通事之正供也。正供无厌,又推而广之,格外苛派,千百其术。稍不如欲,鞭朴[扑]立加,苗民无敢抗。抗则阴中以事,身家莫保矣。甚至无事之家但属小康者,土官奸民相依倚,往往凭空结撰,以非刑搕索之,家倾乃已。土差则百十为群,下乡舆马供应,比于上官,连存震动,数月不宁。查雍正乾隆年间,土司已多褫革不准承袭者,而府厅州县收粮名册,往往在土司之手,据为护符,官不能不委任之。守土则营私便安,土舍则夤缘代理。谓之明革暗不革,上革下不革。此流弊之一也。屯军自嘉庆年间,遂已有名无实。有名为屯田而田已当卖者,有一屯兵并数屯兵或十数屯兵之田者。贫者流为匪徒,富者坐拥厚赀,招苗服役,佃苗耕种,并不知军械为何物,捍卫为何事。所能者,剥削苗民,欺负乡愚而已。军兴以来,非从贼即逃亡矣。此流弊之二也。苗民耕种之业,大率坡涧瘠区,朝廷体恤之,定例永不征赋。绿营兵米,挽运不敷,向由藩司粮道,统共给价银一万九千三百三十余两,交地方官采买于苗田。继则官以价入私囊,苗民纳米不给价,谓之"上白粮"。其初,官以印花原封银,当堂点名发价。继则印花犹是也,而其中封以铅铁砖石,居然坐堂皇谕土司通事,曰某寨发银若干,买米若干。例买百石,必曰二百。土司通事知其然,利其事也。先期征银如铅铁砖石之数,俟发价时,易银实纸中,仍封印花。赏宴毕,率苗酋跪曰:"官清苦,情愿报效,不受价。但苗田所出米，不能如其数，请减半。"官曰："诺。"收其银。是不惟不给价，而更重取之矣。官得其一，土司通事所得倍于官。且上米之际，书差丁役又多方索其使费，斗之大，又必三四石始敷一石，是较之平民征赋纳粮，又数倍矣。此流弊之三也。向年开垦未齐，兵多田少，故其地之所出，不足以养其地之兵。继而山林辟为土田，瘠区变为沃壤，随在有米，无须挽运。各府厅州县以银折价，私相授受，代为采买。而本处收粮，往往浮买折算，民受其累。复于粮道署，空领绳索口袋脚力之费，共银至一万七千二百三十余两之多。文移往返，既不胜其烦，可节之财，徒虚糜其用。此流弊之四也。六厅丞倅，所管之地，无丁粮可征，无税课可纳，则无羡余闲款以资弥补。而每年俸薪养廉仅数百金，署事人员仅得半，往来之路赀且不足，其一家衣食用费酬应更于何出？是迫之使贪也。故侵吞买米价银，征取白粮，苛索夫价钱柴草钱。苟清廉自持，则断炊有日。虽名为自爱者，亦不能革积弊改陋规也，况下焉者乎？况书差丁役乎？此流弊之五也。有此五弊，苗民无饱食暖衣之日，又时有怨恨报复之心，而欲其不叛也，难矣。

方今黔难初平，宜正本清源，以求久安长治。当日土司通事之不可不设者，苗民言语不通，地方公事必资之而始举也。今各寨皆有能通汉语之苗，可择为保正团首，以备差遣，则土司通事可废。屯军之田，皆朝廷之公田，人不得而私也。与其养有害无补之奸民，不如去兵之名，收农之实。屯田每户纳粮六斗，宜改为佃户，每户纳租米一石五斗，以为升科丁粮，分给六厅丞倅，以作养廉及办公经费，并书役丁差工食之用。查六厅都江下江无屯军，原设有厅标把总各一员，领兵各八十名。既废屯军，则卫千总宜仿照都江下江之例，改为厅标千总，设兵八十名；俸薪养廉，以及私食余田，仍其旧。采买挽运两项，每年糜费银三万六千五百六十余两，计绿营兵额全设之时，每年共支兵米六万三千六百余石。各府厅州县所出银折采买、挽运秋粮改米，共五万七千三百九十二石四斗，照原额粮数，尚不敷米六千二百五十五石五斗。如能去采买挽运，而以各府州县秋粮及改征米，每石按照例价折银七钱五分，而加火耗添针坐平，每石共收九八色贵平一两，解交粮道库，转发各营将弁，令其按名摊发兵丁，自行在市采买，则采买之银均归实用，苗民免白粮之累，公家无挽运之烦。以挽运脚价绳索口袋银一万七千二百余两，补不敷米六千二百五十五石五斗，尚可余银一万一千两。是则有赢无绌，既免病民，复可省事。六厅丞倅，既有屯田之租以助其用，书差丁役亦皆于屯租所出以给其工食，则严禁前弊，若再有犯，则倍其罚。各属秋粮改征米，既一律改为折银，原与征折色者不同，即宜永立章程，严定浮征处分，出示立碑，使民家喻户晓。或者曰，米价时有昂贱不同，每石给以例价银七钱五分，米价平常，固购买有余，倘米价昂贵，则购买不敷。不知朝廷之例价，早已斟酌尽善。数年来所经米价，或昂或贱，皆于例价所差无几。官于丰歉之年，酌中定价，既不病兵，亦不病农，更有权衡也。

至于各属应割正插花地，四十八溪主簿缺应改为县，沿河司王家沱等处应添设官司，以理刑名，皆当次第举办。兹将土司通事、屯军、采买挽运各事宜，先请奏明，变通办理。如蒙允准，俟奉旨后，职道再查各属粮额兵米细数，妥议章程，以期尽善。

案：三年八月，复巡抚黎书中，有变通各事宜之牍六千余言，筹度数月，而始具稿，点窜数四而始定，云云。今此牍只约二千字，殆是初创之稿，只详言土司、屯军、采买数事。又经数月，始合贵东全局加入各条，共六千余字而上之。其六千余字之稿，或经散失，司书者只录初稿而存之也。

禀亲临乐乡并询查水口形势拟请改建永从县城移驻洪州司吏目

据黎平府知府袁守、永从县知县徐令，前拟改建永从县治于县属六洞适中之乐乡，移驻洪州司吏目于府属四脚牛之水口一案，上年十月内，已由袁守饬令徐署令、董吏目，查勘形势，绘图贴说，禀复袁守，转将大概情形通禀在案。署道以改建城池案关咨奏，不能不详加查察，请示举行。本年二月初三，由古州启行。初七日，行抵乐乡。初八日，督同袁守、徐令、委员刘令文泰暨地方父老等，详勘形势，大致与袁守所呈图说相符。其地居六洞之中，在县治南四十里，土地平衍，水绕山环，洵为苗疆罕觏之境。复又乘马周历后山，前后远近，皆了然心目中。既得地利，而于形家之说，亦为合法。至原治之区，何以必须改建，亦当深究其故。是日，由洒洞、皮林、顿洞至永从县城。查其东北两路，界府属或十数里或数里，西路虽有远至百里者，尚有分驻丙妹县丞可以兼顾。惟南路，则距六洞六十、八十里不等。而六洞之南属县者，尚有百数十里之遥，离城过远。虽有良吏，政教难周宜，顽悍之不易化也。且城内外峰峦促逼，形势规模，皆不如乐乡远甚，而城垣衙署祠宇破坏无存，修复之资亦须巨万。初设县时，盖畏六洞之顽悍，不敢深入，姑就后山门户而控制之。今洞苗既慑兵威，且知悔祸，改城乐乡，诸形便利，洽以政教，自无他虞矣。六洞各寨，素称富庶，为县属膏腴之地，惟政教未能周洽，故游匪易于欺诱。上年受害之后，复遭吴革令逼索，民命难堪。兹拟改建城池，即可以工代赈。其经费，但得追缴吴革令赃款，即不费公帑，亦可蒇事。再查四脚牛地方，并属楚粤相错，署道虽未亲莅，而就近咨询揆度，与袁守所呈图说无异，似宜一律准如所议，以图久安长治。

禀访闻五官坝厘局委员情形

窃以厘金因勇饷而设，实朝廷不得已之举。司其事者，但当严杜中饱，使涓滴归公，不得格外苛难，激变生事，以致利轻害重，得不偿失也。商民将本图利，少费一文则趋之，多费一文则避之。厘局四面张网，则商民无从趋避，费本既重，必增价以售。民间食用之物，日益昂贵，是害之在商者犹浅，而在民者更深矣。五官坝厘局，因抽收过重且密，商民为之不服，痞棍即乘机煽惑，以藐抗之。虽商民目无法纪，实局员书丁等有以激之也。上年打局后，职道闻报，即饬防勇严拿冉神保等获案。禀，奉批示："以军法处之。"继乃访闻该委员周令绍基,因上年该局被打后,即呈请每年缴局若干定数包揽,复加倍抽收零星小货及牲畜等项,无不搜罗净尽。商民因改小道,出天星桥、水源沟两路。该委员复于两路,重张密网,每日抽收二三百串之多,至少亦必盈百。缴局之外,尽饱私囊。利欲熏心,全不顾民间疾苦。商民忿恨,无以自伸,匪徒故为之不平,引类窥伺,借名妄为,皆由该委员等网利营私所致。正拟禀揭,复据该委员饰词具禀。其所禀杨再宝父子打局情形,经职道行至铜松地方查访一切,实有不能尽归咎于商民者。该委员乃任意禀报商民情形,较叛逆更甚。天下岂有更甚于叛逆之情形耶?且率请转详宪台,咨明邻省协拿,添募兵勇,选派强干哨官驻扎,是该委员徒为一己沾润,罔顾大局。万一激成变故,该委员其能自弥耶?抑徒恃防营,以草菅人命耶?因归公无几之厘金,而增防营添募之费,固已得不偿失。况激成变故,费更增多,草菅人命,情又何忍。朝廷若深究其致变之故,该委员其能独当此重咎耶?

禀复罗道应旒片陈苗疆积弊情形

光绪五年七月初一日,镇远行次,奉宪台札开:接准军机大臣字寄,光绪五年六月初七日,奉上谕:"昨据都察院代奏贵州候补道罗应旒敬陈管见一折片,贵州苗疆初定,自宜革除积弊,以期永远相安。该道所称土司通事朘剥苗民,屯田徒养奸民,采买苗田兵米,多方需索,亦多浪用,古八丹都等厅员廉俸不敷,致多侵吞苛索,苗民夫役苦累,各属地段交错,距本管官程途窎远,声教不及,以致风俗浇〔骁〕悍,盗贼充斥等语,所陈甚为详尽。该道久在黔省,熟悉地方情形,言之自能确实。似此弊窦丛生,亟应力图整顿,着刘长佑、岑毓英详细查明,妥筹办理,务将以上各弊革除尽净。罗应旒所拟办法各条,是否可以照行,并着酌量采择。贵西道曾纪凤,贵东道易佩绅,皆在黔年久,自必洞悉苗情,即着刘长佑、岑毓英,督饬该二员实力筹办,并着将如何办理情形妥筹具奏。原片均着钞给阅看,将此由四百里各谕令知之。钦此。遵旨寄信前来”等因。钦此。查黔省苗民前因土司通事凌虐激变,本部院皆有所闻。见在苗疆初定,更宜钦遵谕旨,妥筹办法,力行整顿。俾该民革心向化,永远相安。但罗道原片所陈苗疆积弊,是否实有如是之甚,抑或尚有不实不尽之处,如所拟各条办法是否可以采择,抑应如何变通办理,方臻妥善,该道在黔年久,熟悉苗情,合就恭录檄行。为此,仰该道迅即钦遵谕旨,查照原奏并札内所指各节,逐细筹划,各抒所见,妥议章程,克期禀复核办,毋违”等因,钦此。职道钦遵谕旨,细核罗道所陈苗疆积弊,皆从前所有之事,职道到任后亦曾陆续陈之。其中禁用苗夫一条,已经罗道在署都匀府任内,禀请前抚部院曾通饬严禁。嗣后,间有违禁私役者,又经职道禀请申明前禁,无敢或违。其裁革土司,划清地段,改易屯卫,停止采买挽运,折价给兵自行买食各条,职道曾与罗道商议。及罗道北上后,经职道会商两司、粮道暨善后总局妥议,详奉前抚部院黎奏,奉谕旨:“将采买挽运两项先行停止,折价给兵自行买食”,通行在案。罗道盖尚未知,自可无庸再议。插花地段,亦久经司局清查办理。惟裁撤土司,改易屯卫,尚未定议。查贵州土司之设,初以熟悉苗情,借资管束,故使之世承其职。迨前明以及国朝,陆续改各宣慰、安抚使司、卫所为府州县,复设丞倅各官,改各土司为土目、土舍、通事,只令承袭其职,不准干预民词。所存土司之名,不过十余员耳。其不理词讼,仍与土目通事等。惟各土司土目所驻之处,大率离地方官百里以外。地方官或以协提案件等事委之,彼因相距较远,渐至擅受擅理,募役设卡,搕害多端。职道访察其情,虽屡经示禁,然只能防范于目前,究难杜弊于永远。且查各属土司,当兵燹之后,多无嫡裔应袭之人,往往同姓有力者,贿弊冒袭。其人既非勋旧之遗,而其权足为苗民之害,甚非国家综名复实、弥盗安边之至计也。职道前请裁撤,实为时会事体所并宜速断者。今罗道所拟“若怜其先世有劳足录,准其承袭云骑尉、恩骑尉”等语,窃谓前代之勋旧,其功德什倍于土司,而泽因世斩、恩以义断者多矣。土司之承袭,历世久远,泽既无余,食报亦足。今因其后嗣有害于民，绝而不续，诚不为过。前既降为土目土舍，而犹自冒为土司。今若复承袭世职，安知不仍故辙，似不如一体编为平民之为净也。屯卫之设，自雍正年间开辟苗疆，至乾隆初年，以五厅及黄施凯里逆苗绝产苗田，安设屯军，号称九卫。每军一名，授田一分，每分上田六亩，中田八亩，下田十亩，约以收获毛谷六十挑为准，使其自耕而食，仅纳粮米六斗。无事，则尽力南亩。有事，则就近抵御。每卫设千总一员，专司屯种训练事宜，兼辖于丞倅，统属于巡道。丞倅董率操演，巡道稽查点验。务须年力精壮，技艺纯熟。遇有征调，一呼可集，立法本善。且其时，道标有守备千把各一员，制兵三百名。同知有亲标千总一员，通判有亲标把总一员，各制兵一百名，上下相维，讲求有具。是以整顿不患其不周，稽核不患其不密。迨其后，道标厅标之弁兵悉裁，卫千总则相习为文员体制，专以受词讼敛规费为事。各屯军则以所受之田为祖业，老幼疲弱皆得充当，甚至以一人而占数分或十数分。一旦有警，望风逃遁。自卫且不能，况能卫民乎？况能征调乎？咸丰苗乱以来，未见有屯军保全一堡者，此其明验也。迩来一律肃清，逃亡屯军归来复业，无论老幼，皆欲仍充，竟以从前积弊为定章，仍然有名无实。以数十万石腴田，养老幼无用之疲民，若竟听之，则巨款可惜。若尽改之，则成法亦可惜。职道前与罗道商议，尚未入细。继拟，仍就成法变通之，似更有把握。查湖南三厅屯制，原仿贵州九卫而变通之，今似宜转仿湖南之变通，以救九卫之弊。盖湖南设屯之时，贵州设卫已久，必早鉴其弊而乃变通者。湖南辰沅道，有道标守备千把标兵，三厅有厅标把总外委标民，各屯堡有千把外额，皆称屯不称卫。既有屯军自耕之田，亦有收租以养军之田。今拟复贵东道标、厅标之制，标弁即曰屯守备屯千把，各卫皆改称曰屯，不设卫千总，即以厅标千把，司卫千总所司之事，但居厅城而不居堡。或农隙训练，或有事稽查，始到堡。其领解之款，支发之项，充补之籍，调遣之权，皆厅员主之。各屯亦不另设屯千把外额，各堡即以见有百户总旗领之。各屯之田，留其半以为屯军自耕之田，裁其半以为收租养道厅标兵之田。标兵既复，又不另筹经费，屯军尚留一半，偶遇小警，仍可自卫。倘有非常，则随机策应。至于一切稽查事件，该备弁等，随时可供差委，倍整饬，倍灵通也。裁屯军一半，亦不甚费力，只汰其老弱而已。是化无用为有用，成法犹在，而弊已革。旧制并复，而费不增，变通之法，似为甚便。今罗道所陈："拟改屯军为佃户。每名屯田，纳米一石五斗，分给各厅同知通判，添作养廉及办公经费，并书差丁役工食之用。以卫千总仿照都江下江之例，改为厅标千总，俸薪养廉，以及私食余田仍其旧。而酌设兵三四十名，以为缉捕弹压之用"等语，亦与职道前所禀于黎宪者，大略相同也。查屯田，原准每分收毛谷六十挑。近来询悉，屯户每分至少亦可收获京斗谷四十石。若照民田对半分花之例，递减二成，只作三成分花，每户亦可分租一十二石，对半折米，可得京斗米六石。罗道所拟一石五斗，未据声明京市。若以市斗，则各属不一。若以京斗，则收租太轻，且不敷各厅津贴并设标弁标兵之用。而屯卫之成法胥改，若以三成分花，即留其半为屯军自耕，裁其半以收租，其所得尤倍于彼也。惟近又访得，各卫屯田，或为奸民侵瞒，或有出钱顶受，名为屯田，实则为私已之业。即新募之军，亦须花费入册、领照、酒席等项数千。是各军领田，亦略入赀本。使一旦即令归公，恐难各惬其愿。职道已先后檄饬各厅，转饬各卫，先将屯田、余田，分别详造堡户、田名、地名、四至、出谷若干底细清册，限期送道汇赍宪辕，恳请委员按册清查，究竟实有若干，各屯户有无前项顶售、入赀等弊，彻底清厘，通盘筹计，以凭改章入奏。至贵东道辖境，南界广西，东界湖南，北界四川，绵亘几二千里。统辖府六、直隶厅一、厅七、州三、县十五。镇远大路以南为六厅，之中二三百里，无流官汛弁，前拟柳霁、朗洞县丞移驻之，划地归其管辖。其余各路，原设文武，尚皆周密。镇远大路以北，如马鞍、梵净两山之间，广袤四五百里，无印官。中有思州之龙颈坳，印江之羊溪，铜仁之江口，松桃之乌罗司等处，最为扼要。思南所属之红丝塘、沿河司等处，亦空虚数百里，均宜添设流官。罗道在黔亦曾议及，其各处之向未设官者，以节节设有土司，冀其钤束耳。今土司既须裁撤，即当于划正插花之时，相度形势，或改拨，或添设府厅州县、县丞等官，抚绥弹压。庶声教易通，民知向化，作奸犯科之事自弭矣。龙颈坳、羊溪两处，均宜设官，以前无议及者。龙颈坳，隶思州府属，通沅水河道，东距思州九十里，东南距镇远百三十里，南距施秉百六十里，西南距石阡百二十里，西距思南二百四十里，北距铜仁二百四十里，江口百五十里，西北直至四川界四百余里。羊溪，隶印江县属，陆路为石思余湄遵义各属商贾通江口之大道，东北距江口百里，东距龙颈坳百余里，南距石阡百里，西南距安化属之塘头百二十里，西距印江百六十里，西北直界四川，与龙颈坳不相上下，并无流官汛弁。其中村庄，或十里或二十里不等，皆称稠密，以距官太远，易于藏奸，其扼要与江口各处等。罗道未之经过，故未议及。应请饬查，如何妥筹办理之处，一并详请核奏。

咨复两司驳黄平州疏河各条

准贵司会移："奉抚部院岑批：'据黄平州生员黄献清等，禀陈疏通河道各条一案。该生等禀陈疏通河道各条，却似善策，但需经费若干，有无窒碍，仰藩臬两司，会同贵东易道妥议详复，原禀及图并发'等因。奉此，相应移会贵道，请烦查核，妥议复司，以凭详复施行"等因。准此，敝道考之水道，采之舆论，准之事理，查核原禀议论，及图中注载，多未确凿。而于黔省全局，无甚关系。即如湖南黔阳河道，清江与镇远江，会于黔阳之托口。右通镇远，上流十余日程，河广水深，舟较巨，运物可数万斤。左通清江，上流亦须十余日，水浅滩多，只能以小舟运物数千斤。溯清江而上，五六日至凯里，又十余日至都匀，只能以一叶扁舟运物数千斤或数百斤。盖舟愈上，河愈浅，滩愈陡，不能多载也。若至重安江，查与凯里不相远近，原以截洞之阻而不能达，今即穿凿成孔，乌能如镇远河之畅通，可容数万斤舟之出入耶？原禀谓重安途近，而镇远途远，此其考证未确也。又谓疏通此河,宜仿照长江水师设营,布置弹压。姑无论水浅滩多,不利于水师,即水师宜设,据图所载,河之不通重安江者,只十五里。此十五里之中,并非苗穴。十五里之外,便可安设水师矣。由清江直上凯里,何处非苗穴?何处不可安设控制?何必安设重安江耶?至谓有事可通粮运,岂外方有事,必须重安江以上一隅之粮,方能顾全黔局?谓向来有事,皆以重兵驻重安江,须下游之粮接济,则有镇远之舟可通。施秉至该处,陆运百里,转运亦易,又何必定须舟运,绕清江小河直达该处耶?谓河道既通,士商上下击棹径行,他省货物至重安小严等处,距省较近,流民可借谋生等语,是不过为该处运货计耳,然亦未必甚便。纵使此河疏通,需费巨资无论矣。舟运重安江之货,与运镇远都匀多寡悬绝,亦无论矣。计由清江至重安江至凯里,以舟运而论,凯里不过截洞,运物自必较多。以陆运而论,凯里距省五站,重安江距省亦四站半,商人嗜利无微不计,其将多运由凯里起陆为利乎?抑将少运由重安江起陆图近半站之为利乎?此向来商人运省货物,不趋都匀凯里陆运之近,而必趋镇远陆运之远者,其明证也。若谓黔中全局,关系在此一河,而穿凿截洞费帑无几,何以鄂文端公张经略当开浚清江河时,独于重安江支流凿至截洞而止,不为一劳永逸之举,以图全局乎?按其图说,该处磊石横压河面里许,水从洞中而去,以里许之石洞,而欲穿凿通舟,能载货物,其劳民伤财为何如乎?若就近筹开,该处绅董纵不借公肥已,而派累民间,必不免矣。敝道窃谓,此议断不可行。至于安设水师,尤非所利。若谓清江沿河左右等寨须营弹压,查清江沿河一带,施洞口为苗疆要害,近来原有重兵驻扎,其上之革夷、三抠、凯棠、凯哨各隘,均先有楚军分扎,现在练军仍填楚防,棋布星罗,足资控制。惟查革夷之岩门司地方,本建有城,为该处扼要。旧设黄施卫千总驻防其处,历任均未到防。又查炉山凯里营,原设外委一员,历任多驻凯里老东街,亦未到防。应请饬令该弁驰赴防所,以重职守。其向设屯堡汛弁,一律整饬。各汛弁缮守于内,各练军扼防于外,即为今日之要务。黔中跬步皆山,若欲舍陆就水,以议战守,不待知者,而知其不可也。所称请仿照长江水师办理一节,诚于苗疆无益,应毋庸议。原禀谓,黔省大患莫甚于苗,苗之悍者,莫甚于清江河各寨。不思苗性无常,要在治之者有以化之耳。治之得其要,则悍者皆可化而为驯。不得其要,即驯者亦可变而为悍。盖乙卯黔苗之乱,非起于苗,实起于汉民也。非尽起于汉民,实起于有司之不尽得其人也。苗疆开辟之后,始则安设屯卫,即以无家可归之兵丁当屯军,置于各堡,为之弹压。设立土司土舍,为之钤束。继则,外来汉民陆续混入苗寨杂处,苗人不读书,不识字,不通会计,屯军客民日事盘剥。稍有不遂,则加欺凌,甚或勾通土司土舍,多方鱼肉。苗民不得已,诉之有司,客民则串通事丁役,一味朦混冤抑,以致积忿蓄怒,酿成杀机。所以变生之日,即各戕附近汉民,几无噍类。然犹各负一隅,不敢远出。迨汉民中之桀黠能通苗语者,包藏祸心,导致窜掠,可以于中取事,遂有破城戕官之举。然愚苗犹不过图雪积忿而已,何尝别有希冀哉?所以大兵逼紧之日,苗股之无汉奸主谋者,即次第投诚。其有汉奸者,痛剿一二股,则群股鉴之,皆不用汉奸之谋,或就抚,或自解,而乱以平矣。方今治苗之要,专在文武之得人,政教之有本。若武员皆能使兵丁不骚扰,游勇不混迹,文员能使丁役不需索,汉民不盘剥,土弁不凌虐,加以书院义学广为化导,积久相安,自然无事。至于重安江一带失业流民,彼间陆路担负,既可谋生,见值清还碉屯田业之时,即佣工亦可糊口,何必沾沾于一隅之地,谋疏凿,筹水师耶?

贵东书牍节钞卷四
札　示　批

申明条约札示各属官民

照得本道权任分巡，在一日之官，即尽一日之职，兼以善后防务均归总办，若非尽剔弊端，何以克臻治理？本律身以律物，由察官以察民。爰申明条约开列于左：

一、本道或驻古州，或巡各属。凡官员绅士禀谒者，非本道事务烦冗，及或有疾病之时，皆随时传见。凡司阍传贴各弁丁，不得留难，并不准受丝毫规费。凡禀谒者，亦不得以规费尝试，致干劾究。

一、本道巡行，夫马饭食，皆系自备。凡所过地方，除酌备馆舍、量具几榻外，一切用费，不扰分文，即酒席亦断不受。各地方皆毋得馈送，自取唐突。凡本道委员差弁过境，皆照此例。

一、本道巡行，凡各地方官，非先有约会，不准远道迎候。

一、本道或驻古州，或巡各属，皆设有收文所，以差弁司之，不准受规费分文。凡投文者，寻认大书"收文所"三字之处，自无贻误。

一、各属简牍，不取繁文。除地方事件应行详叙外，凡年节、生辰、称贺之类，概从省免。

一、各属士民有利便欲陈、疾苦欲达，及一切词讼冤抑欲伸者，皆准用白呈向收文所投递。不拘格式，不限告期，不准差弁、书役受分文规费。但各士民等，除地方利弊外，凡一切词讼，非万不得已者，不准控告。倘有诬告及越诉者，照例治罪。凡叙事，但取明白，无庸粉饰。

一、本道或有亲提案件，凡员弁差役，皆由本道按程发给盘费，不准需索地方官及双方民人分文。

一、本道所辖各防军，凡驻扎及经过之地，不准扰地方分文。倘有向地方需索及骚扰民间者，准官民指禀，究办。

一、各地方若有称系本道亲故、招摇需索者，准官民执送本道衙门及行辕核究。

以上各条，申明大概，虽有未详尽者，亦可类推。

撤南嘉堡厘金示

查得清江属之南嘉堡，经前任道设有木植各项厘金局，以作经费。兹本道莅任，无庸以厘金作经费，合行裁撤。为此示，仰该处商民等知悉。自本道裁撤之后，倘有冒设者，即行禀控，以凭究办。

严禁私设厘金札示

闻得下游各属，有于省局分设厘金之外，各行私设者，殊非所以恤民艰而端政体。兹本道莅任伊始，已将南嘉堡厘金，系作为本道经费者，先行裁撤，其余各属倘有私设者，一体严禁。

示各属士民五条

为剀切告诫事。照得本道自需次来黔，稔知兵燹之后，民多疾苦，俗鲜敦庞。兹权摄分巡，甫驻镇远十余日，即接各属控案十余起。若仍发本管官断结，则恐挟嫌逞怒，屈抑滋多。若概予亲提，则本道行辕无定，何忍使远道之民奔波废业。再四思维，凡讼狱繁兴、争端轇轕，固由官之不贤，实先由民之不靖。贪墨之官，惟愿尔等兴讼，废弛之官，不能使尔等息讼。尔等若不自相忍让，其何以相安无事耶？将恐小事酿成大事，讼端酿成兵端，覆辙相循，伊于胡底。合行出示晓谕，为此示，仰各属士民人等知悉，尔等如欲地方永息兵端，先求地方永息讼端，勿恃地方常有好官，但求地方常有正人，欲求地方常有正人，当使地方先知正道。爰举五条，反复告诫，尔等其静听毋忽。

一、酌立团约也。讲武以御寇，则曰团练。修文以息争，则曰团约。使各属皆能息争，则无寇可御矣。现檄各属，举行保甲，即可于保甲中，兼行团约。每甲设一甲长，复量各甲之远近，设一总甲，总甲即团首也。无论绅衿耆民，总须老成公正，明白事理，众所推服者为之。除钱粮命盗各重件，自有地方官审理，不得干预把持外，凡寻常细故，投明总甲，立即秉公理论，劝令息争，毋得徇庇、畏避及计较酒食、需索夫马，并不得供设洋烟。岂有吸食洋烟，可为地方表率者耶？其总甲，由地方父老公同择举，禀明地方官，每年一更。其有实系众论允服，无人可更者，亦准其禀留。其有举报不公，充当不谨者，或由地方官访闻，或由受害者告发，一经查实，分别惩革。

一、严禁讼棍也。每见讼案双方人等，其中愚朴者居多，岂皆生性好讼？是由各地方皆有滥劣生监，及一切粗识文墨不安本分之人，或交通衙门，包揽词讼，或挑唆双方，播弄是非，或代作呈词，颠倒黑白，种种恶类，总名讼棍。但图自己一时之利，不管他人无穷之害，深堪痛恨。自今各属，如仍有此等人，准总甲、甲长等公同禀官，指名拿办，决勿宽贷。并告尔讼棍等，何事不可谋生？何苦作此等欺天害人之事？须知此事虽偶尔获利，终有报应，或罹国法，或遭天诛，或在自己，或在儿孙尔。若天良未绝，宜急回头猛省，虽误前途，尚堪晚。盖初舞刀笔以害人者，终亦可改恶迁善，作文字以劝人救人也。

一、同修敦睦也。地方苦贼乱久矣。亲戚邻里，死于刀兵沟壑不知凡几。今日幸得比闾而居者，皆锋镝余生，何复忍构怨寻仇，自相鱼肉乎？且一涉讼端，衿棍之讹诈，差役之需索，道途往返，失时废业，官府未审，曲直未分，害未及人，而先自害己。虽欲不终讼，以求一日之无事，不可得矣。徒致操戈同室，得罪乡邻。一朝之忿，或致酿成巨案，倾家亡身，可胜浩叹。甚有自己理屈，务求胜人，捏架虚词，以耸官听，不知是非曲直，终有难掩，一经讯实，即坐诬告，加等治罪，自罹法网，后悔无及。何不彻前彻后，通盘打算，与其逞忿，不如让人，安居乐业，莫此为甚。

一、讲明正学也。五经四书，家喻户晓。凡子弟发蒙二三年，无不读四书者。即此后再不读书，但将四书熟记，能讲明一句，即有一句之学能行，得一句即受一句之益，能有一事合得四书，即算一事之贤人。四书之所当讲明者，格致诚正修齐治平，孝弟〔悌〕忠信仁义礼智而已。言有浅深，理无二致。其深者，虽老师宿儒，毕生难穷。其浅者，虽村夫幼童，立时可悟。五经之蕴，皆为四书所包，能兼通五经，自征淹贯。即但讲四书，亦可为贤士。其余各书，必与五经四书不悖者，方可观览。无论封神西游之类，使人怪诞，说唐水浒之类，使人悖乱，淫词艳曲之类，使人迷荡。即世俗所刻阴骘等书，亦非尽圣贤正教也。夫五经四书，岂不言阴骘哉？所谓阴骘者，有是理即有是气，人之气与天地之气相通。凡正人善人，为清气和气，与天地之清气和气相感，则致福。凡邪人恶人，为浊气戾气，与天地之浊气戾气相感则致祸。气有纯杂厚薄，则感有迟速久暂，所谓善恶到头终有报，只争来早与来迟者，即此理也。所谓冥冥中有主之者，非佛道各家见神见鬼之谓也。冥冥之鬼神，不可见者也。惟其不可见，则祸福报应乃理之一定。若执可见者以求之，则有见有不见，反惝恍无凭矣。此理不能人人尽晓。有一二能晓者，即可维持正学也。有子曰，其为人也孝弟〔悌〕，而好犯上者，鲜矣；不好犯上，而好作乱者，未之有也。苟人人能讲此一章，便可永绝兵端，尚何讼端之不可息哉？

一、分别邪教也。皇朝律载，凡师巫假托邪神，书符咒水，扶鸾祷圣，自号端公太保师婆，及妄称弥勒佛、白莲社、明尊教、白云宗等会，一应左道异端之术，或隐藏图像，烧香集众，夜聚晓散，佯修善事，煽惑人民。为首者绞，为从者各杖一百，流三千里。若军民装扮神像，鸣锣击鼓，迎神赛会者，杖一百，罪坐为首之人。里长知而不首者，各笞四十等。因夫白莲社、白云宗等之为邪教，人多知之。若书符咒水，扶鸾祷圣，因士大夫家亦或有为之者，遂相习而不察，以为无碍。不知绞流之律，首先载之。且咸丰年间，思南铜仁一带教匪之变，皆由书符扶鸾而起，尚得谓之无碍耶？自今凡有犯以上诸条者，皆按律严办。夫张天师一教，固邪教之所从出也。佛教入中国，邪教亦从而附托之也。朝廷兼容并包，但彼不倡乱惑众，亦姑听之。至天主一教，向有例禁。嗣因朝廷以柔远息争为念，和约所载，凡有传授习学者，但彼安静无过，不得刻待禁阻云云，是亦与佛道两教，同在兼容并包之内而已。凡有志有识者，但当知所分别，自端趋向，慎勿与若辈传习者寻事生端，致酿巨案。孟子曰："君子反经而已矣。"经正则庶民兴，庶民兴斯无邪慝矣。愿士之有识有志者，益讲明五经四书，各尽其诚正修齐孝弟〔悌〕忠信之道，以提倡庶民。若庶民皆兴于正道，将见一切邪教皆不待人，其人火其书，终有自息之一日，是尤愿与有心世道者，默默参之。夫民可使由，不可使知。然民之中有士，固可使知者也。凡士林中，有愿与本道讲明圣贤之学者，即以此为嚆矢可也。

禁止沿河一带各埠头拉船示

照得本道访闻各文武衙门及营盘，有强拉民船、短给钱文者，殊非所以示体恤。兹本道自备粮船二只，上至高旧，下至丙妹，各防营粮米皆自行装运，即或雇用民船，均按程给价，不得短少。凡文武衙门，皆同一例。为此示，仰文武各营署弁丁差役及船户等知悉，自示之后，如再有强拉民船、短给钱文者，准船户喊禀，以凭查究。

再行通饬各属条约

照得本道莅任之初，曾申明条约，通饬各属在案。查条约中，有"本道弁丁书役，不准受丝毫规费，及所过地方，除酌备馆舍、量具几榻外，一切费用，不扰分文，即酒席亦断不受"等语。乃各属申报册籍，往往有致送书丁笔资印资者，岂以条约中未明指此项耶？夫使一项可受，则各项皆由渐而致矣。及按临各属，仍有馈送酒席者，又或有馆舍、几榻全无者。夫馈送酒食干例禁也，馆舍一二间，几榻三五具,或见有,或借用,皆不费钱财也。乃例所应无者而有之,礼所应有者而无之,皆漫不加察而已。除笔资印资皆由书丁呈缴、付来差带回,及酒席亦屡经唐突外,诚恐各属或视札饬为具文,抑或新任之官未见前札,更恐上下书丁互相朦混,致滋弊窦,特摘录前发条约,再行通饬,仰各属官吏知悉,并由此类推。凡例禁所在,皆不可干,礼仪所在,亦不宜忽。是即除弊窦,而肃纲纪之大端也。本道在任一日,即守此一日,愿与各属官吏始终交勉之。

札古州厅出示严禁烟馆

照得洋药土药,除官员士子兵丁外,虽已开禁,仍但准买卖烟土,各自煮食,不准开设熟烟馆及彼此对食。违者,照例惩办。兹查古州城内外,开设熟烟馆者不少,在本道亲驻之地,先不整顿,何以表率外属?亟应札饬,出示严禁,并移知保甲局、东军总查,随时密察。自出示之日为始,限五日,如再有开设熟烟馆、开灯对食及挑买熟烟者,一经查觉,无论何项人等,立即按律惩办,毋得徇情姑息。至官员士子兵丁,虽自行煮食,亦有明禁。又见奉新章,虽听其自行煮食人等,亦有限期,俟再申明条例,分别饬行。

谕斥古州绅士

照得国忌之期,凡文武官及有顶戴人员,皆素服,不祭神,不宴会,官民皆停止鼓乐。本月十七日,文宗显皇帝忌辰。忽闻署外街道,鼓乐之声与炮声相杂,不胜诧异,因登楼审视,乃见旌旗灿烂,香烟缭绕,纸篾所扎,神鬼之类,不一而足。师巫在前,顶戴之人,纷纷随后。盖建醮行香者之所为也。以国忌论之,尔等有顶戴之人,如此行为,已属不法。且水灾之后,本道以为各士民皆饥困流离,特禀咨院司,给赈恤,减厘税。尔等亦皆以停免厘金为请,乃竟有许多银钱以供浪费,是尔等原不饥困流离,且有赢余也。又何必给赈恤,减厘税乎?又何不可以尔等浪费之赢余,给彼饥困流离者乎?在尔等,以谓敬神以禳灾耳。不知敬神只在为善，备灾只在尽人事。孝弟〔悌〕忠信所以为善也，不浪费，亦尽人事之一端也。彼师巫之徒，岂能敬神乎？不尽人事，而且浪费，岂可以备灾乎？愚民或者无知，尔有顶戴之人，乃不开导劝止，反倡而为之乎？且国忌之期，敢于违制，无君臣之义者，能事鬼神乎？本应饬厅查明，凡有顶戴者，统治以违制之罪。姑念习俗相沿，虽有顶戴者，亦多无识，暂行出示严斥。为此示，仰凡有顶戴者知悉，以后务体本道正本清源、崇实去伪之意，讲明义理，劝导乡愚，由汉及苗，由近及远，总期兴礼教而革巫风，俾治化日臻，各绅士皆与有助焉。否则，言之不从，将来再有违犯，定即执法从事，决不宽贷也。

札东军各营禁止吸食洋烟

照得吸食洋烟，历有明禁。而于官员士子兵丁，条例尤严。见在又奉新章："无论中外地方，概不准栽种罂粟、贩卖烟土，并刻定限期，无论何项人等，一律禁止吹吸。倘逾限故违，照例治罪"等因，亟应先从本督办亲驻之地、亲部之营，从严禁革。古州厅城内外，已饬厅钞札，出示严禁在案。所有各营员弁勇夫，但系支领薪水口粮之人，概行严禁，不准吸食。以奉文之日为始，帮办文武人员由营官稽查，亲兵哨弁由营官帮办稽查，各哨勇夫由哨长稽查。如从前有瘾者，准其呈请告假。限三日内，各哨长出具哨内并无吸食洋烟弁勇甘结，由营官加具营内并无吸食洋烟印结，申送存案。本督办随时密派员弁分途稽查，但有违犯，查明犯禁之人，无论文武，有顶戴者，照官员例治罪，无顶戴者，照士子兵丁例治罪。其出结营哨各官，查系知情，以隐护论，不知情，以失察论。即有瘾亲友来营探访，亦不准停留、开灯吹吸。违者，主客并究，决不姑宽。

谕古州龙岗书院生童

照得书院之设，原造士以成材，非教士以谋利也。文艺之课，犹其余事，不过就一日之长短，以觇平日之勤惰耳。使文艺亦不足据，又何必有此一课乎？查岁科乡会各试，有犯枪冒、顶替、传递、录旧诸弊者，轻则枷杖，重则军流。彼敢于犯之者，欲侥幸得科目也。书院月课，无关乎科目之得失，乃亦不免此弊。岂些须膏火奖赏之利，而亦欲侥幸得之耶？虽法律所不必加，而人品之失，风俗之坏，名实之悖，已肇于此。且以生员作童生之卷，其文自较优于童生，反使自作本卷之童生抑于其后，其心尤不可问。况有父兄师长代其子弟为之者，上欺官长，下误子弟，独未细思之乎？本道自课龙岗书院以来，洞见诸弊，每于批卷，微露其旨，无如各生童不悟不改，而至今尤甚也。本月月课，因有可疑者，传生员二名，童生十名，来署复课。乃生员只来一名，童生只来六名，有三卷与前卷相去悬远。来者尚如此，未来者不更可知耶？兹姑仍不深究，特申戒谕，以后再有犯者，即发监院斥责，以儆顽鄙。倘能因此谕而争自濯磨，由有耻以臻于有成，是又本道之所厚望也。

批思州府严署守裁撤东门厘金

该府接本道札饬，即将东门厘局裁撤，足征同志。凡地方事件，以此类推，小民宽得一分，即受一分之福。虽地方清苦，若陋规尽革，于官不便，然苟能以俭养廉，屏去浮费，亦安见廉吏之不可为耶？况厘金因勇饷而设，乃朝廷不得已之举，若地方官私设厘局，则是大干法纪，非仅如寻常陋规也。是革私厘并不得谓为革陋规也，愿与该府益讲明之。

批铜仁首事请缓撤厘金以资办公禀

扰民之事不休，民生不遂，何能禁民为匪？徒使二三绅士依倚，地方官借公科敛，何日是弭乱之期。即使有需费举办之善后事宜，应由地方官禀请省局，酌发经费。至修葺郡志，必俟民力有余。若采访大略，省局已议有经费，何待私筹？节孝总坊之建，自有应领之项，即公同量捐，亦所需无几。士习之邪正，首在义利之辨。书院膏火之丰啬，视地方之财力何如。若剥民以养士，是啖士子以不义之利，更非所以待士也。其余一切官民寻常所有之事，何得皆借口私厘，殊属不合。仍仰铜仁府严申禁戒。

批铜仁府刘守禀

下游各属私厘，均经本道饬撤。该府所需赏资，或报善后总局请领，或俟任守向镇到后归并办理，总无庸留一扰民之具也。

批代理永从县丞禀

该县苗民，既经营勇摧残，复经吴令敲吸之后，见盘获之赃银，尚俟抚宪批示，未便遽作赈赡，其应如何抚绥安集之处，仰该丞一面举行惠政，一面禀商袁守，通筹办理，是为至要。饥易为食，渴易为饮，愿该丞无负此时会也。

批镇远县禀四十八溪主簿案

查雷正鹄等具控雷献廷等一案，系同治八年之事。距今七年之久，曲直虚实，既难分明，且大乱初平，凡有恶迹，朝廷概予自新，况安知冉来兴等在彼时非真正土匪，应格杀勿论者耶？该雷生杨、雷正鹄等，摭拾久远之词，希图报复，该主簿但宜一面谕令息讼，一面禀请府县出示，自贼平以后，不准地方再有擅杀之事，乃为正办。何得借故追求，密张罗网，必欲挑无事为有事，酿小事为大事，是何居心？昨雷正鹄等复以前案来辕具控，已批不准。惟其中有去年窃盗之案，应批该县讯究。因本道欲借通下情，遂于本日亲提雷献廷、雷正鹄两人到案，除略问前事，均可不究外，专论偷窃一事。据雷正鹄供，雷岩四所偷，系麻沙雷孔昌之钉鞋一双。该雷正鹄系半坡人，距麻沙六里，与伊何干。又据雷献廷供，雷岩四系雷孔昌之侄。侄偷叔父财物，准亲属相盗律，比凡人减等。钉鞋一双，尤为细故，已公议罚钱了事，复有何说？是偷窃一案，亦可不究矣。除雷献廷已由本道释放外，其尚押该县之雷锦堂、雷孔芳、雷自兴等三人，均仰该县即时释放。雷正鹄等，本应治以妄控之罪，姑念愚贱无知，仍仰该县从轻发落，立即申覆可也。

批麻哈州谭署牧禀三则

据禀，变卖借用各情均悉。元气未复之地，劝捐修建，自属非宜。既有清出叛绝各产二万四千余挑，若皆涓滴归公，出纳得宜，自可多成善举。本道有总办善后之责，但使地方官得人，亦不欲参用委员，徒涉纷歧，而滋糜费。见只委郑丞鹄充当提调，已饬由镇远次第清厘。兹该署牧所筹，皆臻妥惬，该州一切清厘举办之事，本道即倚仗之矣。修建圣庙之外，凡系正大典礼，皆可量力举行。义学之设，若能使苗夷皆知礼义，与汉民永绝猜嫌，尤为要务。惟吏目千总等官，类多鄙猾，绅士亦未必尽贤在。该署牧形端表正，固可期弊绝风清，而董劝稽查，尤不可忽。于公家则无漏无欺，于民间则毋侵毋扰。惟该署牧始终图之。

据禀地方各情形，甚为明晰。具见该署牧留心体察，振作有为。惟查城内居民太少，乡间荒亩过多，是赖贤有司设法招徕，以复元气。仰即励精图治，坚定自持，使民归之如市，此则本道所厚望者。复修文庙，前已详细批示，务宜妥善行之，毋使司事者侵公扰民为要。该州清出绝逆各田，未必全无熟亩，历年所收租谷，亦自不赀，未据声明，无从查核。前禀称系二万四千三百二十三挑，此次分查四乡无主荒田，共有三万八百九挑，计多前数六千四百八十六挑，殊难解释。若以前数为实，则此数不免浮报。若以此数为是，则前数难免混估。是必按处清查，实在荒亩若干，熟亩若干。即如变卖举办公件等项，亦应先将各处荒熟田亩，每时值价银若干，估计文庙木石砖瓦工食等项需银若干，应以公田若干变卖修葺，若干存作书院义学膏火束脩，若干存作社仓及应办各项公件，分别开具简明清折呈核。事蒇之日，再行造册通详立案，以垂久远。见存各项公田，必须招佃开垦。但苗民穷苦，必得发给耕牛，方肯承佃。仰于牛租谷石项下，留款借给，速饬垦种。庶出息有资，而裨益地方，更无穷期耳。

该州文庙，前经批饬，估计各项银两并绝产荒孰〔熟〕各数，开具简明清折复核，未据照办，实难明晰。查都匀八寨均已修复，所费皆不过千金。该州绅士所议，必须三千余金，似非核实。既奉善后总局议准，动用牛租，不准变卖绝产等因。则牛租一项，据称变价可得千金，若能如都匀八寨承办各员绅廉正节俭，便可了事，又何必故违局议，更动绝产存业并捐派耶？该州原有学田、庙田、公田，应即查明何项若干，何庙若干，其公田原作何项公举。此次即可仍其旧制，而增益之。学校一项，此次共拨至一万一千六百挑之多，第未计及养民之道，似非所以轸念民瘼也。各庙均拨百挑，似合原有之数，不无差等。州署先后共拨田一千三百一十挑，均未指明抵除何弊，借除何规，碍难照准。养济院只百挑，则收租无多，恐不能济。吏目不受民词，似宜多拨，以养其廉。至七土司，不过平民之有顶戴者，例不得干预公事，各拨百挑，名无所出。且各有恒产，断无须此也。应划出，以三百挑加归养济院，以四百挑加归吏目。其余不应拨不准卖各业，概作为社仓积谷，以备灾赈补助，庶教养兼备，而民气可复。是在举用得人，务求实济，毋以巨万公款，徒拥虚名。其尚未请照之存业田一万五千余挑，实在有无子孙逃亡在外，亦应查访明确存案，饬各族戚函召，归来承领。见宜招佃垦种，分花并入积谷项下。俟各业户归时，取具户邻甘保各结，给还原田。如实系日食无资，酌量赈给，该绅等粘签。尚有应领一千挑，与浮开重复之四千余挑，尤须察实，毋使奸徒混冒。仰该署牧事事核实，处处留心。倘有刁绅劣衿，从中朦蔽把持，立即禀请提究，毋稍隐狥〔徇〕。妥议之后，先行开折，详细注明，具报。本道核定，再行造册通详，刊碑立案。

批黎平府袁守申覆禀

据详，此案各情，使前任倪守立为讯明，示以体法，即早断葛藤矣。查倪守三批不准，然批中明指刘老茂之曲，而但不准杨昌仁之词，其何以能钳杨昌仁等之口耶？地方之不治，民心之不服，固有因贪污者，亦有因草率者。官以批判为常套，民以控告为儿戏，宜讼棍之得舞弄于其中矣。兹该守查明庚书真伪各情，援引同姓为婚之例，皆属正断。惟断钱与杨昌仁，而未明指应断钱之理与法，则并正断者亦有可疑矣，仰仍备细推求。杨昌仁叔侄，果系控告虚诬，不惟不应受钱，并应按律惩办。盖含糊了结者，虽宽容之，适以生民玩。明允判断者，虽惩办之，愈足以服民心也。

批天柱县罗署令禀

弭盗清奸之法，莫善于保甲。屡经省局通饬保甲章程，法良意美。该令果能遵照，实力奉行，加以按寨督修木栅，人自为守，编联牌保，互相稽察，匪徒自无驻足之所，何必练丁为之乎？纵使该匪等敢肆披猖，自须禀调防军剿办，数十名练勇，又何补于事乎？况近来募勇，实为养奸之源。匪徒借充练为藏身之计，每令出，而彼先知之，捕盗实以逸盗也。该令曷于此熟思之。下游私厘，本道履任之初，一律禁革，原为轸念民瘼，力图治理起见。乃该令漫不加意，率行妄请，此庸劣积习，该令乃亦染之耶？仰速遵行保甲，恪守宪章。所请复设远口之厘金，应无庸议。倘敢不遵，本道惟有据实详参而已。

批黄平州李署牧禀

该牧夙著能声，兹据禀到任办理一切情形，具征妥善，所议广招徕，兴学校，化汉苗，教养兼施，尤为善后要着，愿该牧次第举行，毋怠毋躁。且兴利除害，两义兼资，利或未能遽兴，害可先去。所谓以不取为与、不扰为安者，尤当深体之也。重安江修复城堡，本道曾因邓守议建碉堡之地，拟建一堡于此，果能行之，则更易为力矣。

批都匀府周守禀

据详，土弁张先谟于学差过境寨民应夫之外，复勒索各寨出银，除交官役银二十两零五钱外，实尚自得银三十九两三钱。定供之后，即应照“因公科敛，准枉法赃”拟罪。该府谓：“本应详革，以除民蠹。第思此起控案，系有人包揽，若竟堕其术中，不惟长苗民之刁风，且适增讼师之声价”等语，殊属非是。张先谟除平日勒索供应之罪不计，即此次之罪，亦应拟杖徒，岂止于革耶？苗民控诉，既非虚控，即不得谓之刁。惟不应越府控道，应笞五十，将为首者折责发落耳。王贵保等，同是寨民，因迫于不得不控诉之事，敛钱以作路费，若所敛不多，可无庸议。若系多敛，则应讯明定数，除酌量应用之外，分别追缴，退还各户，按例责惩。至讼师包揽一节，本道因各属民距辕太远，凡来控告者，随投一纸，即为收受。有未详尽者，委员受词，书手书之，未限告期，未拘格式，未专设代书，原以祛壅蔽，杜需索也。该民等或因无专设之代书，而寻人作词，在所不免。查教唆词讼律内，其人愚而不能伸冤，教令得实，及为人书写词状，而罪无增减者勿论。兹潘承刚等所控，既无虚诬，则萧芝山之代作词状，亦可勿论。所应论者，包揽得财耳。并发交该府，质讯所得钱数，按例拟罪。若张先谟之罪不办，则萧芝山之罪更不应拟矣。惟能服人，乃可以惩人，何至增其声价耶？曾前署牧之丁役得银，该署牧与其丁役，有应得之罪，亦毋庸为之曲讳。仰即彻底根究，研讯实情，分别具拟，通详核办。

批天柱县张署令济辉查地方情形禀

天柱民风刁悍，凡莅此者，无不言之。至词讼繁多，本道亦有所见。然揆厥由来，所谓刁悍者，大率原告非必自求理直，特使被告先花费于衙门，以逞其忮害，泄其嫌忿耳。于是风俗愈激愈悍，词讼愈缠愈多，岂独天柱为然哉？该署令起自儒生一行，作吏于孔门，得情勿喜，使民无讼，虽赏不窃之训，当有体会于平日，印证于今日者。所禀兴文教，研词讼，除弊端，拯疾苦各节，诚能一一皆鞭辟近里，则本道为地方祷祀而求者矣。俗吏难与言，所言者，亦本非其所。故于不以俗吏自待者，辄不禁垂涕，泣而道之。

批荔波县梁署令到任情形

该县毗连粤疆，汉苗杂处，素称难治。本道则谓天下无难治之民，凡地方官所称为难治者，大率征求不应，需索不遂，反唇相稽〔讥〕，从好不从令而已。苟在上者，立身范，端操守，先有以服民心，耕凿不扰，赋役不苛，有以遂民生。于是，明礼义，施政教，乃可以破民愚而化民俗。良民知爱，匪民知畏。内治既修，外患易御，百弊皆剔，百废具[俱]举矣。该令所称清保甲，省讼累，开文风各端，皆有条理，本道更为之鞭辟近里，勉益加勉焉。至书役不满百人，尤易防闲，本无庸多设，且公事自有定法定理，亦不必此辈之深谙也。

批独山州苏署牧孙守备会禀

据禀：上年十二月二十三日夜四鼓时，该州城内张贡生家，被贼匪数十人明火劫抢。该贡生头颅被砍四伤，失去银三百两及零星各件，贼匪仍即越城逃去。次晨，经该文武闭门，大索不获。嗣据兵役于去城二十里之拉旺地方，拿获该贡生斗伤之贼黎双林等五名。讯供，同劫四十一人。经该州飞关荔波县，复获莫二等三犯，讯供相同，请示办理各等情。据此，不胜骇异。该州城内，一夕之间，行劫之贼至有四十一人之多，自邀约勾结，以至行劫，该文武皆毫无觉察，地方事尚可问耶？行劫之后，若四十一人皆先藏城内，固疏弛已极。若自城外爬入，则失察越城之处分自有定例。且禀内明称贼行劫后向西城低处遁去，先时即不防其人，临时又不能防其出，此晨闭城之索，果何为耶？失察越城之咎，有倍于寻常者，尚可邀免开送职名耶？况入城劫贼至四十一人，此何等重大，直与军情无异，自应登时禀报，饬各营邑并飞调防军一体严缉。该州距本道驻处，虽无驿递，若专急足，亦三日内可到。乃上年十二月二十三日之案，于今年正月初十，始行禀报，已属迟延之极。又于二月十七日始行到道，果道路稽延耶？抑倒填年月耶？且原禀所会该守备之印，有遵印空白四字，该州之印无此字样，不更可疑耶？本道兼办防务，因该地方肃清已久，既未驻防营，又未置侦探，专候该地方文报为动静。此案若果登时闻报，自可调队截拿。今已越五十四日之久，搜捕愈难。倘有蔓延贻误，尤非浅鲜。该文武废弛延误一至于此，本道先有失察之咎，应自行检举，该文武岂尚能辞咎？除禀院，咨古州镇两司，将该文武撤参，饬都匀府就近查明劫贼入城出城，及填禀发禀稽延各情形，饬星字营派队驰会荔波营邑严缉外，并勒限该文武，按名跟缉一干逃犯，务获报解。

批铜仁府严署守禀

地方收成，尚称丰稔，深为幸慰。仓谷保甲各事，固宜实力举行，尤在不滋扰累。民间风气健讼，动辄上控，严惩示禁，并宣讲评文各层，此中有底有面，尤宜精益求精。盖严刑峻法，专以防民之口，而口终难防。不如秉公洁己，实能服民之心，而心终不背也。且言教不如身教，盖礼义之言，但腾诸口说，形诸笔墨，而民不信。不如以礼义持身，由一身以推之，宅门内外，皆弊绝风清。民既无所借口，且观感而同归于善矣。该守前署思州，本道所闻，未能尽惬于心。今体验当益有加，治绩当益有进。本道深所期望，故于来牍，更进一解，愿益熟思而审处之。

批思州府邓署守禀

查万山厂地方，界连楚境，游匪每借探沙之名，混迹于其地。加以地方未尽修明政教，以致民气嚣竞，常有械斗仇扳等事。该匪等难免与地方绅民有隙，抑或与土弁及各衙门差役有隙，将欲借端滋事。

宜先察实，设法疏通解散，而后分别拿办，毋得激小成大，荼毒地方。且查此件，系四月初九日印发，果属切实，自应注明紧要事件，速交营站飞递。何以至五月初二日戌刻，始同四月初一日印发之禀并到耶？若谓营站迟延，何以松桃之文系四月十七日印发者，彼处较该府远甚，亦于同时并到耶？倒填月日，其中不无他故可疑，合由三百里排递批发，仰迅速查明确实情形禀复，并候檄行铜仁县查实禀复，以凭核办。

批铜仁县杨署令禀

据称，靖民风在于端士习，固得要领。而民风士习之源，尤在地方官身范之。克端，秉公，洁己，杜绝私弊，尤身范之最要者也。愿益勉之。

批思南汪署守到任禀

思南事务，头绪棼如，然理之自须有渐。土匪既有晴字营到防，责成李守处较重，该守可专注于词讼、保甲、文教各端，而词讼、保甲尤急。思南系多讼之区，能先除衙门壅弊，自立主见，平心静气，推求尽致。但有一二案决断如神，使无情者不得尽词，则讼风可渐息矣。保甲为清匪之源，能使保甲长得人，胥吏不扰，闾阎乐于奉行，则盗贼无容足之地，匪类无窥伺之隙矣。是教化已行于词讼、保甲之中，较之寻常课诗文之为教，尤真切也。夫诗文固自有维持乎词讼、保甲者，但守土之精神，恐兼营或有一忽，壅弊之害，即因丛脞而起，不能不稍分缓急耳。愿与该守共慎之。

批台拱厅周丞庆芝禀

苗疆以教化抚绥为最要，用兵为不得已。苟认真教化，则抚绥自不待言。盖抚绥者，特不至于激变耳。教化者，则有以清变之源也。既不变，而又何以兵为耶？设义学，申纪纲，使知尊卑上下之分，孝弟

〔悌〕忠信之理，固教化之大端。而居其上者，能不要钱，不枉法，凡事讲义理，则是以身为教化，其教化尤易行也。若不能教化，又不能抚绥，则惟有用兵而已。常用兵，则永无治平之日矣。该厅情形，常在本道意中。自大乱粗平以来，仅有防军镇压，而地方官之教化，全未有闻，即抚绥亦未尽善。苏军一去，龚军较单，自不能有所恃而不恐。兹该丞果能以教化抚绥为务，则治平之效有可期之意中者。然或万一有意外之虞，本道亦当为该丞计之。见在本道所辖黎古各军，固属无多，然既不便为该厅另请于省局，仍不能不勉为匀挪。拟派一得力哨弁，率勇一哨驻扎该厅，交该丞节制调遣，以备缓急。俾该厅得专心于教化抚绥，而别无顾虑。抑或该丞必欲亲募，始能便用，则本道即每月拨给一哨弁勇经费，亦无不可。该丞即酌定禀复为要。

批天柱县王署令之焕禀

查该县向来风俗不靖，控案甚多。其上控到道者，每月至十余纸。经该前任张令济煇署理两年，整躬率物，民风大变。每月所报词讼，不过一二件。上控之案，合两年以来，亦只三件。即如婚姻一节，张令尤费苦心，劝谕绅民务遵典礼而除陋习，刊有条约，通行在案。其余佩刀、赌博、盗窃、勒揢等风，皆经禁革。且非由刑驱势迫，实由先端一己之操守，杜书役之私弊，使民无所借口，而又平心体察，诚心开导之所致也。今阅该署县来禀，一切风俗之坏，词讼之繁，仍为极甚。其张令卸任后，始如是耶？抑张令在任即如是，而蒙蔽本道耶？何以在张令之前者，上控甚多，而张令任内之上控，几至于无耶？岂上控者为张令设法拦阻耶？殊不可解之至。仰再察实，明白禀复，以祛疑惑。

批下江厅段倅禀

该厅应办保甲事宜，因诸苗不通言语，不识文字，无从晓谕章程，致难措手，自系实在情形。但识字非义学不可，而义学苦无经费，不能多设。语言不通之处，尤难遽设。当先设一教语言之法，由渐而入，其子弟通言语，即可教以读书，其父兄通言语，即可晓以政令。查钟前署倅所设义学，非止一处。既有洞苗子弟读书，可即令教洞苗子弟者转教他苗子弟。迨其言语既通，分别教以文字，自少而多，自近而远，未始非用夏变夷之一道也。良有司果能因地制宜，实心求治，即不求速效，而效自无不收。所谓思之思之，鬼神通之也。所请变通章程、设法办理之处，仰即悉心规画，妥筹办理，慎勿畏难苟安，有初无终。是为至要。

批青溪县王署令俊先到任拟办事件禀

该令明于庶富教之义，可谓学有本原矣。孔子言教，必先之以富，孟子所谓有恒产而后有恒心，同一理也。未富且不能教，况未富未教而徒加之以刑乎？非所谓罔民者乎？虽然今之地方官不能为民致富，而但不剥民之所有，即为贤矣。不能富而能教，亦难得矣。未富未教，而刑之能富，其罪亦称平允矣。此时势之不能不降格以求者也。至降格者，亦不可得而贪暴。谬妄千奇百怪，不惟圣贤之所不容，抑有识者之所共弃，尚得谓责吏者之苛乎？知此，乃可与论治矣。所陈各条，不惟一邑措置之宜，并可资一省推行之利。其中如恤流离、保生聚、多种植、立教、听讼各事，该县能自为者，愿即实心实力为之。如广招徕，通商贾、募长夫等，有须院宪咨行司局酌议者，本道当为转请之。至保甲一条，筹及插花地段，见在省局正清厘此事，如能实时办竣，此条可毋庸议。如刻难办竣，则此条亦可暂时通行，其余应饬通行者，并当分别转陈也。虽然此特该令之言也，不知固不能行。若知而不行，徒言而不实行，其咎浮于不知不言者。本道更为该令拭目俟之也。

批思州府樊署守拱辰到任查看地方情形禀

该府前任数员多不理于民口，岂真民俗之刁耶？盖未能风清弊绝，以服民心耳。该守期许有素，据称廉洁自爱，本道原可深信，惟门丁书役之壅弊。土司之把持，最宜防杜。若亲历各乡，尤宜轻骑减从，严禁骚扰。是必振起全副精神，自定主见，随时体察，不可丝毫怠忽。本道拭目以观新政，倾耳以听循声也。

批黎平府邓守申覆陈光明等禀

此案，既据欧阳万俊出具手摹悔禀，邀同族人画押，一切自应准照该守所请办理。该守既费尽心力，为刘氏子得妇，为陈光明等宽罪，为会馆崇馆规，为乡帮全乡谊，本道亦何独不为许可？然姑为许可者，以该守本系贤员，意在顺舆情从宽政，本道不欲苦相驳执也。而有不能不为该守更进一解者，盖人情与国法，不可不权衡于其际也。凡婚姻，必以庚据聘财为定。媒妁者，借以通庚聘者也。庚据聘财两者俱无，不得以媒妁之空言为定也。会馆之所谓请酒说合，不先行庚聘，即为定婚者，陋俗也。必需庚据聘财，始为定婚者，国法也。不涉讼则已，若既涉讼，则不能废国法以就陋俗。此刘氏子所以不得为欧阳万俊之婿，即不得以悔婚责欧阳万俊，而其女仍应听其许嫁也。律载："凡娼优乐人，不得买良家子女为娼优，及娶为妻妾"等语，是不得娶良家女为妾者，但指娼优等类而言，非指平民也。庶人不得有妾者，古制也。今则平民之买妾，与卖女为妾者，皆国法之所不禁。使杨希槐果系娶阳女为妾，[欧]阳万俊果甘心以女许杨希槐为妾，听之可也。惟据该守前禀，据杨希槐供，见有妻石氏，复求娶阳女为第二房妻，则在有妻更娶之条。虽已娶，亦当离异，是亦为陋俗所愚，欲避买良为贱之咎。而不知所避者，实可不避。所自认者，实干例禁。此杨希槐仍不得有杨氏女，因有妻再娶，非因买良为贱也。至于会馆乡帮之说，乃人情世故，非政体也。既在贵州，则同是贵州之民。若显而别之为湖南人，则本道与该守皆湖南人，凡涉湖南人湖南会馆之案，皆例应回避，不得审理矣。若仍归该管审理，则但论国法，何问馆规？馆规者，各处客民之党议，非官所与闻也。且苗疆之客民，向来欺弄苗民，无所不至。开衅激变，致酿数十年之巨祸，往事昭昭。今幸承平有日，又将覆辙重寻！居苗寨，盘苗利，占苗产，而独不与苗联婚。所谓馆规者，有理乎？未经入籍之客民，不许与苗民结亲者，即不准居苗寨。准居苗寨者，则已入苗疆之籍。其相与结亲，为国法所不禁，而馆规独禁之乎？至杨希槐，本亦客民而居苗籍者，不过有湖南江西各原籍乡帮之异耳。闻杨希槐颇有资财，陈光明等皆贸易于罗里一带，盖垂涎杨希槐者久矣。上年[欧]阳万俊以女许杨希槐，陈光明等久已知之。其名曰理讲者，直暗中索贿耳。索之不遂，始纠众逞强为抢夺之举。使其果因乡帮而为刘氏子也，则理讲之不从，早为刘氏子画善策矣。且刘氏子之生父刘华首，其时患病，窦寨相距罗里不过数十里。陈光明等，即不得已而为抢亲之举，亦必将所抢之女，赶行送交刘华首处，以自表清白矣。是虽亦在扛帮应议之列，而其心较有可原。乃始则意图揢索，以馆规愚弄苗民，继知事已决裂，以馆规搪塞官府。黎平府之满城纷纷、道路喧哗者，皆乡帮之陋习恶习耳，可信之乎？陈光明等实奸民也，乱民也。揢索不遂，即振臂一呼，集群不逞□，徒抢一少女，越四五夕之久，始被防营擒获解送。该守乃以义愤许之，不知其义安在，而其愤果何因也？查例载，女家悔婚另许，男家不告官司，强抢者自有应科之罪，况事不干己者乎？况所谓悔婚另许毫无确据者乎？又查例载，强夺良家妻女，中途夺回及尚未奸占者，照已被奸占律，减一等定拟。是陈光明等抢案，即分别首从办理，皆在军流之例，岂可以杖责了事耶？此案，刘氏子庚聘无凭，杨希槐有妻再娶，皆不得有阳氏女。[欧]阳万俊之女，应断交其父领回择配。若阳万俊于领回后，仍愿许配刘氏子，原可听之。陈光明等，应照例科以应得之罪，方为允当。今以[欧]阳万俊具悔认婚了事，陈光明等遂得借从末减，于杖责之外，免其重科。是幸逃国法，不可为训。亟宜明白晓谕，使其知罪自新。会馆各客商，皆宜教之，使知礼法，以戒将来。若客民不知礼法，更何以使苗民知礼法乎？阳昌炘反复无状，尤为乡帮苗地之蠹，更须随时查察，加意严防。该守慎勿徒狃于耳目之所及，而使若辈尽得售其奸也。

批黎平府职员石某呈词

该职员父子，本道皆曾经接见。前闻尔父遇盗身故，为之悯恻。兹尔来榕，本欲一见。惟批阅所禀，絮絮数千言，句读不明，头绪不清，浮词太多，而实事反昧。本道费尽思索，始悉大概。盖自尔父殁后，尔自恃身列职官，又以尔父为上宪所悯念，遂欲逞志于乡族之间。既不为乡族所服，彼此互生嫌忿，遂致构讼不休。即如此案，跳酒山之木，契载本非祭木也。使契不足据，合同又独可据乎？尔堂叔湛光等既卖之，胡之耀等何不可买之？即或石湛光不能独卖，尔家事家了，何为牵控胡之耀等乎？袁守果系如何审断，虽尚未悉，即尔所述，袁守堂判之语，皆无不合，尔复何为哓哓上渎乎？中心疑者，其词支；诬善之人，其词游。观尔禀词之支离浮诞，则其平日居心行事之刁钻谬妄，亦可见矣。本道既毋庸亲讯此案，亦毋庸传尔来见，仰仍回黎平府城候札。饬该府，如果此案尚有未尽允协之处，即再行剖判，以断葛藤；如已尽允协，即饬该职员具结遵依，以免翻覆。如该职员放肆违抗，必欲扳害平民，即仰候该府按律科罪，据实详办毋贷。

批黎平府属举人彭某廖某等呈词

此案，两饬黎平府查办禀复，迄未见复。该举人等如有所见，呈明该府核办可也，何必越呈本道耶？充公逆绝各产，果系年久已定之案，实无准许退回之文，尽可由该府申明禀复，亦何必烦言如许之多耶？胡进士礼义不愆，何恤乎人言？况本道所素知者耶！该举人等必为之沾沾表暴，反浅之乎视胡进士矣。挂捐悭吝，原是守钱奴之通习，何异乎林家礼一人？必追论及此，则似后来之籍没，启衅于前此之吝捐,非政体也。家猫野猫之说,原无关引证。然亦思鼠辈之甘从家猫而欲驱野猫者,安知非垂涎其封殖者,有以激之耶?土客积衅,多由于此。惜客籍者,鲜有能平情自反者也。阉割子孙之例,特指谋反大逆而言,林家礼即据贼供,亦只称投贼送粮而已,何轻援重例耶?书院膏火,常平仓谷,皆系正用,何至有平反之虑?然为膏火计,出自于官则可耳。若为士者,必借逆产之惠,始鼓舞奋兴,亦浅之乎为士矣。其余层波迭浪,皆虚骄忿戾之言,无一丝宽裕和平之气,非本道所望于该举人者。又何怪乎刁健讼师之效尤,而起倒锋相向耶?本道深探苗疆祸乱之源,破上下交征之习,又爱惜该举人等,欲引而进之以义理之学,因批阅此呈,稍为指摘,庶几一隅三反耳。至林吉庆一案,仍仰该府照案查办禀复。林吉庆亦毋得误会本道与该举人等讲论之言,借图侥幸也。

批僧达宽请建醮诵经呈词

凡人存善心,行善事,即可消灾致福,不必诵经也。即以释教诵经论之,亦只在六根能净,四相能空。一炷心香,可以格神,一点善心,可以见佛。原不须花费银钱,惊扰大众。更非如世俗之所谓诵皇经上表章者,更无所谓四十九日者。此乃幻而又幻之事,由于邪滥僧道,或本来不知佛理,或借此欺谎愚民,不惟儒教之所不许,国法之所不容,抑亦神佛之所不佑也。尔既为僧,应守清净法门,劝人为善,断不可以募缘建醮之名,使凋敝之民,徒滋妄费。自批示之后,倘复有此等情事,一经本道闻知,定即严拿究办,追缴钱财,决不宽贷。

批职员唐某禀

据禀各情,无论或师或生,或戚或友,总系一干市井无赖之流。滥厕衣冠之内,其已经侥幸者,或反面而寡情,其尚在希图者,或垂涎而生衅,阅之秽目,闻之污耳,岂尚足挂诸齿颊?惟查该职,自前月十三日投刺献诗,本道笑而置之。本月内投刺求见,又谢而拒之。盖见其贸然而来，已半烛干谒之隐，惟念其尚无劣迹，亦不为逆亿之明。今阅此词，则全形毕露。既是来控案者，何以延之月余？若是作游客者，何又忽然呈状？始则盘桓而尝试，或思意外之遭逢。继则却顾而迷离，仍袭无聊之伎俩。在无头无绪之案情，自应置之不究，而日趋日下之恶习，不能不稍发其蒙。该职若因自愧厉，速返乡关，力砥廉隅，尚堪晚。盖若逗留本道辖地，或招摇撞骗，或包揽词讼，一经发觉，断不宽容。本道不受阿谀，不辞怨谤，准理执法，不自一人一日始也。

黔事书牍

(清)罗应旒　著

诰授荣禄大夫布政使衔前任贵州贵东兵备道乌勒兴额巴图鲁罗公星潭夫子行状

先夫子去世已二年余矣。其平生事业，不获表白于万一，氏深恸焉。忆夫子在日约曰，生则互为传，死作墓志铭。不料夫子先我云亡，氏欲成夫子生前之志，以遂九原之心，遭家庭之多变，其自定佳壤而不可得。详细载夫子遗嘱中，前已刊。因地所遭艰苦，有余生记，待梓。归葬营魄，未能奉安吉穴，竟无志墓之文，吾负夫子矣。今以虎口余生，追忆前言往行，撮其大端，和泪濡墨，诠状如左，敢告哀于当代大人先生之前，庶几其矜鉴焉。

公姓罗氏，讳应旒，字星潭，崇宁县庠生。先世江右太和人，明末廷孝公官宜宾，殁。遭贼乱，子孙不得归，遂家于宜之商州乡。国初，元第公至崇宁，爱君平故里，始卜宅焉。公生而有至性，精力过人，束发受书，目数行下。年十二作五言诗，已惊长老。先翁训之曰，人生当为格致诚正修齐治平之学，处则大儒，出则名臣，庶不负一生。仅成诗人词人，未免可惜。吾非禁汝作诗，当识其大者耳。公自是益致力于经史根柢。成童后，留心经世之学。凡古今得失，治乱之源，与夫舆地沿革山川扼塞之所在，莫不讨究，力求其坐言可以起行者。年二十补博士弟子员，两下闱场，皆荐而不售。庚申之交，滇匪窜蜀，如入无人之境。当道多不知兵，官弁之办贼者，皆尾贼后，掳掠更甚于贼。当时，骆文忠公奉命督师平蜀乱。以是，公有从军志。先翁壮其行，训以谨言语，慎交游，当为家庭不可少之子，朝廷不可无之臣。辛酉六月，辞先翁姑，至果州谒骆文忠。时，杨庆伯中丞观察川北，谓公才可济世，荐之。其时，刘霞仙中丞在骆文忠幕中，见公，深器之，留军中参赞画。阅所上书，言川中情形甚悉，谓庆伯中丞曰，真济世才，助吾平蜀乱罗子也。七月，闻先翁病耗，星夜回。先翁已于七月十六日弃养矣。千里奔回，抢地呼天，痛哭数日，水浆不能下咽，先姑毛太夫人谕以窀穸未安，弟妹皆幼，宜节哀自卫，以慰泉下之心。公忍痛承欢，克成大事，奉遗命葬彭县磁峰场。遭蓝逆乱，家已中落，杨庆伯中丞为助买山资，嘉其孝，成其志也。时刘霞仙中丞开藩川中，遍蜀皆贼氛，叠次函招，遂辞先姑入藩幕。迭上书言治蜀剿贼抚夷垦荒诸大政，当道皆击节称赏，许为不易才。霞仙中丞尤爱重之。从中丞讨秦寇，积功保知县。以前条陈公牍文稿，皆存狮子坪静远山庄，被横逆搂掠后，而不能详矣。嗣经周渭臣尚书聘请入营，参军谋，规画策，悉中机宜。带武字前营，兼理营务处，治军有法，训练兼施，每临大敌，无不身先士卒，战无不胜，攻无不克，积功保知府，并赏戴花翎。同治八年五月，先姑病终里第，时公襄办越隽夷务，闻讣，痛不欲生，遄返家园，奉安窀穸。庐墓三年，稍尽哀思。未逾年，渭帅奉命督办贵州军务，力劝偕行，公谊私情，两不能却。乃以总营务处分统数营前敌赴黔，剿办苗匪。所过秋毫无犯，兵民相视若家人，激励士卒，号令严明，躬冒矢石，与下走同甘苦。所向有功，而揣测敌情调度有法。调和诸将委曲求全，莫不动中肯要。居恒惟以恩信感孚，故士卒无不用命。临财之廉，任事之勇，尤为同辈所心折。办贼则剿抚兼施，推诚布公，故收降者众，成功速，而叛乱不生。不独渭帅倚任益专，黔抚曾文诚、方伯黎文肃、廉访林贞伯诸公皆称赞激赏，贻书询方略，不绝于道。苗疆甫肃清，檄公署都匀府篆。都匀居苗疆万山之中，民悍俗刁，素称难治。兵燹之后，疮痍满目，城邑学宫皆为丘墟，已十余年，更复无从措手。公下车伊始，先请于大府，以便宜行事，并以两害三难六要直揭各利弊，毅然期其必行，宏纲细节，悉本亲裁。日坐堂皇，剖决冤抑。夜治文书，达旦始休。于是，清绝产，革陋规，汰差役，发籽种，均粮额，兴教育，移风易俗为己任。苗民从无读书者，公为设义学四十八处，令其易中国衣冠读书。至今，考试游泮者，年不乏人。男女悉知礼义，民风丕变。更为之设义仓二十九所，轻徭役，去采买，禁蠹害，同时并举，民安其生，不为非法。随从家丁优与工赀，遣派差役酌给口食，署中费用，悉出己资，毫不累民。署都匀府事并统带星果各营，剿平九甲山、五台山、扁担山及丹江古州等处。虽军书旁午，未尝解严。视民事尤重于兵事，惟以教化为急务。视事五年，威信遍于群苗，而绅民尤感颂。沦浃罔间，统军积数千金至是用罄，而精神心血至是亦劳耗过半矣。卸府篆后，率师办理丹江八寨等处余匪，条陈各善后事宜，黎文肃悉予采择施行焉。公讲究洋务，晓畅中外情形，卅年前即以日本俄罗斯为可虑。光绪五年，以道员入京引见，曾条陈时事，谓英通缅甸，法开安南，其势皆三分有二。今不向日本争复琉球，将来缅甸越南必为英法所有，而台湾、朝鲜、东三省，沿边沿海之处，在在可虑。宜兴学校以培人才，修吏治以固民心，开矿厂以广利源，变兵制，办团练，固边圉，以图富强。各事宜奏，蒙皇太后皇上召见，养心殿奏对如仪，奉旨发往北洋差遣委用。至天津见李傅相，议论亦投契。时随傅相阅操归，曰其步伐阵式尚可用，而弁兵无勇敢气，恐不能临敌，纵船炮枪械之精，万一有他，未敢恃以为必胜之军。公议事不避嫌怨，至指陈时事，尤慷慨激昂，无复顾忌。被议之由伏是矣，今淮海之军果不能战忌嫉者因而媒孽之。视势不得行其志，决意引去。游江浙览山水之胜，过湖湘登衡岳之峰，随意发为诗歌，不自存稿，散失殊多。未几，李傅相以俄事已定，海防较松，该员曾任苗疆知府要缺，奏请回黔补用。返黔总办城防，严定章程。昼夜督率员弁稽查缉捕，所获盗贼，令其学习技艺工作，给以资本而释之。一月之后，几于夜不避[闭]户。城外一二百里，无一劫案，士民感戴。次年，署贵东道篆，励精图治，兴利除弊，一如守都匀时。衔者摭拾浮词，借事中伤，甫一年卒被吏议。公本澹宦情，怡然归里，寓居成都衡湖别墅，闭门谢客，感曾文诚公之知遇，独力倡修文诚专祠于别墅旁。平日考究堪舆形家言，至是恣情登涉，聊以自遣。灌县青城山地名狮子坪，内具吉穴大地，外则形势陡绝无人踪，宜乱世避兵，不异桃源。公购置之，修静远山庄于其间，为隐居养老计。课子著书，自适其适。十八年秋，友人约游南洋，时在山刻《先翁传》并《趋庭纪闻》，至冬始出山。公平生喜观山水，谓此行当遂久欲游之愿，拟游南洋，历闽粤，返江浙，浮海至京，迂道游泰山登华岳而还锦里，归隐狮子坪，不问人间事。甲午秋，航海至京，值倭氛告警，京师震惊，徐健农邦达〔道〕军门率师防守大凌河牛庄田庄台等处。闻公至，极力维执，以军事相托。北地苦寒，关塞尤甚。公激于忠愤，不惮艰险，夙夜奔驰，抵徐营。所历苦况，盖生平仅见。总理营务处，分统数营，为之申纪律，勤训练，设谋画，广军储。部署粗就，小战数次，尝以二成队击敌寇千余人，获首级五，毙伤百余。知敌之编师，并无过人处。公以文人事军旅，每冲锋陷阵，往来布置，镇静不惊。二十一年正月，唐王山之役，公率队先登，坐马已伤，及预备余马并毙，左右伤者累累，公按辔而行，不改常度，卒获胜仗。毙敌千余，夺获唐王山。无险可据，又无居民，必须山与城齐获，乃能有济。各军皆撤，故弃之攻龙台堡敌，以大队包抄，接应之师皆已先溃，公急调中后两营伏于八里河御之，枪炮如雨，前后左右迭有伤亡，公从容指麾，神色不动，卒伤毙敌队数百人。其大队不支，以板车九两〔辆〕舆尸而退。拟从此大张挞伐，聊可泄敷天之憾，故劳苦万状，尤不自惜，满腔热血洒向沙场矣。不意谋过者别有肺肠，和戎缯币万倍于南宋，不惜屈辱以就之。公闻之，忠愤填胸，不知泪之所从来，不觉呕血数升，以极劳苦之余，加以抑郁，六旬老人何以堪此。为伊尧山将军拟请剿折，语多激烈，盖公身临前敌，知倭情无大能为，是彼惧懦者酿之也。未几，徐健农军门卒于军，公经理其丧，哭之恸。嗣经伊长两将军奏请，以公接统，拱卫全军。徐军门身后亏空三万余金，除每月用公费三百金，其余皆为徐军门填亏空，又为其筹治丧扶柩之资五千余金、寓中费用千余金。旋奉裁撤之命，各军遣散，皆沿途滋事，独公率队入关，秋毫无犯。至津遣散，开诚布公，弁兵无不感激涕零。又为徐军门还铺家债五千余金，佥谓公有古人风，足以对死友于地下。撤军后，依然两袖清风，亟思归隐。适伊尧帅调督奉天，素服公才，在前敌相过从，每发一议，无不嘉赞，谓为军务老手，言言中肯，特奏调至奉总理营务处，并筹饷总局。感激知遇，于营制饷章力加整顿，并厘定金铅诸矿开采章程，官办商办各有程度。伊帅倚任方殷，公以积劳之身，不堪严寒之苦，诸病丛生，屡牍乞假，不准。因面言此邦水土不服，并陈天下大局不易支持，法人自广西镇南关创修铁路，并令中国官兵保护，听其差遣，已有成议，是直以属国礼待我矣。俄人由黑龙江议修铁路至旅顺，创水码头，并索海中一岛。虽未允行，俟法国开工，俄必仿照兴办。则广西与东三省，数年内外，尚得为中国所有哉？而强邻逼处，不能不迁都长安，暂以偏安，徐图恢复。然财赋人力，必惟巴蜀是资。英俄皆有侵吞藏卫之谋，自缅甸归英，彼不由独脊岭路窥我西陲，而经营滇边诸夷地，已与察木多接壤矣。苟设埠巴塘里塘之间，则足以断我驻藏大臣往来之路。且铁路由印度缅甸以达滇川，纵横数千里之藏卫处处可通，其地不将为人所有哉？其间五金翠玉宝石，从未发泄之菁华，莫不为其所据。中国失此宝藏，资富于人者，其事小。川省无可扼之门户、可固之藩篱，其祸大矣。苟两川不守，则长安危亡旦夕可待，蜀中之防其可缓乎？回籍养疴，拟于巴塘里塘一带，招民垦荒，抽丁为屯。俟有端倪，遂由金沙澜沧两江节节推广，由近及远，务底于成。惟牛种工资食费器械，朝廷饷项支绌，不能不于屯垦相近之区大兴矿厂。金银铜铅著成效者俱开之，矿厂有成，除厂中用费，以半归股本孳息，半作屯军费用。兴教化，正人心，步步踏实，事事认真，[渐推]渐广，则五千余里之藏卫安如磐石矣。伊帅闻议，击节称赏，谓可共济时艰，始允假，并云即代奏开矿事。于是，公得浩然而归矣。二十二年十月，抵成都。谒当道，陈招垦、设屯兵、兴教化、正人心、固边圉。当道以为迂阔于事，而不果行。所有条陈奏议公牍诗文诸稿，俟清厘即刊当事者方好大喜功，铺张其说，改土归流，番民不愿，边境骚然，公屡思竭力图之，期得一当以报国恩于万一。不料事与愿违，掣肘者多。至二十四年四月，决意归隐狮子坪，从兹不问人间事，已料量诸俗务而隐矣。五月初一日，偶患寒疾，精神疲倦。初四日尚张筵宴客，初五日衣冠祀祖，初六日书遗嘱，处治家事，洋洋数千言，初七日作寄友书，尚画扇数柄，至初八日辰刻竟长逝矣。氏最抱憾终天者，前于四月廿八日奉命至灌县省墓，赴狮子坪葺补静远山庄房屋，谓天中节后即隐矣。

十一日归自山庄，公已弃世四日矣。死别生离，未能永诀，终天之憾，曷有其极。读遗嘱，知公于生死之际，书后事朗澈如神。正所谓生有自来，死有所归，如去逆旅返乡井，并无恋恋可怜状。公烈烈若此，则知其侃然而崭然，而屹然戛然者，可易致耶？咸谓当今之世，四方多虞，有公在，足以弥大变，决大疑，而奸谀畏首，庸懦增气。万一有他，其必能卫邦国，死封疆，为世轻重，而竟郁郁以终，不亦悲乎？公生平读书，讲求根柢之学，躬行实践，不徒以文词为工，以去私存诚为主。居官行政，必通筹全局，不分畛域，不计近功，推功让能，不没人，善行法。用人必量才器使，不徇情面。苟非其人，虽至亲密友，不试以事。若其人有根柢才识，纵夙有嫌怨者，亦必举之用之。惟嫉恶太严，不能谐俗忍垢耳。氏以女流，见闻寡陋，又不能文，今略状大概，求不负我夫子生传死志之约而已。公统军服官三十余年，凡所措施，在人耳目，固无待氏阿私浮饰。谨就见闻所及，略加次第，不敢隐，不敢溢，咸可征实。伏乞大人先生锡之简编，或纪述为人，或节宣为诗，俾附鸿集，以传不朽。至各鸿题颁刻，谨当汇次成集，并缮发刊，庶乎作者元精江河，不废先夫子事迹，赖以长垂，感激云田，岂有极耶。

未亡人罗皮氏挥泪谨状

光绪二十六年岁在庚子小阳月刊

罗星潭黔事书牍

崇宁罗应旒星潭著

上崇朴将军书 同治七年正月初六日

巴蜀四塞之国，财赋之区也。北阻剑阁，西控氐、羌，东有夔门、巫峡之险，南有金锡五宝之利，沃野千里，水旱不灾，盐筴丹青丝麻药物罔不备具。昔者，汉高资之而有九有，先主据之而争吴、魏，他如公孙述、王建、孟知祥之俦，往往以此而富强天下。今者，黔滇秦陇四省骚然，攻伐粮饷，大半仰给于蜀。蜀治则四省得借以平，蜀乱则四省不可得，而有五省并兵，大局不几岌岌乎？故蜀虽一省，所系者大。其所以持盈保泰以攻四境者，可不慎哉？环而顾之，其责皆在将军也。将军继骆公而督蜀，绝奸邪，崇正人，任劲军，裁怯懦，议守议攻，靡不得当。骆公所欲行而未行者，将军行之。骆公所不及行而当行者，将军亦行之。当骆公之薨也，蜀人无远近，皆哭相吊。虑藩臬新更，不熟蜀事，又恐将军重情面，乏刚果，于兹两月，蜀人皆欢呼相庆，曰今将军乃如是。如是是真大有为也。应旒远在秦境闻之，不禁手舞足蹈，窃有管见，敢乐为将军陈焉。蜀中饷源，盐厘居其半。曩岁，盐厘多于赋税者，畅行楚也。淮盐出而价廉，川盐阻矣。川盐引地多在黔，其次在滇。黔滇不靖，川盐滞行。而旧日议定新厘旧厘卡税各款，依然按章征收取，井户灶户有损本者焉，有停业者焉。以故，盐厘日少一日，大不似上年之可恃。即虽津贴捐输连年举办，而京饷台饷藏饷按例解赴。邻省之协饷，本省之军需，川军援黔之费用，在在皆有不容缓者。出多入少，其势皆有不支之虑。其计，莫如裁糜饷之旅，以养有用之兵，平内外之乱，以开饷源而节饷流。撤长胜定边两军，而益之武字。果毅公既得此意，而行之矣。然尚有十二营之在黔者，应旒尝亲见其不足用。有两营之在黔者，亦素闻其不足用。有四营之在蜀者，亦未见其可用。我公在川日久，想皆早在洞鉴中。其四营者，当不久留于蜀者也，固无足虑。惟十二营糜费日多，欠饷亦众，撤之颇难，幸有邻国可以为壑，吾蜀可不必借以援黔，公或可咨月济协饷若干，听其带赴滇任，余饷请其自为经画，而一切取巧营私所事不力者，皆撤之。饷蠹既去，所用皆劲军。于是先平越嶲猓夷，以通铜铅之路，而裕剿贼之兵。猓夷倡乱十数年，执事者以为非腹心之患，不足以当大军，且边警时闻，大军不暇攻击也。故或一二营，或三四营黔勇川军，名为剿办夷务，其实以金布烟酒赏夷酋，令其不摽掠行旅而已。滇匪窥伺，以为区区夷务，连年不平，蜀兵弱如是者，则盐源交关之地，时有回氛。是欲惜饷而耗饷愈多，欲休兵而树兵益众，甚非良策也。方今秦中稔[捻]逆既赴山西，归河南。恪靖伯追剿之师，现为乔中丞奏请还秦剿办回匪。恪靖伯以全师剿回匪，无外寇之牵制，则力专，虽不借邻兵，回逆必破。即使回逆久不灭，而川北边防终不足忧，何也？川中之患，东南在号匪，东北在捻匪回匪者，老弱妇女众多，离其巢则难行，不过出没秦陇郊耳。且秦陇界蜀，山川险阻，回逆自陇如蜀，必道阶文或越摩天岭，或渡白水江，或由阳平关燕子我兵一夫当关，少能胜众。倘自秦入蜀，必渡阁道或出陈仓，其险与阶文等，数十之师追击之，当无遗类。若由青石关望仓坝两路，必越西安，过汉中，秦兵自顾腹心，断不能由西安飞过也。故回逆不足虑，所虑者，蜀中师老饷糜，而四境之兵不息也。游民会匪，或由募勇归田，或由贼虏还籍，计不下十万人。习于战斗，艰于作苦。万一不幸，如朱二九宋四杰之祸起于内，邻寇逼于外，蜀事不几殆哉？为今之计，其派武字七八营，否则果毅全军赴越嶲，先清汉奸，分道痛剿，尽出汉民之被虏者，而后允其降，妥筹善后事宜，克保数十年无事。计不过三月之久，可以奏功。于是，武字全军中抽拨六营仍驻广元各处，以固北圉。再选劲军七八营为游军，以备不测。其余皆驱之黔中，大张挞伐。黔中平，犍富之盐利益厚，建昌之铜铅早通，吾蜀饷足兵坚，可以讨滇回，攻捻逆，无所不利。销未形制祸于无穷，收底定之功于天下矣。应旂崇宁诸生，昔为刘霞仙中丞客，时与陈懿叔张蓟云游，知将军审〔深〕矣，而未能趋谒。今客周渭臣军门大安驿营次，以蜀人言蜀事，其分然也，无所求于将军也。将军幸垂鉴，勿他疑。

致廉访林贞伯 同治十年十月十九日

拜辞，启行至贵定，小住数日。承谕，遵义叛党月初已遵办，近日当已了事矣。月六日，抵营。十三日，与邓玉吾军门率各营移军鸡贾河外，剿簸箕寨、仰天窝、太平坡、南皋、九门各老巢，以除内窜都匀之根。于是，沿河而下，与各军夹击。如不失机，年内当大有头绪矣。惟不难于剿而难于守，善后不能不劳且久耳。日前零匪扰及都匀，盖摆茶风香营两隘未扼，已函请渭老酌派驻防，后当安静矣。沿途荒凉，入眥令人心恻。尝憩途间，与野老语，爱其朴拙，言不虚诞，地势贼情往往得之。古人所以有蒭荛之听也。有锄于田，问曷不犁以牛，曰无有也。大吏给牛种，守土承支发，曷言无有？曰，不敢有也。若辈子民也，官父母也。父母给儿子赀财，曷不敢有？曰，牛一头给五金，金混以铅铁，或仅四金，或不足四金。购牛不得，浪用尽，明年反金，家固无可破，身未必不亡也。言毕怆然，锄如故。如其城，有木工石工，力作于门，喜谓居民此佳矣，成市成都，日就富庶矣。有应之曰，修筑之费，吾不知其几何矣。但闻以三十金嘱协戎葺城门耳。周城，乃仍其废也。曾记上游闻守土者领八百金，给牛种，百姓日有饥死者而弗顾，牛种无所给，乃以二百五十金缴方伯，曰既给之余也。方伯大喜曰："某真廉吏矣。此可以入私囊者而缴之，某真廉吏矣。"方伯喜其缴二百五十，而不知其未发者五百五十也。喜其不入私囊者二百五十，而不知其尽入私囊者五百五十也。噫，伎巧哉，伎巧哉！由此而推广之，则可惕然尤矣。我公与方伯励精图治，事事肫诚，故名臣何以加哉？惟郡县公牍，或多饰辞，不能实践。以两公之仁心实政，转成他人之利薮财源。当图之也，派员巡查。或亦有情面贿赂之虑，宜募愚老乡民与方伯，秘养数名署中，月分道侦探，郡县贤不肖所事情状，皆可得诸乡民之口。不肖者，严惩数人，则人皆争自濯磨矣。不然，据一纸书，未可尽信也。应旒更有进者，郡县给经费，所以济其事也。奉檄则入局，如贾人议价，履任则事，任其废经费，实以供妻妾衣服之用费，去而效不收，任满而事如故。尝见秦中糜烂与黔省同，并无经费之给，郡县亦能官其地。夫人有知识，即有天良。官能爱民，民自爱官，即贼众初归，亦不难处其地，指挥其人。以经费募勇，不如裁经费以为屯田招耕之费。国以民为本，民庶则有土有财，一劳永逸矣。收复既久之地有民，而守土者又往往修城修文武庙修衙署，在在请费。请不足，则筹款。境内疮痍未复，更为剜心补疮之谋，其实以百姓之肉肥一己之身。其所修者，非其心之本务也，宜一切勿应。若其地民少，则筑土如营垒，足以守御。衙署庙宇则茅次土阶，足以备风雨，成礼仪而已。倘其地民多，则渐次自能修筑。今之所急者，在安集百姓，不在城池衙署庙宇也。百姓既集，其富教盖易。如草昧初开，人心朴茂，从而休养之，教诲之，虽唐虞三代之隆，何难见诸今日哉？然其城荒，其民散，其经费缺。如守土者奉檄而欲去不能，将何道之从乎？曰廉俸固有者也，视其地繁简，岁酌给之。黔官如作幕，然如修德，然可不必有官气也。伏窥公与方伯盛德谦光，力求郅治，故敢以狂瞽之论进。土壤细流，自知不足以益河海。昨日书成则弃，不敢献。然今日心怦怦不能已，幡然改曰，言虽无补，亦必公与方伯之所乐闻者。故复书而上之，伏望鉴教焉。

致吴眉生方伯 同治十一年正月初三日

元日读嘉平，念日惠教，具见忧时体事实政仁心，而厚望鄙人，每殷殷诱掖而奖励之。中丞过采虚声，竟以菲材上污荐牍，虽大君子培成后进，古大臣以人事君，然应旒志大才疏，虑深略短，遇事综核名实，力矫夫粉饰因循，往往持之过激，语之太尽，从而取怨焉，偾事焉。自知非远道之器识者，久弃之矣。先生平时揄扬，中丞遂举之曰才识远大，何敢当哉？意者，其购马骨意乎。虽争自濯磨，冀副所怀。而愚鲁胶执不化，终恐伤贤者知人之明耳。迭侦贼情，粮乏势促，升米值钱数百，糠百余文，贼中食糠者半焉。席军前由黄茅岭烧至石板寨，已破杨大六老巢。复分军至凯里，金逆并包杨诸酋御之，席军阵亡三四十名，退十余里而营。然群贼震慑，以为席军之劲，而各隘皆官军扼扎也。屡选悍丁冲窜，派贼党捐饷，寥寥尚无成事。贼地，左香炉山，右黄茅岭，通计仅六七十里，男女老弱仅十余万，饿莩纷纷，精锐不过二三万。若乘势并进，花朝前后即能肃清。若不战而严扼各隘，使无窜逭，亦不过莫[暮]春后行将自灭。惟不进剿，则防不胜防。且群逆计无复之，必拚命图窜。前月初，屡作窥伺，具击走之。既阵，夺一级，擒三名，斩之。零星小股，遂不复来送死矣。月二十三日，粮路有贼杀毙营勇一名，仁右营三名，夺米二石。应旒派降苗守路梭探，并出队搜山，粮运即仍如常。惟冰雪严厉，为古所未见，负粮之勇冻跌死道尚六七名，为可怜也。日内，贼中纷纷逃出，男女皆菜色，李崽[宰]甫所部逃亡殆尽，惟杨、金、包三逆之众尚多，约会天晴来扑敝垒。今日已有窥探之贼，并闻有勾结降苗之说，已谕各酋严查之。数日内必有战事。然玉吾已进省，右军兵力亦单，统帅既饬各军以守为功，应旒必不乞援于人，惟有夜则亲巡墙垒，昼则多派侦探，有备无患而已。更拟冰释路干，夜深亲率数营攻前敌吴伪侯一股。此贼破，则诸贼为自顾计，遂不敢图我矣。闻国兴忠勇敢战，实降酋之巨擘。八宝山至孔庆一路，赖以支持。我军宜分数营与之，同进乌吉。以数营由九门南皋石板寨开怀迷息一带，前会席军。右联闻国兴，左接右军，以通定武诸营，如布网然，由宽而紧，密而不漏，釜鱼槛兽灭，何难哉？然统帅鉴于去年之失，应旒力持进兵之议，七上书俱不报。不知去年之所以覆军者，由于统帅不识情形。敝营既驻南皋，原议之先锋营扼大塘，固敝营之左，即所以严右军之门户也。乃先锋营已进矣，复檄调玉吾攻孔庆，于是右路不能不告急矣。右路告急，应旒屡为救援，无战不捷。是贼之非剽悍也，可不必调玉吾回救。玉吾已进至乌吉司，左连敝营，右会楚军矣。譬之筑堤已成，而自开一缺，水必由缺而奔。函告统帅曰，右路之援，我力能任之，但仍调先锋一营扼大塘足矣。玉吾若退，则孔庆朱砂厂八寨一路必有警。乃止玉吾之书未至，而玉吾已奉统帅檄退军矣。于是，贼果以大股由朱砂厂出八寨，复协各降苗从之叛，玉吾派营扼之外，匪骤乘寨民内应，遂至覆军。实统帅自为之，非贼之能也。应旒于此时，直成孤军深入矣。然犹后顾玉吾，左救右军，前烧贼。自石板坡被焚，贼以为老巢失事，遂仍回巢。玉吾一路围遂解，应旒仅费六十人之力耳。乘其虚而烧之，火发即疾走回营，未尝折一矢，是以知贼之无能为也。今复过于持重，无乃小题大做乎？闻国兴之军，向因粮于敌，今贼粮既尽，鄙意欲求统帅由鸡贾河转运南皋以济之。敝营现修仓二所，为进兵屯粮计。若久防不进，贼必以我为怯，而日夜图我，恐有百密一疏，终受其殃，贻误大局。顷得省友书，谓应旒之弊在好议论，人所不悦，以缄默为勤，故不再请于统帅矣。望公善言以商之。

致吴眉生方伯并分致藩臬 同治十一年二月十二日

计台旆驻上游久矣。道远不闻军事，想众心以和，贼势以困，剿抚并用，必大有端倪也。前月，玉吾军门还营，与商机宜，檄唐天佑等军，力挽大河三脚八寨朱砂厂各隘，期会楚师及正右军，击风塘石板诸坚巢。月初八日，大破之。十一日，又破之，杀杨大当，擒包逆之子、李逆之弟。杨大当受伤逃散，张臭迷奔马遁，七八十寨胥平。楚师军巫吉复檄闻国兴驻摆烧，我军驻石板风塘，左联右军，前接楚师，右合闻营，视香炉山黄茅岭凯里牛角坡纵横数十里，列列入画。去年退师之竹柳，贼氛出没之排桌诸后路，尽无贼迹。大河三脚八寨诸地，一一无虞。应旒数月来，精神所结不得而行者，一旦行之，事虽劳，心甚乐也。金张范李蒙杨诸酋，潜伏里峨牛角坡凯里，四面围逼，计不溃遁，灭之殆易。贼中饥饿震恐，日令降酋招之，来以千计，皆薙发归田。由是，来益众。包张两酋有降心，昨已朱谕之，如能来，则驾驭用之，群贼当瓦解矣。已约玉吾各营会军，明日复击。贼虽悍多，其气已夺，计罔弗胜。惟剿之非艰，善后惟艰。土苗则农之矣。五方杂投者多，而难归。归而无食，无牛种，难安其生，且劫夺凶悍游荡习成性。其富者，则守土文武又往往觊觎之。此皆死灰积薪，谋之宜早者也。昨闻青黄重麻各降民乏食，亦如八寨将来贼平，固择恶者诛之，善者散之农，挽完区之粟以食之，给牛种以耕之，留兵以镇之，择贤守土以抚之，选能廉大吏以总之，庶之，富之，教之，皆急切宜办，迟则失时。然钱谷既难，人才匪易，我公其有善谋乎？敢布缕缕，就候台安，维鉴而教之。

复林贞伯廉访 同治十一年壬申岁四月初十日

疟已截，而寒疾久弗瘳，昨复呕血。自顾壮年，两鬓已霜。是皆平日徒劳罔济，中怀郁结所致。故已牍请渭老假归休养，并迁葬先慈。乃李情方陈，而毛檄忽捧，应旒黔官也。又重以大君子之命，义无可辞。环顾斯民，且就沟壑计，责无旁贷，亦惟尽吾心之所安而已。昨得手教，并札发两千金之函。挚民以地近应旒者，应旒应抚之，不必拘畛域，限南北也。盖舟溪凯里狄猪寨青冈林漫硐，皆在挚民清平麻哈界，其地则近应旒，而情势复汲汲故也。今日得檄委，则其所委者，皆其所筹者也，何相符合如是耶？公物与民胞，虑周心竭，憾不起千百万，哀鸿尽登之衽席之中。然而涓滴之饷，借以生聚生养，诚难畅所欲为。况上游之善后易，下游之善后难。上游孑遗较多，且皆足以自存。兴义各属居然庶富安定，诸郡耕读较多。下游行数日，不闻书声。惟疮痍在徒，荒烟遍野，增人悲悼。新复之地处有饿死者，菜色扶杖，贸贸于道，见之惨目，言之痛心矣。必全省百废备举，城衙并作，诚非巨款不可为。若任或匪人如水之赴海，沟渠潴聚而海始得受。虽有巨款，又何益乎？为今之计，有一分力做一分事，尽一分心积一分德。鄙意所急者，以“挽粟活民命，给牛种以顾民耕，省糜费、杜侵渔，以重帑藏，慎守土，严抚海，以养元气”数语为大宗。修屯修城，是贼未平时所以卫民者，贼若既平，暂皆可缓。至若设厫册，清地丁，查绝产叛产，修文武庙诸件，譬之为命，有草创修饰润色之不同，未可躐等也。惟兴学校，教人以躬行实践，民稍足食，即当举行。此根本之事宜，急图焉。今新抚之众，及去年收降之赤贫者，倘得渭老米局通融，则专事牛种，而撙节之，廉购之，五千金殆已足矣。楚军剿办处，诚委戈方伯蓉镜善后，其事则米粮可以通融，数千金当已足矣。黔中如一屋，为梁栋者，只此数君子。来示，乃欲苗疆底平，降流还定，即乞恩归里。恐不独借寇君者执维不舍，即属僚望治，亦有卧辙攀辕之思矣。公果今日去黔，应旒亦即明日还蜀，尚能恋恋此邦哉？曾侯相年不七旬，中国非仅赖以坐镇，其属望有为者，尤厚也。泰山其颓，从此勋业文章，理学经济，无复如是望人矣，真可悲可忧者也。日来，雷公山窜贼，经闻国兴堵截遂返遁，被楚军围于小坡，张杨两巨酋已被擒，数日当可殄灭矣。四散之贼，往往数十为群，行劫朱砂厂一带，昼伏夜出，玉吾已率数营搜捕之。香炉山坚壑难下，楚军收降龙伪帅，与马逆有成约。昨苏裴然军门，送其人来营，应旒已送之渭老，俾其招降。若事成，则可省许多兵力矣。惟窜施秉一股，尚无捷音，未识瑞亭诸军果能蹑殄否？匆匆敬布一是，维教诲之。

致湖南委办黔省善后陈幼铭观察 十二月初七日

闻台旆莅黔境久矣，迟不笺候者，盖欲轻骑巡按各属，借亲德范，载聆教言，俾蠡测管窥者，得闻经世之要，私怀所积，因以反复就正于大君子之前。乃事冗未能成行，翘首行辕，实深仰止。窃维善后千头万绪，要不外养之教之而已。养之之道，莫急于招徕垦荒，凡轻赋税，去浮征，严革扰民害民者，皆招徕之要务也。教之之道，则在认真学校，端其趋向，讲求根本之学。多设书院义学，以涵濡浸淫，化夷汉为一体，变犬羊而衣冠之也。故应旒于苗疆初定时，条陈十四事。迨承乏都匀，知各属之利弊益悉，复以两害三难六要定章三十六条上之。法之善不善，尽吾心之所安而已。事之行不行，竭吾力之所至而已。而说者颇谓方今之务，当以招耕为主，诚不宜学校并兴。《管子》不云乎，衣食足，而后民之礼义。孔子先富后教，此为治者千古所不易也。不知都匀之招耕与他郡县异，他郡县田荒民尽，境以外四方虚无人，其招之也，必自远地，故难。都匀距青岩平伐，独荔都丹皆人烟稠密，或为贼屈，户口繁多。但能给牛种，俾来者能安其生，则民不招而自来矣。来者众，生聚自多，有人之处，即当有教。今乱初定，譬之草昧初开，人心浑噩，教化易行，若必待富而后教，则今之大都会市镇，固未尝废教者，机械百出，盗贼滋多，其易教乎否也？鄙意，当此人烟寥寂，实天所为资执事者，以移风易俗，化夷为汉之一大关键也。绝逆各产，即天所为畀执事者以为民请命，一劳永逸之公费也。故应旒既免丁粮，而各属向来陋习，所谓公谷厘谷者，一切通饬禁止。即所发牛种，亦减收本赀。地方陋规尽裁之，省局既未受〔授〕经费，署中月需数百金，悉出私囊，欲以为僚友倡也。其绝逆产则刻石立案，归之学校，以垂久远。复变通其制，创为定章，酌情准理，事求其当。然天下事得人则治，非人则弊，安得人人皆贤俊耶？应旒才迂识浅，任事无术，久仰阁下通于治而达于权变，故敢以前所论著并善后章程，献乞尊览。幸直指可否，毋隐徇焉。

禀省局转详抚宪示谕通饬裁革苗夫由 八月初二日

敬禀者。窃卑府所过各处，并派差弁访查，苗民充当夫役，冤苦情形，实有水深火热。虽杜少陵石壕之咏，柳子厚捕蛇之说，不能写其情状，明其颠连也。苗疆积弊久矣。当开辟时，以沃壤归官为屯堡，苗民自垦坡涧瘠区，永不征赋，示体恤也。官弁往来，派充夫役，所以羁縻之，使其知有所尊也。相沿以来，遂成陋规。文武因公过境，土司馈酒食，具夫马，悉取给于民。所耗者一，所取者百。至百十里之内，一二月之久，而苗民鸡犬犹为不宁。苗民之所患，土司之所利，钱有迟纳，役有误期者，土差持票锁押搕索之。土书上下其手，鱼肉之。土官则以无例之例、非法之法严惩之，不致破家亡身，不止也。故土司衙门每幸差使过境。即寻常行营，差官旗牌，均应给焉。此土弁土差之为患也。有司衙门，威势更大。官之下乡，无论矣。平时樵汲与舆马各项，皆由苗民服役。外此，复每年陋规，合境折夫价钱数百千金不等。差役下乡，拟于官长所过，有事无事之家，均轮流应鸡酒肩舆，搕索所得钱及其行李，胥令负载之。稍迟，则鞭扑捆索，钱给乃已。此汉官汉差之为患也。他如制兵营汛，其弊与官差等。各防营弁勇，见其如是也，以为旧规，因而效尤。拔营开差，固应派夫者也。而私派者，上所不得而知。樵采之夫，则拉夫自代。赴市买物，则派人肩挑。所过村寨，则需酒食以自给。俱所以妨农事，扰闾阎。居近大路，所以有逃徙者也。至若绅团，直不知自伍平民乡曲之武断，有不可胜言者矣。苗民与之言，必长跪，有事必呈词。曰生则生，曰杀则杀。故虽虐之，敢怒而不敢言。借公往来，派夫则如其官使民。有修造私第，亦供其役。如都江厅白应和等所控刘廷选等设新例，派良民赴局服役外，每遇差使过境，及办运树木过古州，上至省垣，不给盘费，流为乞丐，数月未归。霸田肥己，非刑比捐各节，皆寻常事，不足异也。诚如是也，则百姓之当夫，争先恐后，裹粮赴局，日伺候焉。必当一轮，乃暂幸无事。此轮未得，心常惴惴。虽农忙不敢迟，虽饥寒不敢后，虽男丁疾病莫能动，而妇人女子不敢不来应役，其他事之捐钱派米，尤必照例应付，不敢违也。嗟乎！苗民何不幸而生斯土乎？当日者，一夫作乱群贼响应，有由来矣。夫官府之往来，何必求地方夫马供应也？卑府尝自试之。川中夫马供应已习惯矣，自入黔来，悯其瘠苦，从未派夫马，而行营将弁不见其损。从未用拉夫，而肩舆不见其迟，从未受供应，而体貌不见其瘦，其从事之缓急安劳，亦正与求夫马供应者等耳。伏维各宪以仁德抚育百姓，富教有加，一夫不获其所，犹必曲为矜怜，苗民昔未归心，固当待之以威，示之以刻。今既隶诸幈幪，即当卵翼教诲，比于齐民，一洗数千百年以前之积弊。可否酌定章程,详明督抚宪,通饬各属文武防营,并出简明告示张贴。除学差主考督抚提台过境,照例派夫外,其地方文武及各项奉委出差之员,自镇道以下,概不准派用夫马,收受供应。土司团首供应官长者,照贿赂例治罪。地方官私行供应,不取于民,属在地主人情者,听之。其弁兵书差及团绅,有派夫马索酒食者,照搕索例加等治罪。卑府仰体各宪之仁,用加推广之意,敢陈管见,以为苗疆生灵请命。是否有当,请酌核施行。

致丁稚篁宫保论黔事书 五月二十日

曩在蜀,即闻丰功伟绩,学问经济,允为本朝一代名臣,心窃佩之。及来黔,益知当日毁家募勇,出死入生,以靖祸乱,又叹义侠勇略,为时儒所难能。远在齐鲁,而系心故乡,每于黔事得失,未尝不三致意焉。惜我朝无三代官于其乡之例,俾庸庸者不得承教诲,供指麾,相与有成,一洗黔弊而计久远也。昨闻旌节莅省,适事冗弗克趋教,顷以曾挚民观察来书,谓有添设土司之议。夫公心切治黔者也。去黔日久,于利弊或不尽悉欤。故不敢不贡其狂瞽于左右。世之乱也,必有由。察其由而因革损益之,治道不外乎此也。黔为边疆,兵多于他省。鄂张两公定苗疆,设六厅,又增置焉。赋税不足以赡,则各省岁协饷八十余万金。六厅腴田,悉归官设屯兵,苗民自垦老林坡涧瘠区,永不征赋。粮米不足供兵食,则由库给价采买于苗田。设土司通事为纲领,以译语言,通下情。令苗民轮当夫役,以亲于官,俾知有所尊。禁汉民入苗疆买田,以防其剥蚀侵夺。法非不良也。然而,武备废弛,兵不堪用,将弁交侵兵额,而以虚名注簿。兵所得饷又不足活身家,为商为农,各有别业,其志不专。所谓能事者,皆趋承奔走,迎合礼仪而已。无训练敢死之士,每遇征伐,则滋扰哗溃败逃,犹不及乡团之可用。故军兴,天下皆舍兵而募勇。黔中府厅州县,额征丁粮多以米,为养兵也。官民交困于兵米,而征米之弊直与南省之漕米等。有样米焉,有斗面焉,有地盘米、裤裆米焉,额浮三倍。复有折色，每京石市价，值银数钱耳。由官定价，九月初开征三四两，递迟，则递加至十两余。奸民及有势力之家，买田皆曰私田，不纳粮。贫者愚者，田去而粮存。故有有田而无粮者，有田多而粮少者，有田少而粮多者。甚至有田之所出不足纳粮，而拘押追缴卖牛鬻产及弃田逃走者。而在上者，不为之变通均平，任土司通事书差小甲，上下其手，粮额仍不能毕收。奸民与司事者得利，公家与贫愚之民则病矣。黔初乱时，往往聚众抗粮闹粮，岂无故哉？其在采买之区，固无征粮名色矣。乃省库所给粮价，守土者则入之私囊。靦然面目，坐堂宴土司通事及诸苗首，点名发价，例买千石，必曰二千。于是土司通事，缴其金，曰民愿报效，不受价。官收之，始改曰买千石。俗谓之上白粮。盖无粮额而征收或倍之之谓也。此积弊相沿，虽贤者亦为之，固恬不为怪者也。且有封以铅铁，授土司通事，曰发粮价银若干，土司通事按户征米毕纳，复征银如铅铁之数，呈于官。官收其一，土司通事收乃倍之。然此特征粮之剥削于民，其弊犹不及夫役之重。夫役者，官所得者寡，土司通事所得者多，而百姓之所困者大也。旧例，官弁以公过境，及守土文武出入樵汲，皆以苗民应役。十家一户，轮值一日，谓之日行夫。兵差官吏过境，十家则数户应之，或全应之，谓之大水夫。此外，又折柴草钱。每寨月数千文缴文武署，而署中樵汲洒扫肩舆舁运诸役，仍应也。合属又每年折夫役数百金、千余金不等。此官之所得者也。司其事者，乃土司通事。土司通事，常幸其有事。官弁过境，供应一饭或送鸡酒，值钱数千耳。而土司通事取于民者，少则数十千，多则数百千。官弁既去，土差土舍入村寨搜拿逼勒捆索，至数月之久，鸡犬犹为不宁。或误夫一轮，动则倾家。守土官过境，则又有过山礼之例。官廉矣，而长随书差未有不受者。长随书差皆不受矣，而土司通事则再三呈缴，长跪求受，云百姓所乐输。旧例不可废，冀借以苛敛。所出者一，所入者百也。应旒尝亲见之。前年一年官巡，阅半月而归，得过山礼千余金。去年冬，一官相验，至一处议定过山礼九十五两，现给五十，欠四十五。而土司已收取于民五百余金矣。及今年三月,应旒以事过境,而土司犹纷纷捆索无已,百姓拦舆鸣冤,其他尚足道哉。土司通事每年例征烟火钱,户数千、数百、数十文不等,计贫富输之,而丧葬嫁娶汤饼生辰亦计贫富征之,所谓正供也。其他颠倒是非,设陷阱以毙命倾家者,尤指不胜屈也。一道同风,莫不如是。嗟乎!苗民所耕者瘠壤也,所衣食者出于耕也,能受其剥取者几何耶?况有苗之地,即有汉。汉诈而贪,苗蠢而讷于口。汉民贸易者,入苗寨多方侵渔,播弄赤贫之夫,数年尽有其苗田。于是,汉为主人,而苗为庄户,供奴隶之役,淫暴指使。闻者怅愤,而苗心则蓄怒久矣。夫夺其业而饥寒之,积其威耳激怒之,虽读书明理之人,懦弱妇孺之辈,且图报复,而谓狠如羊,愚如鹿豕,从不知先王之法言者,而不思变乱哉?及其乱也,今而后得反之也。故一夫作乱,千里响应。所谓制兵者,不足用矣。而屯兵平时奸巧欺诈,千态万状,以鱼肉苗民。纪纲尽废,有名无实,尤不足用。贫者以田顶当他人,富者则一兵据数兵、数十兵之业,往往招苗耕种,坐而分租。并不知军械为何物,捍卫为何事。与土司通事汉民,交相困厄,非从贼,即相率而逃矣。其有英杰之士,才智义勇之伦,或募勇剿贼,或练团守卫,不厄于天,即厄于人匪,相继以死,遂所事无成,此其故何哉?天理循环,人事往复,或亦有因果报应之说。乃相推相攘,以极此祸乱欤!官斯土者,率多不知大体,惟利是嗜。不嗜利者,又不能提其要,絜其纲,溯其本源,以因时通导,择人任使。豪于乡者,率多奸巧苛敛,内则借团名以亲附于官,外则通贼以为自固之计。又贼至则逃,贼去则上功报捷。就地筹款,生杀自专,官豪相依,无恶不作。顺贼保家者,非一人。而有钱者罪,则割田抵捐者当入公,而司事者受,由是贫民寒士而致富贵者纷纷矣。而土司亦间有混杂而虐掠者矣。逃入贼中者,反得生全,附之于团者,鲜不绝灭。尝见贼据之地,耕凿自如,有团之区,田荒民尽。揆厥所由,能无痛恨哉?应旒庚午冬,从周渭臣军门以师来援,体察情形,探讨利病,欣然曰黔事固可为也。绝逆田产十居六七,以之予兵,一人收三四十亩之租,不给兵饷,则黔不待协济而能自立，不予兵米，则租税足供文武廉俸之用，而采买复可去矣。然兵之制额操演当差战阵，仍无异也。屯兵死亡，十存一二，人授屯田一分，毋许侵并。以其绝田归官，岁入租为地方公用。多置义学，令苗民易衣冠读书，以化夷为汉，齐风俗，一汉苗，消强悍，泯畛域，去其扰民害民者，衣食足，而知礼仪安宁之术，无过是矣。夫人孰不欲暖衣饱食，以安无事之天哉？既生聚富厚之，又化导裁成之，而民犹叛者，未之有也。说则曰善，则善矣。然胜其事者，实难其人。今之人，多中人以下之资，鲜根柢力行之学，捐例之贱，保举之滥，品流淆杂，比比趋利，欲移风易俗，洗前弊而新之，谁足任者？然吾蜀当骆文忠公为制府时，刘霞仙绾藩条，牛雪樵任柏台，杨庆伯权首府，一时贤才会萃。于上未见其立异也，而府厅州县自肃然廉正，事无不举。及数公既去，群官仍在也。何以先后若两人哉？上之所好，下必争自濯磨以趋风气，又因而提倡之，造就之，一二人固可转移全省之大局。但能事事踏实，处处认真，破情绝面，善必赏，恶必惩，肫诚之心，以民事为己事，则愚者可才，暗者可明矣。壬申之夏，军务初定，上宪不以应旒为不肖，委办善后，复任都匀，思有所建树以报知遇。先后指陈时弊，条禀上台，中怀十，所言七八，所行一二焉而已。有格于陈例而不行，有动则牵制而不举。抵郡以来，去陋规，除积弊，随丁书役皆私养之，丝毫不取于民。冀以身率属，有所风动。窃谓今之政无他，“教养”两字尽之矣。今之官无他，视国如家尽之矣。然力极神疲，将及两年。惟本属亲辖之地，乃尽散团，编保甲，所清绝产设义学、社仓五十余处。苗民悉易衣冠，唱歌跳月之风泯，抢杀搕之索[之]患消。粮额临田计谷均摊，无偏枯之弊。定折色每石价银一两，九八平色为例，如胡、曾诸公减漕法，官民胥利。改斗为底大口小，随至随收，去一切浮冒之弊。垦荒十之九平，赏罚无贵贱，禁土司汛弁擅受侵民。事矢以公，民气稍伸。请免夫役，苗困稍息。然规模尚未大定也。至于僚属，或奉行故事，或置若罔闻，或以一纸粉饰可听，其实全非。非人才之难，实人欲蔽于心，不肫诚于事耳。应旒自顾性情识见不宜于官，以各宪廉正求治之诚，厚蒙知己，乃多不能行其志，益知天下事，非吾辈所能为矣。愧愤之下，时有退心。惟土司通事，以凋敝之余，三令五申，犹敢忍心昧理，百计苛索。若仍留之，不十年，民必复叛矣。故今春复以去土司通事采买及改屯兵等六事上之，冀行而后去，不负都匀此行矣。乃日久不奉批，恐以改旧例为难也。闻公归来，正欲抄呈各禀，力求援助。公乃欲添设之，其不知土司之积弊耶？应旂上年办越嶲夷务，请添设土千户、百户各数十名。冕宁令吕绯青，新吾先生后裔也，颇讲经世之学，请去土千百户，与争辩之。及至冕宁，乃知越嶲之不可不设者。诸夷言语不通，又无头绪故也。冕宁之不可不去者，夷通汉语，固无待土千百户者，乃复颠倒是非，以侵渔之故也。数百里间，情形各不同。意黔之土司当日万不能不设，固如越嶲。今日断不可不去，固如冕宁也。公之所见，其情形殆有不同者乎？上年尝与唐鄂生观察论苗疆事，以越嶲情形揣之，谓数寨置一土目，以钤束之，苗当易治。鄂生盛称张经略土司通事屯兵之法良，惟复之可耳，勿设土目。来黔既久，始知两议皆不当于事。鄂生尝督师援黔者也，专志征讨，未躬亲善后而深思之耳。又尝与黄子寿编修，上年客刘霞仙中丞幕，暇时论黔事，以为所闻者不出是矣，若心有把握者然，及来黔，则夙闻情形多相左。非子寿之不知，盖今昔时势异耳。苟执方以为医，未见其病之瘳也。陆宣公有言，凡欲拯其弊，须穷致弊之由，时弊但理其时，法弊则全革其法。今黔之丁粮诸件，时弊也。土司诸件，法弊也。当分别以理之革之者也。应旂少贫贱，故学无有成。鄙见如是，敢以军务初平时条陈十四事，官都匀时所陈两害三难六要应办事宜三十余则，并请免夫役，及今春所呈去土司采买各禀稿，敬陈训诲。倘以为不谬，即恳函致当道，如鄙意施行。不然，亦恳明以教之，俾开茅塞。大局所关，不敢执偏见也。中怀积久，不觉言长，伏望鉴而教焉。

复易笏山方伯

上年相见蜀中，遂佩伟论襟期，殆非时流所能及。今同官一省，每聚首，则开心颜，且誉以年少英雄，欲约为兄弟交，知己之感深矣。然黔事易治而不能治，及应旒之所以谋黔者，尚未一商焉。盖人微言轻，中怀十，所言六七，所行一二焉而已。心隳意阻，即商之无权之人，徒长太息无益也。今抚军以兄相助为理，读来书与鄙怀甚洽，不禁泪涔涔下。盖来黔有年，从不闻是议，见是人也。黔中积弊相仍，吏治不振，兵政日弛，民风日坏，皆由于“粉饰、因循、情面”六字耳。诚能如武侯治蜀，小善必赏，小恶必惩，事事踏实，处处认真，安有不可治者乎？鄂文端督云贵，其政亦多可议。然去土司，改旧制，绝无粉饰六字之弊。昨名其客厅曰“思鄂轩”，盖伤时政也。应旒初莅都匀，即上书言十四事，继又为两害三难六要之说，定章三十余则，上之当事，非不誉其可也。乃方请去土司，而催承袭之檄至矣，方请留贤员，而更换之牌悬矣，方请改屯军，而卫千总以渔利害民之谋，援以旧例禀之，而亲辖之上官几受累矣。甚至太守之权，革一可杀之土司而不能，撤一可参之州县而不得，办一罪大恶极之团绅，而几被其反噬，兴利除弊之言连篇累牍，而置若罔闻。嗟乎！不谋久安长治，上下以一纸相蒙，佥以为得过且过，爪代而去，且俟后人。其不肖者，则又罔上虐民，剥削一日，十年难复。苟有反其所为，一思整顿者，则环以异类视之。如此，而欲地方之治也，能乎不能？夫利弊则何常之有，变乱又何常之有，得人则治，千古莫异。当事诸公，但能赏善罚恶，事事认真，慎择郡守而信任之。郡守之贤者，所辖各厅州县，一听其考核而去留之。守曰善，则赏之，守曰劣，则罚之，守有私，则严罪之。守令贤能，则一人足当数营劲旅之用，糜饷之防兵可渐撤。上下认真，则无因循粉饰情面之弊，长久之计自可图。然今者登进，途多人杂，求缺求差者无论矣。例当委者，不能久置闲散，虽明知其不可而必用之，有部章，有公论故也。如是而用人者，则又难矣。计惟有委而贤，则留之，以尽其所长。不贤则撤之，庸劣贪墨则参之，罪之。赏罚严明，上智固可舒其夙志，中材亦各争自濯磨，而蒸蒸日上，即至愚至不肖，亦可揣摩风气，勉为善士，以迎合于上官。故应旒论治，则曰“认真”二字而已矣。至于营伍，则武人鲜廉洁远识之士。制兵复额，则宜尽归地方官节制。未复额时，勇未可废，则宜选有胆识廉洁勤俭耐劳之文员为统将，听其自择营官，勿开督带，则无少额刻扣之虞。额既实，兵少而精。平时教以仁心仁术之道，忠君爱国之忱。既练矣，而又训之，岂特不叛乱不扰民哉？直如馆中学生，家中子弟矣。应旒在越嶲时，尝略以此法行之，颇能循循有礼，毫不扰民，勇于公战，怯于私斗。客至，不闻弁勇言笑声，通营无烟赌之徒，甚至父兄为子弟禁烟，则送营当勇，撤营之日，皆依依不忍去。犹循规矩，不与他营同。兹来黔新募，事多拂意，又无暇晷，故不训练。然柴菜微物，他且不扰民，以都匀赔累，亏欠饷金廿月，通营无间言。上下游各营，数次结盟，邀之，无入会者。营官陈玉堃、李均，皆应旒所拔识者，亦有是风。即少数，每棚亦足八人。所防之地，初抢劫不堪，军至，有犯必惩，数月以来，竟无劫案。其他营员，有聪明可爱，而贪利少勇，粉饰无实际，不能造成大器者，有庸碌无能，不可任以大事者，不过照例节制，并无统领之权也。然皆未尝克饷，皆不至溃而为贼，皆不与贼通气，一切请毋过虑。故应旒禀中丞以杀贼多寡有优劣，以为肃清苗疆之计。所杀者，贼也，非苗也。贼中有苗，即害苗之贼也，非良苗也。贼不烧抢，则防兵遂可渐次裁撤。而兄乃以为杀苗与尊意相左，毋乃事冗遂致心粗乎？夫苗较汉人易治，其诚朴可爱，其愚蠢穷困又可怜，非若汉人之贪诈刻薄，不受教也。正与都丹八寨丞倅共谋富教之方，欲去土司，去采买，以去其官吏书差之剥取。改屯军，其屯丁之死亡者，即招苗耕种，作为佃户，分租以作军米。抑汉人之势，以去汉人过事搕诈之剥取。所清绝产，悉设义学，以教之，化其强悍之习，开其灵明之机。富之之方，上宪未允。而教之之道，颇著成效。苗子弟数百人，居然有作字端楷，读书数部，儒雅可观，并知爱亲敬长者矣。使各属牧令皆与通志，历久不坏，三十年后，岂特不叛，直可望唐虞世界矣。兄所谓千羽之教，久束之高阁者，应旒虽不能至，窃愿学焉。曩尝与眉老言，黔事当从富教下手，修碉设屯，一切守卫之方，皆下乘耳。况不善学傅重安，则犹不足守卫矣。徒费巨赀，何益乎？眉老殊不谓然，来教谓当师武侯攻心之策，应旒则谓此宜束之高阁。善师武侯者，不师战阵，而师武侯之善必赏恶必罚，凡事认真已耳。都江往岁道路且多劫杀，苗疆可知矣。欲以兵防之，周倅启江却之曰，多兵则多贼。于是清内奸，杜外匪。其地多闻国兴之旧部，善者给以荒田，恶者尽逐之，亲历各乡数月，又于各隘共设数十人稽查之。今年余，无一劫案。都江惟张子材有勇三百，厅勇数十人而已。八寨厅自刘丞垂祺时，未闻劫案，始一更换，焚掠时闻。此非守令贤能，一人足当数营之明效大验哉？周刘两君，非有他长，惟事求实践，廉正爱民而已。求治在择人，兄其信耶？否耶？黎平六硐四脚牛之贼，苗匪也，而游勇附之，游勇也，而营勇和之，且又多苗匪而为营勇者，其源已久。应旒早虑有今日，非特广西三防司之互斗始叛也。自去年以来，尝数言之于眉老，一言之于枢帅，两言之于贞公。前月在省，且为贞紫眉三公言之。夏间致眉老书，且云欲惜小费，将来十倍其用而不能竣事。盖其地荡承平时，汉民盘剥苗田；乱后，苗为贼而多金，汉民逃徙，苗贼请汉民入其地，以价赎之，汉民归至中途，苗劫其金，杀伤过当。此地为上年用兵所不及，诸苗阳顺而阴逆也。汉民以为事平矣，而索田。苗则曰田赎矣，何索之有？于是集众以抗汉人，时出焚劫。闻国兴所部，皆降众也。昔同为贼，勇撤无所归，皆附之。故闻国兴带勇五百，有时增至数千，有时少至数十百人。闻国兴固忠勇可爱，下游之平，颇有力焉。然所部不知营规，遂至入营则勇，出营即贼，去来自便。虽营主不能知其人数之若干。若是者贼，即勇也。羽毛洋布烟泥洋炮子药，皆由营中携去。而同扎各营，皆以勇友勇，即以勇友贼，希图贼利，则卖军装入贼。贼与勇，聚赌吸烟，互相往还，猫鼠同眠，已久矣。而执事不知也，且粉饰以某贼方降，某贼未附。

远近官民多知之，而未敢一言于上官也。应旒雏犊不知畏虎，心忧其事。去年六月，在黄茅岭诛苗贼，细讯其同类人，即函请调闻国兴以上游副参之缺，俾率其部离巢穴，则易办理。尚有眉老复书在也。每得探报，必函及之。至今春力言于枢帅，枢帅即诺调以威宁游击，且曰："倘其部不与俱，将奈何？"对曰："部目李必茂盘玉兰，皆坏种，然驾驭之，可罗致其众也。众聚，则分别诛抚，消患未萌。"乃提军之左右，需闻之财，而恐吓之。闻则不赴威宁之任，反求撤勇，遂并许之。应旒太息数日，知其必将乱矣。此后丹江八寨，时被焚劫。其贼有汉有苗，洋炮号旗皆具，即其众也。政廷军门赴省，道出都匀，尝力请仍以闻国兴募勇，并肃函力恳于枢帅。枢帅虀，知其议不行。尝谓贞紫两公言，邻境不靖，本境不安。欲求明春交卸，遂可不分畛域，而以六硐事自任之。不谓其叛如是之速也。以故，贼所到，营勇和焉。其由盖如是也。承以都匀长城为望，更以黎古事相嘱，虽重得罪，不忍不言其底蕴。事已至此，不能不先治其标。然古州旧部，全不可恃。苏龚两军，内有广勇者，亦多与之通。东道之兵，未必能战。昨与眉宪密函，略道其意，尚不敢尽泄春光。计军门带闻国兴同往，当可收罗其半。然根株断难剪除，必散之四方老林，以零股为流寇，肆其焚劫。如马鞍山及丹八诸处之贼，防军收捕，疲于奔命，而不获一人。防兵偶疏，又将聚而大乱。黔粤楚三省之祸，诚如公言矣。应旒早有去志，安能郁郁久居此乎？然念各宪待我之厚，虽不能径行吾志，亦较他人为优，不忍不报宪恩，活百姓。古黎丹八之事，舍我其谁。望商之各宪，准我春间交卸，而以李均代之，亲率数营赴黎古。并容我荐数人为守土，入秋后或能竣事。拟冬初还里，迁葬母丧。剿大贼易，办零匪难。难且不辞，盖在匀数年，欲毕匀事而后去故也。至马鞍山各处，则不敢谋于出位矣。若各宪之意，稍有游移，兄即不必作此议。应旒则又俟年满求代，从此飘然长往矣。来书谓财赋不足，盖犹不知黔事，每于当惜者未惜，当用者未用故耳。若毫不糜费，岂不足用哉？应旒愚鲁性成，不堪世用。少年从先君子，及布衣计祇（庭）师，颇究去私存诚之学，由诸心而推于用，务实践，不尚空谈。及长，又师事刘霞仙杨庆伯诸君子，阅历世故，自以为足以用世。乃来黔，以各宪之贤，求治之切，且承知遇，尚不得一展鄙怀，足见任天下事之难，而才之无用可知矣。阁下为中丞所信任，承以时事相商。苗疆有兴利除弊诸大端，稍迟当抄旧稿，备呈采择。现欲置身局外，而又谋于局中者，盖爱作有情痴耳。吁！非公无以发予言之长。昏昏直言，语无忌讳，不足示人，阅后乞火之。又都匀旧无志，应旒始委员采访。六月中，成书八卷。然初创，欲改正始呈览。乃由各属还署，又以宫保丧事晋省，兹还郡，又考试，殊无暇时。来书催促，惟有数日后，即缮陈初稿，维笔削焉。若都匀欲刻志，则应旒再自正耳。

禀抚宪咨善后总局贵东道通筹镇思铜松各属应办事宜

敬禀者。窃职道于去年十一月，印江途次，接署贵东道易道移称："通筹合计，力求振顿各事宜，希将北路梵净马鞍猫毛等山要隘，应须若干营哨扼扎，镇思铜松各属善后保甲，应如何办理，方臻妥协之处，逐一查明。就近饬令向镇任守郑丞遵照，仍希移复，以便筹画调度"等因。准此，职道查镇思铜松各属，外面已号承平，而其间祸机变故，实如乱丝，棼然难治。有土匪盗窃者，有痞棍烧抢杀人者，有团绅争团复仇行同叛逆者，有劣绅奸民搕索谋害者，或勾通书差，或窝留外匪。少则哨聚数十人，多则呼应数千众。弱者之月，强者之食，民不聊生，言之惨然。地方文武，非不留心民瘼也，无如地面寥阔耳，目不能周，地多插花，势力不能及，积习抗官，号令不能行，必须善后与防务并举，治标与治本同筹，改变旧制，毋拘向章，然后乃能一劳永逸。向非寻常善后保甲，所能为功。亦非营哨扼扎，可以为力者也。其地方应办事宜，宜分为数局。镇远府县、清溪、玉屏、天柱、施秉，宜以郑丞鹄主之。其绝逆田产，既经清有成效，宜招佃垦荒，合计每年收产若干，于人烟稠密之处酌设义学。划拨某馆以某处田若干，收租若干，交团首保正经理，延师支发，无庸由官作主。其余合计大路碉兵，及附近马鞍山碉若干，每碉可用兵五名，每名可月给米一石，由官收租支发，管束操演汰补。现在碉兵，除清平总局所设，拨有田亩外，其施秉镇远各处，皆无公款以养之，非久长之道也。设义学养碉兵之外，尚有余租，则可仿照湖南三厅，安设苗流官苗兵，以化导羁縻，销〔消〕纳强暴。其委员下乡清田安佃诸务，即可兼查保甲，访查地方匪类，尚可洗心革面者，即交地方官记名，传案吩谕，教其改诲自新，发交团首保正约束察看。如以后不能悛改，饬团首里邻公禀提究。如其穷凶极恶不能洗心革面者，留之终为地方后患，虽无人告发，但得确实，亦即就地处死，不必姑息以贻乱阶。此镇远各属之应办情形也。其余各属善后，地方太阔，非郑丞一人之力所能兼顾，尤非兵力不能济事。其附近梵净山一带，为铜仁府县，松涛〔桃〕、镇远、清溪、安化、印江、思南各属插花之地，山匪仅有十名，力行坚壁清野之法，随时搜捕，自不难于弋获。惟冒贼通贼揾索抢劫偷盗抗官诬控之徒，不一而足，皆由于距地方官过远。各属插花地，犬牙交错，此推彼诿，东拿西逃，是以难治。现在向镇长曙，杨副将继春，驻防其地，遇有控诉，便宜审结。不法之徒，则随时请示办理。两造既喜其省费，地方亦称之公平。该将等虽系武员，任事廉正。该处纵横数百里，即可暂由该营料理。俟彻底肃清，再议遣散。遣撤之后，其寨英乌罗木黄等处，宜酌拨营汛驻防弹压。其四十八溪主簿一缺，官卑权小，地尽插花，直有莫可如何之势。宜改为州县，割数属插花之地，纵横百里以界之。梵净相近松涛〔桃〕之地为多，现在陈署丞钰，实力整顿，已有起色。惟有应需兵勇之处，饷项艰难，未便请募，宜加以东军营务处衔，于向杨两营中酌抽一哨归其调遣，随身差用。更宜留任一年，俾久于其治，以竟全功。此附近梵净山一带之应办情形也。其大江一带，虽有正大营县丞，而地方抢杀偷盗打龙抗官，如杨坤麻子之类，不下百余人，非官之力所能治。由大江前去马鞍猫毛狗牙等处，二三百里，土匪与荒绝田产极多，宜以任守崇儒一营，从大江下手，节节清理，直出思州镇远，设为善后行局，防务与清田招耕义学碉屯苗流官等事并举。所需委员，由该守自举所知，以便呼应灵通，权专而责重。此大江直出马鞍猫毛一带之应办情形也。其思南、安化、印江、婺川善后清田诸务，则无容办理矣。盖上年曾经清查，今已化为乌有。惟其地与四川之酉阳黔江彭水毗连，距官较远，匪党最多。其著名之地，则有沿河司毛天口水井坝客店坝石盖等处。著名之匪首，则有秦登桂、张洪泽、杨胜白、陈仕澄、徐道显、覃四方子、田仙、田半天飞、张狗老八、陈花野猫、田应头子、苟毛三、张方子等百余人，分布数百里。或为贡监生员，或属上年叛党，借团为名，各有党羽，把持抗官，烧杀劫掠，各收游匪散练，或数十或数百，以为护符。其团众又少则数百家，多则至万家。而游匪散练，本地之人少，外来之人多。官军一到，则各远飏，此拿彼窜，纷纷抢劫。地方称之曰："皮石人"。每一市镇，至少亦有二三十名。以赌钱搕索抽头等事为生，遇人口角，则激之曰："此辱，公遂能忍耶？吾为若报仇。"其人未知，而彼已烧抢矣。合计数属所谓皮石人者，不下数千，而籍隶川楚者不少。宜以李守均一营，前往办理。先清土匪，并传历年具控抗提各案而审结之，应诛者诛，无拘文法。并咨明川省，饬酉秀黔彭数属，不分畛域，会拿皮石人，以绝其根株。一营分为数路，节次挨办，务清其源。沿河司现有思南府委员驻守，办理各案，职小权轻。地方劣绅奸民，视之蔑如也。宜添设州县以治之。其客店坝龚溪口一带，宜添设一思南通判分驻之。凡思南安化印江婺川地方官力不能照料者，皆为理其词讼刑名，方期无患。若以为添署设官，款项无出，则请奏明立案，由司委，同通州县，以崇其体制。其沿河司之员，岁给薪水，则可酌抽该处桐油各项厘金以畀之。其客店坝等处之员，则王家沱现有涪岸查局委员，每岁由涪岸厘局给薪水银六百两。又王家沱练费，每年千余金，即以练归委员管带，借资弹压，料理刑名，兼查厘货，可谓一举而三者备焉矣。但必须廉干委员，乃克胜任，不可不严择其人耳。此思安印婺各属之应办情形也。此皆暂时治标之道，急切难缓。若求长治久安，更非割正插花地不可。镇思铜松石阡各属插花之地，远则十数日程，相隔在数属之外，不惟威教所不能及，即音信亦不能通。一案也，而往返关提，终抗不到，书差劣绅私自和结。富者倾家，贫者亡命，斗杀打堡，皆由此起。且多不纳粮，互相推诿，差不敢传，官不能究。宜以向镇任守李守办理防务善后时，挨次所过之地，即清查某属插入某属之地，宜割归某属。其烟户若干，地亩丁粮若干，造册画图存记。清毕之后，合计某属丁粮旧额若干，已拨归某属若干，某属解款拨款应减若干，某属应添若干，分别造一总册总图。更按各属造分册分图，申详司局粮道，由司局粮道以分册分图札发各该属，以后即按照图册管辖收粮，申解支发。事虽费力，似亦举办能成。但使该员等尽力认真，天下固无不可办之事。应请宪台仍持前议，勿畏难而终止也。至于应派营哨扼扎之地，饷项艰难，无长久不撤之勇，暂扎终难济事。但使土匪清查净尽，严其保甲，则外匪自不能藏踪，即营哨遂不必扼扎。李任两守之营，皆须节节移扎，办清一处，则又移徙之他。将来办清之后，有地方寥阔，距官较远，难治之处，必应设官设汛为久远之计。如沿河司王家沱乌罗司等处者，应由任守李守等详细察看，禀请办理。盖职道尚有未能亲历之处，不敢悬揣也。向镇李守任守等，分头办理，必须贵东道、贵道居中督率，俾该员等有所禀承。东道衙署，僻在古州，公文往返需时，应请易道、贵道移驻铜仁或江口寨英等处，似于各属皆为适中，便于随时批答。其事易举矣。所有通筹各属应办事宜情形，除禀抚宪移局、东道外，是否有当，理合禀明宪鉴训示，移请查核施行。

禀请变通旧制去土司通事屯军采买挽运并为六厅筹公费俾有所资乃能净去陋规积弊

恭禀者。窃以物穷则变，治贵因时。伏查贵州下游，自前朝设立土司卫所，渐开风教。至我朝鄂文瑞〔端〕张经略两次用兵，苗疆悉定。于群苗腹心中，设立丹都八清台古六厅以钤束之，添拨营汛以镇抚之,以土司通事通其语言,宣其政治,以卫弁屯军,杀其强悍,耕其土田。贵州之地,以下游为重,下游之地,又以六厅为重。统计贵东道所辖之处,额设绿营兵一万七千四百余名。各府厅州县本地之粮,不足供本地兵食也,则于他处挽运焉。挽运不足也,则于苗疆采买焉。法良而意美矣。迨其后,土司通事,挟其势力,多置爪牙,以朘剥吾民。每年食米取之民,烟火钱取之民,丧葬嫁娶取之民,男女生辰取之民,夫马供应又取之民。汉官过境,借名办差,所出者一,所入者百,复又取之民。然犹是土司通事之正供也。正供之不可废,推而广之,格外苛派,千百其术,莫敢为异。稍不如欲,鞭扑立加。民无敢怨,怨则阴中以事,身家莫保矣。甚至无事之家,但能小康者,土官奸民相因依,往往凭空结撰,借事以非刑搕索之,家倾乃已。土差则百十为群,下乡舆马供应,比于上官,连村震动,数月不宁。查雍正乾隆年间,已多褫革不准承袭者,而府厅州县收粮名册,往往在土官之手,据为护符,官不能不委任之者。抑或不肖官吏,倚为腹心爪牙,以苛索平民,而委任之者。守土则营私便安,土舍则夤缘代理。谓之明革暗不革,上革下不革。其流弊之甚也,此其一。屯军自嘉庆年间,遂已有名无实。有名为屯军,而以屯田当卖者。有一屯兵并数屯兵或十数屯兵之田者。贫者流为奸民匪徒,富者坐拥厚赀,招苗服役,佃苗耕种,并不知军械为何物,捍卫为何事。所能者,剥削苗民欺负乡愚而已。军兴以来,非从贼,即逃亡矣。流弊之甚也,此其二。旧例,苗民耕坡涧瘠区,永不征赋。兵米不敷,则由藩司粮道,统共给价银一万九千三百三十余两,交地方官采买于苗田。继则官以价入私囊,苗民纳米不给价,谓之:上白粮。初例,官以印花原封银,当堂点名给价。继则印花犹是也,而其中封以铅铁砖石,居然坐堂皇谕土司通事曰:“某寨发银若干,买米若干。”例买百石,必曰二百。土司通事知其然,利其事也,串为一局。先欺〔期〕征银如铅铁砖石之数,俟发价时,易银实纸中,仍封印花。赏燕〔宴〕毕,率苗酋跪禀曰:“官清苦,民愿报效,不受价。但苗田所出米,不能如其数,请减半。”官唅之,收其金。是不惟不给价，而更重取之矣。官得其一，土司通事所得倍于官。且上米之际，书差丁役，又多方索其使费。升斗之大，必三四石始敷一石。是较之平民征赋纳粮，又数倍矣。流弊之甚也，此其三。上年兵多田少，开垦未齐，故其地之所出，不足以养其地之兵。继而山林辟为土田，瘠区变为沃壤，农谷繁多，无待他求。挽运之米，各府厅州县私相授受，以银折价，自行采买。而收粮之处，往往浮价折算，民受其累。复于粮道署空领绳索口袋脚力之费，共银至一万七千二百三十余两之多。文移往返，既不胜其烦，可节之财，实虚縻其用。流弊之甚也，此其四。六厅丞倅，所管之地，无丁粮可征，无税课可纳，则无羡余间(闲)款以资弥补。而每年俸薪养廉仅数百金，署事人员，且仅得其半。往来之路赀且不足，官之一家衣食用费酬应于何出乎？是迫之使贪也。故侵吞采买价银，征取白粮，苛索夫价钱柴草钱。苟清廉自持，则炊烟立断。虽贤者履任，亦不能革其弊政陋规也。况下焉者乎？况书差丁役乎？流弊之甚也，此其五。有此五弊，苗民无饱食暖衣之日，又时有怨恨报复之心，而欲其不叛也，难矣。方今黔乱初平，宜正本清源，以求久安长治。当日土司通事之不可不设者，苗民言语不通，地方公事必资之而始举也。今各寨皆有能通汉语之苗，可择用保正团首，以备差遣，则土司通事可以废。若怜其先人有劳足录，宜准其承袭，比于云骑尉恩骑尉之例，收入营标补用，不准沾染地方公事。倘地方官任用之，或委以团首保正者，即从严参办。屯军之田，皆朝廷之公田，人不得而私也。与其养有害无补之奸民，不如去兵之名，收农之实。屯军每户纳租米六斗，宜改为佃户，每户纳米一石五斗，分给六厅丞倅，以作养廉，及办公经费，并书役丁差工食之用。查六厅，都江下江无屯军，原设有厅标把总各一员，领兵各八十名。既废屯军，则卫千总宜仿照都江下江之例，改为厅标千总，设兵八十名。俸薪养廉，以及私食余田仍其旧。采买挽运两项，每年縻费银三万六千五百六十余两，计绿营兵额全设之时，每年共支兵米六万三千六百余石。各府厅州县所出银拆[折]采买挽运秋改米,共五万七千三百九十二石四斗,照原额粮数尚不敷米六千二百五十五石五斗。如能去采买挽运,而以各府州县秋粮及改征米,每石按照例价折银七钱五分,而加火耗添针坐平,每石共收九八色贵平银一两,解交粮道库,转发各营将弁,令其按名摊发兵丁,自行在本地采买。则采买之银,均归实用。苗民免白粮之累,公家无挽运之费。以挽运脚价绳索口袋银一万七千二百余金,而补不敷米六千二百五十五石二[五]斗,尚可余银一万一千两上下。是则有赢无绌,既免病民,复可省事。六厅丞倅,既有屯田之租以助其用,书差丁役,亦皆于屯租所出以给其工食,则严禁前弊。苟有扰民,则倍其罚。各属秋粮改征米,既一律改属折银,原与征折色者不同,即宜永立章程,严定浮征处分,出示立碑,使民家喻户晓。或者曰,米价时有昂贱不同,每石给以例价银七钱五分。米价平常,固购买有余,倘米价昂贵,则购买不敷。不知朝廷之例价如此,昔人早已斟酌尽善。数年所经米价,或昂或贱,皆于例价所差无几。况米贱之时,则兵得其便宜。米贵之时,则农获其利益。两相抵,两相平也。既不病兵,复不病农也。至于下游六厅应设学额,各属各属应割正插花地,四十八溪主簿缺,应改为州县,沿河司王家沱等处,应添设官司,以理刑名,皆当时之急务,应与去土司通事屯军采买挽运各事宜,一律请宪台奏明办理,以变通旧制,而因时治[制]宜。如蒙允准,俟奉旨后,职道再查各属粮额兵米细数,妥议章程,分别办理,以垂久远,而杜弊端。所有禀请变通旧制,裁革土司通事,去屯军采买挽运,并为六厅丞倅筹添公费各缘由,是否有当,合无仰恳宪鉴,训示酌核妥协,奏请施行。

致易笏山书光绪四年

前奉手教,知卸任不远。为黔民蹙然者久之,继闻蓼老陈滇臬,遗缺补兄,则不禁为黔幸,复为兄喜,而不寐也。从此久于其任,化风俗,兴教养,在黔可以溥利于无穷,在兄可以垂名于不朽,妙哉此缺得此人。弟上年有言,宁任东道,不作抚军。盖以举措得宜,事权画一,廿年之后，遂可千古矣。人生功业，欲正朝政，抚四夷，澄清天下，泽及后世，是有运会焉。非贤才足以济世，遂可得而为也。若一区一隅，其事小，其权专，其政教易行。譬之功名富贵，命运可以厄人，至于圣贤大儒，权自我操，一朝奋志，盗跖立变为尧舜，非命运所能厄也。兄今处命运不厄之地矣，但愿振刷精神，选择守令，详定章程，多兴学校，设苗兵流官之类，如傅重安治三厅故事，更扩而充之，不可作苗疆百世不祧之祖哉？苗疆浑噩朴茂，如草昧初开，利欲之中于人心者未深，号令教化，风行草偃，较各省富庶之区，易变时雍。天地清淑之气，生俊秀之人，即有驳杂之气，生凶悍之人。俊秀子弟，皆易衣冠读书，仿三代之教，授以身体力行之学。能文章者，则登科目为仕宦。其不能文而贤者，则选举为苗流官，官即土守备千把而不世袭者也。以之劝导乡里，承办公务，不理词讼，而为诸苗之长。各领苗兵数十百人，以镇疆土，捕盗贼。其凶悍之人，不能读，不能农者，则消纳于苗兵之中。苗兵之贤者，又升为流官，俾贪其粮饷，而钤束羁縻之，何致有为乱者乎？此正本清源之道也。惟守土委员塾师，三者皆难得其人，如何提倡选择之，是在贤者之因时变化耳。机不可失，兄其图之。至各属零匪，现属刘崧生以兵事，崧生旧部多降酋，眼线较易，恩威并施，成功当速。然总宜严保甲，行坚壁清野之法，内匪既除，外匪自不得入境矣。弟拟月中旬，由蓉城买舟东下，沿途游览山川形胜，及中外大局人物，一扩识见，当至上海过年，明春入都，夏秋可以还黔矣。

附　《黎文肃公书札》摘录

复易笏山

沿途过访各团，其得力者不过如此，可守不可战，此今日委靡之风使然。且无人以振作之，甚致需索刁难，民气何由鼓舞乎？不然，何以水城一边隅耳，从前猪拱箐未平，尚能逼处，近年黄金荫岩白各逆屡犯其境，皆系团民击御，获保无虞，可见用团之尚有明效。乌束陇为安郡险要，屡投屡叛，必得清其根柢，使彼诚信不疑，斯为一劳永逸。该处离郡城较近，耳目易周，心思必易洽也。军事民事之筹，弟思之一昼夜，苦无善策。大凡事可自我操其权者，勉强行之，节无益以济有益，尚能支持。若见在局饷之缺乏，业已朝不谋夕，竟至节无可节，省无可省。黔事之难办，外人何从知之。纵知之，亦不过知其一，未知其二耳。此中苦楚，有言之不尽，并有不能举以告人者。弟所为太息，痛恨于□□，而于□□处终未悦服也。以黔之瘠苦，承平时犹恃协饷八十余万以供武营，不谓糜烂至今，竟无有过而问者。不唯屡催不应，并以见奉部拨之款顶奏另拨，亦可慨已。郡城厘金照旧办理甚好，总局提拨一成，贞翁已通饬各局遵行矣。但须由尊处派人守提为妥。至署中日用窘极之时，只好称贷。得过且过，惶论其他。施从九可令回省，另候委用。莫广文既称相得，纵缓赴任，亦可通融。贵字营尚告奋勇，往剿新城，已移札与兴义各营会同办理。春字营派由大岩脚进规岩逆，并札饬水城郎岱知照矣。该二营米粮，已由局按数给发半月一月之谱，但未知能仰体此意，不扰民否？我法我行，我

尽我心，想老兄亦有同情也。（《黎文肃公书札》卷十一，第 450—451 页）

复易笏山

承示，请仙逋回任，仍自愿留办军务。既用公牍，应候院批。唯查老兄所陈，谓有三善，此皆一面之词，苦心要好，并谓天下之人皆君子，无暇为他人设想也。果如所言，毋论仙逋必不肯来，即来，恐于老兄亦大不便。曾记兄与余紫垣言："带兵者，必握兵权，不然亦须操利权"，此言甚为有理。今老兄拟专带兵而辞地方，所见未为不是。然厘金仓谷皆津贴地方者，一旦以之归督兵收，恐仙逋必不应从。即应从，而仓谷之收催不力，或多引入己，亦系要需，其将与之力争乎？况知府全廉，折扣太甚，无从领取，地方出息寥寥，何以自存？此不问可知。必如老兄洁清自爱，恐他人未必能学步。前王云荪言欲委员办独山州，渠专署府以办军务，其意与兄同。弟已面折其不可，谓有事出城，可自委员代拆代行，绝不可另委也。其语云荪意，亦与兄同。况安顺城有首县，有提标，尽可放心。老兄即因军务游历各属，有何不可？□□为人，柔缓二字尚不足以尽之，非老兄忠厚所能窥测者。弟与兄皆阳分人也，皆誓不要钱者也，他人则未之能信矣。且督兵而不兼地方，一切呼应不灵，即团首绅耆意皆有所向，徒为闷气，如公事何？此又弟之私心窃虑也。至仙逋遵案，无甚关系。他处尚可斟酌，弟何敢度外置之？但祝老兄勉力撑拄，艰难共济，斯上游百姓可望再生，不胜顶祝默祷之至。（《黎文肃公书札》卷十二，第 454—455 页）

复易笏山

接诵来书，备悉一是。辞地方而办军务，弟前书言其难者，盖谓其合手之难也。昨见枢宪，面催批示，意在不允，亦借重长材挽回积习之意。仙逋之允，非可私相授受者。弟前言厘金仓谷津贴地方，亦一时愤激之谈，正为贪位者说法，非以老兄之言为不然也。并办军务，如苍生何甚？非老兄此回小就之初心。少海所见略同，所言极是。至来示所云,不能有济,必且得祸。且谓地方官寻隙处多,以保身为主。此言又似虑之太过。夫有隙可寻,莫过于弟见任一席。若必以此为虑,则正人君子终无作官之日,恐老兄未暇细想耳。语云“公罪不可无,私罪不可有”,此言最得大体。仙逋必不能来,接替甚不容易,万望力持危局,勿存他想。贞伯见补实臬,铁筠亦得所遗,共济艰难,此其时矣。贵州做官,只能将就权济目前。若必前后通筹,百无一失,则俟老兄与弟等拼命撑拄。数年后,或者可望有济耳。(《黎文肃公书札》卷十二,第455页)

复易笏山

昨接手书,未及作答。复披来翰,诵悉苦心。前函以彭营不济,请添古大儒合之。查古将已被何东山咨撤,未便遽起。且棣轩已有千余人,似乎不能再统。故仍函调毛和卿之六百人前来,想台端已得此信也。子药一项,已属少卓多发。据称药万不可少,而子犹可在安顺设法。然亦均催其速运矣。我辈见在作事,苟有益于地方,无不乐从。有何意见可执耶?一切唯老兄主持之。所调各员,屠翰系屠树鹤胞弟,例应回避,可留帮办事务,不必禀到,致违新例。其周宝彝已委付青岩仓谷,兼办采买。陈鸿贤亦委付提营办粮,均难抽调。兹商之贞伯,见有知州柳熙恩,人甚勤干,心地明白,不辞劳苦,尽可差委。但其人高华有余,略欠诚实,得老同年进而教之,必能不负委任。此外,尚有周巡检嵩涛,亦湖南人,明干稳重,与柳相若。均委令前来,合则留,不合则仍发回,无沾滞也。属书铭志,文闱未歇,接办武闱,终日劳劳,何能捉笔?知我者谅之。(《黎文肃公书札》卷十二,第456页)

复易笏山

连接二次手书,备悉一切。唐军之来,本好机会。是以前此奉到公文,即飞移知,后接某请撤之文,知其必不可留。此公纯使意气,非有经济干大事者,无足怪也。前领军火未明开单,先发之件系权应目前。今日即照办绳丸小枪,唯帐棚无多耳。暂付十月经费三百两,交坐省寄来。老兄办事结实,极耐辛苦,所以有时存告退之心。此后请诸事宽容一步,勿过求全。子舆氏云"锐进者,退速不易"之论也,办天下事皆然,而况黔乎?□□言大而夸,诚如尊论。弟前不肯以古营属之者,亦此意。今当用人之际,唯隐忍迁就,以求其当耳。毛军已饬早发,想不日可到。干后营恐不能来,镜初之添募,尚未成也。此外亦甚无可调之军。属预支闰月经费,稍缓数日,亦可筹发。诸事劳神,尚望珍摄。黔事非目前可了,亦非漠不关心之人所能了。老兄求效不宜速,自待勿宜轻处难处之时,正以试纯臣经济之地,愿老兄坚持之。(《黎文肃公书札》卷十二,第456—457页)

复易笏山

二十一日夜,诵十八三鼓寄书,备悉一切。何以十六三鼓,弟所肃椷,限十八辰刻到者,竟未到耶?无怪乎来书之过激也。唐营之可留,弟早筹及之。而以事过重大,只得禀请院示。据院所虑,不在难留,而在难撤,前函缕述之。此刻如何光景,想老兄必有定夺。渭臣来信,于月之二日拔营前来。分两路,一由大定,一由平甕。想尊处亦必有信。若大定有兵,则可先请移剿。安顺某将之不足谈,弟早知之。因前书属勿漏泄,故未动声色。若其实不行,则请仍归清镇酌量裁汰耳。陈家贵能如此任事,固感老兄厚待之恩,为知己用;亦由弟置之闲散屈抑而奋发生。故能如此,诚可喜也。永宁之急,弟亦再三严饬彭将往应,而毛又以清镇逼近之贼留剿,数日方能前来揖让救焚,千古同慨,奈之何哉。老同年苦心孤诣,弟素知之。而来书以筹粮之请,有所不甘。此等公文,本系应酬之作,尚望高明以照例置之。我辈有何意见于其间也?黔事之难,上游较苦于下游,省局更苦于各属,弟焦头烂额已三年矣。何所容其?系恋高厚之恩难酬万一。扪心自问,毫无一见长之事,不过支危败之局未至尽倾覆耳。每思告退,而论之者谓见在能如此,即为弟等之功。若退,恐更不堪问矣。

愿以此言商之老兄，亦祈与弟共尝此苦。能办得一分，总好一分耳。幸勿以人云亦云视之也。闰月经费、洋火药黑铅，均饬局照发。而所拨发，各厘局曾否有收到者？并念。(《黎文肃公书札》卷十二，第458页)

致易笏山

信已缮就，到局捧阅公文，知已有援永之师，并图绘乌東陇形势及扎营要隘，可谓布置周妥，成功在旦夕也。前商留营，已由局批定一月之饷，观其情形，当可操券获也。鄂生来函，盛称老兄力持大局，并商留营之事，已呈院斟酌，再定行止。闻武字营有至毕节之信，可速往招之。何如？(《黎文肃公书札》卷十二，第458页)

复易笏山

二十六夜，接读二十三日手书，并读致渭臣稿，苦心孤诣，如接清谈，可见劳心忧思，一片忠爱之忱，令人感佩无既。所言留唐军之事，局中不置是非，疑弟等以被议之营为虑者，非也。实因局款不济，徒托空言，恐使老兄为难耳。当初接信时，贞翁与弟即有承认一月八千之意。后禀商，院谓吾弟禀内有一月四千余之说，贞翁犹谓此始五成队之数也。故于回局暂将前稿停发，弟仅于三鼓匆作一函以告台端，凌镜初亦与闻之。事有可为，谓弟等不识机会，徒惜银钱。弟自问尚不至是。昨唐鄂生亦大放厥词，致言局中暂留四营不撤，盖欲以老兄督办上游，于渭臣五万之中，月提万余。所言亦极中理，但多不能行耳。当已作函复唐，属其勿撤。兹奉来示，比即肃函渭臣，致恳一切。缘渠本有綦江添募之议，得老兄信，当可如法。习安之民，其有豸乎？前次发来洋火药闰月饷，已早到否？此次新饷，见有来信，于初二三可到一批，自当谨照来命，先为酌发，以定军心。彭营卖水，研云得差往瞰。此公与彭素不洽者，用之最为得当。唯永宁之围，陈子富去，练太单，且军无斗志，恐难得手。毛和卿见有信到，亦接老兄飞书，赶即往援。贵州之军务，似弟与兄目前所办情形，已太异于昔日，然而呼应如此之难,调度如此之苦。凡此,皆未能清其源耳。将官无畏惧之心,日益长其骄淫跋扈之习,我辈疾声厉色,亦徒结怨。因转而为奖饰恩宽,冀有以感动之。吁!可叹也。此言唯可与知己道耳。(《黎文肃公书札》卷十二,第459页)

复易笏山

别来两接手书,忙未作答。后任之委,出自内裁,非弟所能窥测。然我兄既在交卸,自应料理一切。柳令之代理,本非长局。其陈家贵所部,似宜归入尊处总算,局中不能另起开支也。安定四营之撤,除往安顺之三千外,已补交五数,如法办理矣。唯日来谣言纷起,谓此屯实系放走,并未诛及一人,见在屯复为贼所踞,愈见披猖,有不可收拾之语。弟不得已,由局派员密查。想弟与老兄交非泛泛,特敢奉告,是否属实,尚乞示知。凌镜初之死,可为痛哭。天殆未欲平治贵州耶?不然,何遽夺此有用之才也。弟已饬镜初中表周宝彝前往殡殓。其一切诗稿,想可珍存,以待刊刻。唯家贫如洗,重慈在堂,何以为养?言之伤心。黔中各营,概归渭臣调度。裁虚浮之练为有用之兵,计黔中所入,以本省厘金仓谷办本省公事,其外来捐输协饷即可归入军需统计,另成黔营,可得八千人。院意已定。渭臣拟改黔营为旗,以三百五十人为一旗,每旗月饷须一千四百零。其名虽黔营,其实楚营也。若如此,精练定成劲旅。但黔饷盈绌,不甚可靠,尚须斟酌耳。(《黎文肃公书札》卷十二,第462页)

致易笏山

闻国兴、唐大烜,本系去岁投诚者,今复加恩委用,署理八寨游击,以其有收复古州八寨功,以示羁縻。闻国兴,即杨生嘉相共事者。以是,杨亦得回筑垣来见面矣。据称古州一带,生苗均已薙发。是其投诚,似出真心。砚香各军,已清丹江,克复凯里,苗疆州县大致已为肃清。渭臣于曾挚民到后,不知因何悔意,拟将上游各军一并撤调,改往下游。挚民亦带定武两营，计由八寨都江包扫，而趋麻哈下司。并平甕各营，由清平重安江直趋甕谷陇一带，以与楚师会合，疏通东路。此举原是正办，若早下手，则更妙矣。挚民前请调李辉武五营，已经川督复奏，须留二营防川北，以三营来黔，不发川饷，听黔自筹。是李军亦不能来，且恐川中借此撤散李之三营也。川中苦旱千里，闻禾苗已插，有干坼枯槁者。重庆石米十金以外，时事如此，大非佳兆。闻湘中雨水尚调，禾苗畅茂，但祝旱涝俱无，此乃吾乡之福也。捐事已经左伯复奏咨黔，山东山西河南陕西归甘专办，广东湖南湖北归黔专办，其余江苏闽浙均分，议论似尚平稳。唯是老同年系专办苏浙，而该处又系分成，似无须用大才布置。院意，以湖南又系专办省分，湖北之吕公年老，恐无甚济。意欲以老同年改办湖南，并可照料湖北，未知尊意如何？如可照办，即乞示复，以便奏咨。如甚愿赴苏一行，然后回湘办理，亦请告知，以便转达。然窃恐苏行无甚裨益，想高明必有权度于其间也。（《黎文肃公书札》卷十三，第469—470页）

复易笏山

七月望后，接诵专足来书，始悉前此常德舟中一函，竟未收到。近闻吉抵长沙，携少海眷属共寓，足见君子患难与共之意。挽词哀切，不忍卒读。少海有知，死不朽矣。来示言湘人之挽留并捐事之难办，剀切详明，深得要害。见在湘捐，只求两省通气，多选正人经理。久之，见信商民，主捐停撤，则黔捐自可经久。何区区徒计目前盈绌哉？吾弟所见甚是！而其不忍辞而不办，益征爱我情真。其收捐，请照出奏，已于院文详之，想铁筠亦有复函。弟幸服食如常，署中人口均吉。见于署中添设二门房，派亲信家丁看守。“稽查官民出入，综核书吏惰勤”，此十二字乃二门房联语。各房书役苦者，酌给火食，在署起居，亦别来新政也。并札饬各府厅州县，于中秋前禀复地方可开征者，即竟开征，日后不准又报豁免。不可开征者，据实禀复，由司刻发停止开征告示，毋许地方私自开征。庶上有宽恩，下沾实惠，不至为不肖者中饱。此虽系创举，然不如此，不足以禁贪污之吏，而起疮痍之民。吾弟以为何如？湘中时事日非，吾弟见在可以立言之地，其将何法以挽回之？消患已萌，责无旁贷也。(《黎文肃公书札》卷十三，第473页)

复易笏山

湘中挽留，以顾大局，弟前书已言及之。而复因砚香病笃，谋所以代，尤为人地相需。但黔中办捐之奏甫出，而湘中办营务之议适逢。人材难得，自古为然。弟亦足以自豪矣。唯闻吾湘援黔意殊告倦，章贵各营已撤，而镇施防务为难。且苗疆腹地，清台等处据守不易，招耕亦不易。所谓兼办善后者，饷又将安出耶？吾弟得毋执从前之说以为今日用耶。但恐实难如愿耳。当此治乱未定之时，宜如何悉心妥筹，以策完全，高明当有卓见。至捐局之事，祉堂顺而易，而中峰不易属，少眉本系原手，而见又将来黔。张公之说，恐碍难行，且听上峰分示耳。(《黎文肃公书札》卷十四，第479页)

复易笏山

嘉平十八日，接读惠函并诵大作，回环展转，如晤教言。承示，湘局又变，韫师被议，亦大可怜，未审查办者如何奏报？吾弟谊关至戚，宜善为宽慰并述鄙怀，以志拳拳。新院王公，于吾弟意甚相得，亦未可遽却。得为者为之，不得为者听之耳。砚香已回东安，而军犹遥领。吾弟以不愿作替人，自是正论。然砚香果不来此，恐湘中难觅替人也。如新院能使吾弟展其所长，不致掣肘，则较东道一席更妙。贵东情形，早在吾弟洞鉴，徒拥虚位而不得所借手，则不如以办军务者。办善后，用楚饷而安黔民，亦可使吾湘无西顾之忧，一举两得之道也。吾弟其熟思之。黔捐一局，本无可为，而又值此议论纷更，诚如尊谕，以不派人为是。然闻已捐尾欠尚在九千余，则将来改一转运局名，暗中摸索，未始不可。见在是否议定，想可揭晓。黔中军事平稳，所幸天时不忒，雪重寒严，数年未有。前日川中流民，设局安置，所费不多，而事已渐了，可见川民之多富也。“治黔之策，未得其要”，此言诚是。但非有大经济大精神极力主持，其何能济？胡文忠所条陈而不行，职是故耳。而欲望之今日，其时较易，其势实难。非得数十贤司牧遍布各属，恐一人才力聪明，亦不久而立竭也。吾弟养精蓄锐，将来有所借手，推而行之，裕如矣。(《黎文肃公书札》卷十四，第485页)

复易笏山

吾弟因借饷之力而使捐事可图，真所谓仁言利溥。唯见在黔垣捐局存照无多，已商之贞伯铁筠，行文鄂局转借。缘鄂局去腊到照甚多，且于湘亦甚便。有照而捐难，无照而捐又易，真令人笑黔之穷也。春陔来信，谓吾弟于南借得巨款，西邻得毋悔其失人乎？亦确论也。侯相言功名事业不能自主，兄窃有微词。夫功名犹可委之运数，若事业则视我见在所居之位，发见施行，亦何不可主之？有侯之为是言也，其有悔于津门之举乎？亦可悲矣。(《黎文肃公书札》卷十五，第491页)

致易笏山

黔中军事，自三月以来，下游渐就肃清。唯善后一切，非有巨款不能措手。王中丞前以军事相商，枢宪以留兵驻防为请，而自任善后。情理自应如是，但不知经费从何得来？见禀请以曾挚民、罗星潭二君兼办川军善后一隅之地，已花费三万有奇，皆局筹也。且请以曾权都匀府篆，以罗权平越篆，二君皆有心人，必能办有起色。荩帅饬沈朗山帅〔率〕师三千来剿兴郡，中丞亦派眉生会合，加以何世华先在彼日久，所谓一国三公也。朗山力主攻府城，吴何坚执攻新城，两处贼皆狡悍。幸朗山于四月二十六日攻克府城，见止新城一处，不难通力合作，想蒇事亦不远也。似此光景，黔事可望肃清。老弟闻之，亦当大快。见筹撤勇，亦苦无饷耳。我局仅恃捐输，而各省隔膜相视，湘则竟主裁撤，鄂亦观望不前。粤东可办，而苦无统帅，且甘皖湘暗中摸索，近来亦觉减色，为之奈何！老弟前以借饷之力，湘中暂准办理，究竟所收若何？倘能稍资接济，则感戴真无涯矣。黔中光景如此，趁此时势，能得大饷筹办善后，未始非一劳永逸之计也。（《黎文肃公书札》卷十五，第 494 页）

复易笏山

湘捐既撤，枢宪意不与争，唯有奏改转运，以小委员主之，断不敢以无足重轻之务累弟也。唯料理收捐清算结局，此皆关系要务，已与贞伯铁篘商之，尽可照常支用，以撤局之日为止。吾弟先已辞湘营务，今又值局将撤，岂真文正所言，功名事业不能自主耶？苗疆肃清，湘以香炉早下，仅止乌鸦坡，黔以乌鸦坡克复，再下香炉，彼此参差。□□见办香炉，捷报扬厉铺张。昨以稿见示，有头品二黄褂九，煌煌大文，可惜落在宣示之后，犹未识中丞有改动否。眉生正月出师西征，助沈朗山援剿兴郡。不料回悍城坚，费尽心力，于四月二十六日始克府城。眉生之出，不料难办一至于此，其须发已多斑白，所谓自寻烦恼也。滇事亦好，赵州云南县各城已复，直逼大理矣。苗疆腹地千余里，无一州县，见拟将丹台清都各通判，酌改一二州县，设学官，拨学廪额。凯里为居中最要，拟改设直牧以镇抚之。见在新降各苗寨，一律薙发改装，缴械读书，并通饬各府厅州县厘正插花，以划疆界。至苗疆向设屯田，膏腴尽归屯业，此事拟商之贞伯，将屯改归民田，照旧纳赋，为设义学，并免徭役，未审中丞能担当否。兄等不过尽其力之所能，为事之所得为者而已。（《黎文肃公书札》卷十五，第 497 页）

复易笏山

办捐之难，兄所深知，而其难而又难，则更无从措手。见在部中因王中丞奏撤黔捐，欲令与黔中丞从长计议，是部议之未允撤已可概见。然以中丞意，谓与其争无多之利，捐来尚欲分成以符前奏，不如竟以捐事相让，将捐局改为转运，奏请以江西月协之一万八改归贵州自领，仍以陈鸿贤主之，老弟以为何如？湘中阴雨晦冥，自系人心违和所致。黔虽不敢侈得天时，然人心所感召，天心亦顺时也。（《黎文肃公书札》卷十五，第498页）

致易笏山

湘局之设，前本由局详请停撤，以收江西每月万八之饷。后枢宪以江西来文，月饷万难再济云云，枢宪遂不愿即撤。谕令由局改详，仍以谢朴庵接理其事，仍欲借重老弟往江西一行。以善后大饷百十万，而江西应解四十万两，如此巨款，非得大才，恐难提动。此外，善后之饷，山东二十万委思南府梁金诰提，湖北三十万委王云孙[荪]提，福建二十万委严振德太守提。此次老弟之委，一则以上年于湘借饷有效，二则兄等之意为其摆脱湘事也。老弟其谓然否？兹并有随去小委员陈邦衡，在江西多年，改留贵州，欲借此差省亲，故特允其前来。老弟接到文书，即可俶装就道。其湘局事，交陈鸿贤等代办，亦无不可。若俟谢朴庵来湘，则为日尚早，请老弟酌之。此次善后各事宜，全赖此饷应用。早到饷一日，即早办一日，黔民即早受惠一日，地方即早安靖一日。下游善后总办乃曾挚民，其人朴诚干练，想亦为吾弟所素识。上游新城回逆久未即下，合滇黔之师围之，见在渭臣亦去，想可无难得手。昨接王中丞文，以湘中黔捐，止设局省城，毋庸分局，且委员监收，仍分一半。若其如此，是直不欲设也。想枢宪必有所以咨复之。（《黎文肃公书札》卷十六，第503—504页）

复易笏山

兄之为弟销捐局差，以吾弟受湘抚赏识，而必与之相忤，是不得志于黔，又不见容于湘，其何所托足哉。故特为是委曲求全，使吾弟既得离黔，并得离湘。且黔虽离而实合也。吾弟其谓然否？湘之不准黔捐，其初志也。继因部议从长商办，故为是苟且之谋以塞责，黔始意本不欲与湘争捐，继以江西月饷不行，遽议停捐实不合算，且复设为难，不如仍旧。遂由局中改详，想已咨行湘院，未识湘中以为如何？且近日之湘与黔，又有不相洽者。即如署都匀府罗应旒，禀楚军在台拱丹江一带鱼肉苗民，不堪言状。院意大不以为然，决计咨湘，并欲局中移行陈观察。殊此事发觉，楚军大哗，吴守谓必撤丹江陈倅，以稍泄其忿。查陈倅到任，即禀有捐米施粥罚银赎罪各案。今楚军指为私罪，未免文致其辞。撤陈倅原可，但恐将来善后难办也。吾弟前欲楚出饷以归黔官自办，殊有卓见，然施之于前不行，恐出钱而功不归我也。施之今日亦碍难，恐撤兵而饷仍无着也。以兄愚见，若军仍楚防，而将归黔辖，庶几两两相安。盖兵须剿贼，各有调度，未可拘泥。至若防营，则无征调之繁，即由黔节制，亦无不可。非黔好多事也。不如此，不能使地方官作事，徒有肃清之名，难行善后之政。此事之大可忧。吾弟能以此言调停其间否？鄢友石奉讳托缴院咨，已照详矣。来谕，湘中人心云云。若果如此，非桑梓之福也。吾弟所定之策，仍是上著，见在局事可交付幼方。俶装启行是否有日？陈艺圃大令，想可到湘，此人熟悉江西情形者。王云荪在湘多领百金，到黔不愿还出，即可作为兄支用湘捐，以扣廉俸耳。（《黎文肃公书札》卷十六，第505页）

复易笏山

湘中停捐，本已详院。后因院奉江西来文，如此是以变更。果不出弟之所料，后改仍设，只得反其初之所议，恐湘中大不谓然。然既复设，即不得不如此办，见王中丞可婉言也。吾弟近来阅历，欲不列肆以求售，是圣人待价之心。悠悠斯世，岂遂绝无赏识之人，毋亦时有未至耶？黔中上游新城踞回，已于十月朔日克复，缚其逆酋金万照一人。而所谓张定中者，则皆就抚。新城外之百姓，纷纷上禀提台，欲尽杀城中悍回，而提台决计好生，以致与朗山、眉生皆大不合。吁！可叹也。通省军事已了，善后无资，如何下手？是所仰赖吾弟之吸取西江水也。（《黎文肃公书札》卷十六，第508页）

复易笏山

接奉复书，祇悉一是。吾辈作官，即入樊笼，但视饲之者何如耳。吾弟飘然远举，岂鷃雀所能测其志哉？此番江右之行，意在借重长材以取信于邻疆，既承俯允，黔民受赐多矣。吾弟卜宅，合禹颜为一，而复取怀蘧，兄愿以邦有道为弟祝之。（《黎文肃公书札》卷十六，第510页）

复易笏山

承询，中丞奏收江饷，业已奉准俞旨，想已行知到湘，吾弟似可销差矣。其湘捐事，谢朴庵既欲以弟作代，则仍捐局勾当，借资薪水，至秋间了局，自是正办。朴庵以湘有转运之名，须求其实。老弟辟之，想可恍然。其实意在沾润，真可慨也！前日眉生函商，以中丞欲设局纂修《平苗纪略》，众皆举老弟充总纂官。中丞亦拟札调吾弟回省主持此事，但未审此札能即下否？渭臣军门所领各营，川中饷项决计不肯多与，竟有无可如何之势。我局承领黔营，各欠饷五十余万。见在计算，除付给外，尚欠二十七万余。其提军黔营，每月月饷尚需一万六千余。若能将欠饷清消，则一切唯我所调度矣。赵铁�病躯不愈，省中各官均不甚振作，一薛居州其何能济？吾弟惠然肯来，未始非黔之福，甚盼切之。挚民甚能办事，亦迫于局中相待之优耳。吾弟所言儿辈工夫，以读书明理为本，科名为末，诚然。然未有不能精通文理，而能持身涉世无过者，此则兄之所以为虑。二三两小儿，姿〔资〕质亦不甚高，但能自幼课之，或者不无稍补耳。（《黎文肃公书札》卷十七，第518页）

复易笏山

幼方于科场采办颇费心力，而委员遭风失水，似亦事势之常，并非有心贻误，想局中自有公论。若幼方更可无庸过虑矣。吾乡苦旱，亦从来未闻，但祝湖田秋稔，即可以羡补不足也。另示言提军事，道路传闻，实增多口。其原并不在新城之滋事，而在局中截回协饷之中以毒耳。此件系局中详院批行，于区区何尤哉！后渭臣回省，再三反悔，恳求仍归局办。不过于今正清厘，十五万欠局，有减一成、一成半者，以后概不减成。总计须多花费五万余金，中丞意以为可，局中亦并无异辞，遂已涣然冰释，彼此通候如常。至人之多言，兄亦早料及之，然处万不得已之时，有必不可推脱之势，则宁受谤而不忍和光也。至另谕坦中豪气云云，深得鄙人性情。豪气二字，犹涉揄扬。坦中二字，非相知之深，不能相信也。然我辈作事信心，何必时存防人之想？得失毁誉，一并听之苍苍者，天其共鉴乎？（《黎文肃公书札》卷十七，第521页）

复易笏山

开年以来，事甚繁冗，以致欲作复书，竟无提笔之暇。始信风尘俗吏，不仅案牍劳形也。视吾弟家居，日事丹铅，不啻天渊之判。湘捐截卯报销，援照葆公成案，且并无多加之数，尤为详密。兄固无敢参差，即宫保亦必依样葫芦也。陈委员邦衡，在江西甚相安，前已加札坐催。渭臣欠饷，川中牢不可破，似有决裂之势。客腊，宫保据渭臣之咨入告，奉批仍令四川筹给，未识究竟何如也。（《黎文肃公书札》卷十九，第532页）

复易笏山

顷诵手书，始悉台从已于二月十八由长沙起行，三月初九已过桃源，而省中举吾弟总办湘捐之公文已不及矣。且未便返驾回湘，亦是正办。老弟前有八分主意，何为忽尔一变？岂苍苍者欲令其造福黔疆耶？兄闻之，殊为欣幸，非徒幸数年阔别聚首谈心也。正以时事艰难，亟宜得有心匡救者以商榷耳。来函已呈院阅。所举之人，在湘者均不合意，唯以汪仙逋为可。而此老不欲以闲散自处，故皆不行。且俟再商可也。（《黎文肃公书札》卷十九，第536页）

复易笏山

顷奉手书，知一路安吉，行抵镇远接篆任事。并读关防示谕，剀切详明，风声所树，气象一新。布置防乱事宜，以邓罗吴三营归并办理，可省饷项而资得力。除罗将一营已撤归苏，见在苏复变计，即改归老弟接管。此外，邓秋高一营亦可照办。唯吴诚斋一营在兄，原无瞻顾，而吴眉生意以为不如令其自请裁撤，较为冠冕，兄思亦无不可。且撤营必先清饷，已属挚民将各饷清厘。然全行撤换为难，不如接到手后，挑留精壮，汰去老弱，添补足额，乃因时变通尽利之法，想老弟亦以为可。□□办事粉饰，兄早知之。吾弟嫉恶太严，恐伤忠厚。且我辈胸有成竹，只期事之必行，不必徒取怨于人也。望吾弟以后此等信，只可于兄处密之。兄尝谓，拙性执法易而徇情难，非虚语也。见在所办局面，亦遵吾弟定章，唯里子略通融些须，亦无甚碍。古州之饷，昨挚民已发七千，可缓其属。镇远之三千，即可照办。唯老弟斟酌尽善。六如意与相洽，吾弟以为不必更动，而公事已行，似不宜屡易。罗虎臣决计不愿，兄以大义责之，以情理谕之，可以遵行。若六如不动，则罗更喜。应俟老弟至古州商妥，方可改议，暂可置之不论。其南嘉堡私厘，裁撤甚好，并通行禁止私抽。吾民其有豸乎？至碉屯章程改议，添设武员，甚为妥帖。其自重安至镇远，有碉无田，如何可久？此挚民前日之力排众议而为之者，诚为久远计也。买田卫碉之论，仁人君子之用心力顾大局，能不令人俯首？公事办齐，交专差带呈，即乞詧酌施行。（《黎文肃公书札》卷二十二，第569—570页）

复易笏山

顷诵飞函，知前次所复各件，均经入览。发函之次日，吴诚斋亦具禀辞营，照批准矣。此营可由老弟新募。向将在省见面数次，人甚英挺谙练。唯局中饷项奇绌，恐难如数，已属挚民力筹。八寨之变，出人意外。星潭飞函告急，情殊可危，亦未能先事预防之故。复接来文,所裹之哨,已全逃回,而鲁令函尚复如故,其情形又似不难办理。何东山见已出扎贵定,唯凯里空虚,玉吾全部赴滇,陶军一时未能接防。昨已飞咨苏军,仍旧分驻防凯,并得老弟先事会催,必可无误。屡咨刘镇,严防古州,并通饬各营一体守御,已如法办理矣。老弟俟向将到后,先为部署铜江一带防务,然后驰赴古州,自是正办。(《黎文肃公书札》卷二十二,第570页)

复易笏山

前复函后,连接手书,皆言八寨变勇事。屡咨古州刘镇,已如法早办。苏军有欲尽杀之论,其意诚善。无如天下事,多有不如意者,并不在上之姑息,为心也。吾弟禀商湘抚,贵东一切,可以便宜会办,尤为妥极,想夔翁必能许可。论罗星潭一件,自是至当不移。无如我等之所料,在渠竟不以为意。且自道辛苦,自言布置,有非此决不可行之意。兄已告知挚民作函复之。然此事既系老弟总办,则星潭断不能不商而行。吾弟之意,或大创以儆其余,或因势可裁一二营,办理甚妥。乃因星潭仓皇一信,致使省中惶惶。吴曾诸公,拟请正亭督剿,兄意以为不必。见饬何雄辉出扎贵定,并撤继果营,由安顺折回省防。而前日所论撤之提军,新添古州各队伍,遂复展缓撤期,饬令分防凯里各处。是我等意中之所欲,因此番惊动,遂大易初衷,可见办事之实难也。此后,专望老弟随时随事整顿,不求速效,而竟成功。至另笺所论,其人早已暴露,屡欲紫垣更换,以患病迟延未行,殊可叹也。(《黎文肃公书札》卷二十二,第570页)

复易笏山

永从吴令,实无济恶之才。然徇利忘义,若辈是其故习,但恐未必其地方有如此多钱也。凡事总宜兼听,如梁运开者,尤宜细心详鞫,能取得真实口供,方能定案。盖我辈绳人以法,即一千八百亦可置之重典,何必以多为哉?愈多,即启人以疑,吾弟未细思耳。大凡劾人，宜论平日居心行事。吴令前署古州两年，何以地方如此相安？吾弟到榕后，再为访察何如？但求毋枉毋纵为当。兄平日最恨贪墨，吴令即仅有一二实迹，亦当执法，但宜服其心耳。吾弟以为然否？至风闻省中之事，有谓其父迫之之语，兄平日最能循理，理之所在，虽忍心不悔，得聆雅论，当更坚守之。窃思天下大局一事，而办理各歧者，实有难解。如湘抚考吏，系委藩司，通省仅列四等一二人，已将其奏稿清单取来一阅。是人为其巧我为其拙，人为其易我为其难，毋怪乎"我虽不杀伯仁"一语，时怦怦欲动也。人于此等处，毫不动心，似非人情。但办事时再加小心，实系法不能容者，亦无可免。苟有可原，姑从宽大。所谓"执帝王法，存天地心"，兄与吾弟所当共勉者耳。(《黎文肃公书札》卷二十二，第571页)

致易笏山

永从吴令，宜即撤，省另委贤员。但见在紫垣患病，一切均难理会。请老弟于随员中先择一员，札饬代理，并移藩司存案，日后再由藩司斟酌办理，可免稽延。施黄卫曾元魁带印晋省，兄饬中衡遍寻此人，杳无踪迹，其缺本准彭开亮署，已行矣。容将曾弁查获，再行照办。此间官场败坏已极，兄前日为任翼圣查悉，此件实系向章，兄一时未能过细，见已一律改回。必俟部复补准，方可到任也。(《黎文肃公书札》卷二十二，第571页)

复易笏山

接阅公牍及苗妇首饰等件，览之，殊为痛心。有吾弟极力挽回，仕风定可整顿。前批拿问追赃之件，何以迟迟未到，殊不可解。唯严审一节，乃系刑名例批，似为此益足以服奸人之心。但此项赃银不必解省，即作为地方赈恤之费。究竟可追出多少？此次苗首饰一并发还尊处，合成总数可也。其刘罗两人对调，不宜再换。刘固甚愿镇远，罗亦未力辞。罗之亲兵，已面允五百，若再加以五百归标，则局面叓阔。刘之赴镇,从前原是五数,此刻如何能减?明知其可省,而又不能行,天下事似此者,多多矣。吾弟其信诸来示,以防勇分布,改换局面,气象一新。其外散之练,纷纷杂乱,分别留遣之法,仁至义尽,将来开报,亦觉甚妥。贵部勇饷,均可照发。据挚民云,尚存前发之月饷三千余未起解,可令来差带解也。(《黎文肃公书札》卷二十二,第571—572页)

复易笏山

顷诵来函,以古州办理广货厘务为非,且属何将雄辉不必前来各情。查此起厘务,先据何将请归商办,俟办成归官,吾弟在省时已见兄批。再,设局抽厘,招勇卫局,皆系公事,何能以之归绅?是以,权宜委官总其事,仍由商专其权,议定一年半载办有头绪,委员不能欺蔽,抽离著有定章,商民相安,仍归官管。设炮船者,使广商安心贸易,无阻滞也。此系件件为恤商裕饷起见。若谓何将营私自做,不知厘章一定,虽自做,亦不免厘也。大凡论事,先须看办理之章程何如,不能因一面之词,使人并未见其长而遂止也。若系开办以来,毫无益于事,徒损于民,是可已也。况厘金为目今虐政,应停者,何止古州一处?若以老弟驻古州,遂停古州之厘,是美名归己,而怨府归人。于大局极不相宜,于事情亦未甚善。我辈不过于行虐政之中,务清其源,而抉其弊。凡一切民间薄物细故,概免抽厘,只以出产大宗为主,自可便民而裕国也。吾弟坐镇在此,令行禁止,必能变虐政为善政。不撤,庸何伤?至谓省城添开土药厘局为非是,并谓推广中饱扰民之害,岂知兄意即为痛除中饱扰民而设乎?荫渠制府过黔,谈及厘金中饱可惜,再三谆属。兄不得已,勉就从前紫垣蕚楼所请绅办包厘之举,而变通之,另设一局。以蒲守应枚总持其事,一切委员皆由蒲酌,一切章程皆从新定议。以土药一千两,照旧收十两之数减去一半,只收五两。发给连三大票,沿路所过之处,概免毫金帮金及府州县地方税课,计所减商人之费不少。只需在何处局所上纳厘金,发给厘票。

土药上，每饼粘贴印花，可以通行黔中各处，并不再抽分毫。似此，是夺厘局之大宗，而另归正办者也。商人无不欢呼踊跃，众口同声。安顺开局不及十日，已收至三数千金。可见商人重利，亦不肯为偷漏绕道之计。据称如此办法，商人实省绕道之费不少。商贾皆欲藏市，斯言岂欺我哉？不知老弟所闻何？似可见天下办事之难。而办事者，总以不失正为是。即令所行地方大宽，委员不一，恐亦不免千密一疏之弊。是在总持者之历久不变，而各地方官遇事互相查察，庶可成善政耳。古州之无厘章，乃司局者之过。闻邹令办理此局，竟有万余金中饱之说。老弟欲为除中饱起见，不妨以何将别开生面，趁此整顿新章，以裕饷粮，亦大局所在也。吴延尧到省禀见，拒之，即行知臬司，交首府看守矣。前言永从尚有存银三竿，是否交出？此次并未提及，至以为念。(《黎文肃公书札》卷二十二，第572—573页)

复易笏山

本月十一日，接奉六月二十八日手书，备悉。何将到后，办理尚不荒谬。其罗虎臣分管练勇之法，总以尊议为是。梅游击行为，乃意中事，得老弟统辖之，或可归入正道。谭卢皆其类也，从此一律更换，可期整顿如法。吴延尧已奏请革讯，唯解到之梁运开，臬司尚未质问。兄意，若能令吴延尧多吐出赃，以充公用，为更好。首府因奉旨察看，兄奏请开缺，送部引见。渠竟十分不愿，已早告假，不理公事。见调署，为大定之陈静山。其大定，则委樊守墨泉。至汪守本非能事，镇远一席任重事繁，唯刘守可以任之，不如饬回本任。而汪守年老实缺，不得已，以铜仁偏僻之地与之。或者借老弟委办善后之员甚多，且新任铜县者为实缺，任佑同当，可收效。吏治之坏，至斯已极。而省城近日更有出人意外之事。何光祖因未委缺，刘学孚因撤中路巡防，恨兄入骨。胆敢具禀委署不公，系兄专政，种种谬妄之词。兄思以大度包容之，而不可得，将来非形诸奏牍不可。细思其故，皆由人员太多，人品太杂。兄甄别人员，考列四等。不列等者，群起而造谣言，肆行无忌，莫可如何。若如老弟函内所称，则又在可登白简之列矣。坏人如此之多，其将何法以治之？兄非敢存徇庇之私，亦不敢避任怨之迹，唯是此等人员，只好归入内案。所谓显以制之，不如隐以制之为得也。以汪守委首府，渠固甚乐。兄以粮道首县皆湘人，又益之以仙逋，殊不好看。且此老年高性傲，目中并无兄在，何况两司以下乎？将来得罪于兄者，兄可容之。得罪于两司者，兄将何以解之？是又添累赘也。兄再四思之，不如铜仁之偏处，所辖只一县，为可相安。是在老弟之提撕而垂怜之。省城亢旱十余日矣，望后行香求雨，未审天意如何。唯自咎责耳。（《黎文肃公书札》卷二十二，第 574 页）

致易笏山

顷曾挚民交阅弟书，兄深以为幸。省中诸君，从前皆谓兄过信吾弟，议论纷然。兄不与辨，唯求其理之是而已。吴延尧之事，人咸谓老弟所办甚是，可见公论在人，夫复何疑？大委，更换古州在先，兄亦不知老弟已委余我如代办，故一律批准。及接吾弟函牍，当谕吴臬司令杨令缓去，并无异词，唯余藩司意不甚可。兄前函欲弟以文移藩，可照办也。来函责备，谓信老弟不如信正亭也。此言非知我者。我辈相知有素，外虽甚疏，内实甚亲，无客气也。至以汪仙逋为说，则老弟未免太非知己。兄并不问仙逋有论余我如事，而老弟竟怀念于心，是弟见反出仙逋下矣，兄甚惜之。我辈作事，只论理之是否，何计人言？我辈论人，止看平日是何心术，不存疑虑。兄近年以来，办事先从宽缓，随后一步紧一步。故兄之作事，从无悔心。无可悔也。老弟直性，似较兄更进一层。即如此事，毫未揣到兄之心地，句句是隔题文字。悔乎？否乎？可见待人作事之难，可见相知在心之不易。兄所以云深以为幸者，可谅兄并不谓弟言之过也。借此，亦可泯绝其徇私之念。自此以往，唯有兢兢。然以省心克己自励，并与同心者交勉焉耳。（《黎文肃公书札》卷二十二，第 575 页）

复易笏山

镇远教匪刘奉仪一案，据人言系从前事。刘奉仪即刘祖祖，所谓镫花教是也。顷据星潭查复，该处并不知有此人，亦无行教情事。吾弟可再细访，且问唐鄂生，当初禽〔擒〕川刘祖祖口供如何，即便水落石出。邓秋高之禀拿刘踈踈，自系不实。向镇信所言情形详细，论事亦切中要害，再辅以任守认真妥办，下游事不难平。郑鹄恐不及也。罗芳林，本思南团勇出身，不过打仗奋勇，自愿投效省门。且其接带之营，即李得贵之营，屡称滋事。此次更换，尤宜留心遣散，不然又多一股贼也。各营老欠饷，局查不及二万，意在全数清给，又恐各营惠不及勇，正在斟酌中。营之饷究竟多少？以大概论，东道应带一营，古州镇应余三营，又益以罗邓两营，此旧额也。见在所管营数，是否如斯？抑或过之？且永从向有三百人，系在古州防勇二千名之外，此起如何办？袁守杏村三百人，见在是否可裁？抑或可调？挪东就西，化无用为有用，当如此。罗虎臣后信，俟刘六如到镇，即可起身。吾弟俟星潭到，即来省面商一切甚好。久不见益友，所谓鄙吝心生，且一切要事，均须商酌也。入闱在即，百事纷乘，且多可恼可恨之事，晤谈时自可了然也。(《黎文肃公书札》卷二十三，第575页)

复易笏山

十九日，闱中接读复书，具见老弟爱我之诚，并感伤时事之苦。不忍舍而匿诸山林以自乐，此乃真经济道学之言。省中事杂言龙，正人绝少。所恃以可商者，唯曾挚民耳。刘事已出，而科场十四日点名，又复有华家瑞之事。吴樊二公力主从宽，兄亦未必定要从刻，只以士子入场滋事，大伤风化，是以夹片陈明。其办理轻重，犹可自我操纵也。省中自老弟去后，无人敢持正论，幸而兄尚不十分依阿。紫垣乞假一月，兼署者为眉生，以贞伯回黔在即，不宜大为更张也。梵净山事可了，实为大幸。古州厅余君办事可嘉，唯经费无出，亦宜变通。想局中诸君亦当斟酌也。顷接会衔公文，知蕨菜坪事，办非易易，并须咨明粤中，自当照办。两省连界之地，匪徒最易潜踪。本年春间，提台回头搜剿甚多，而粤中似近敷衍，故不免有蠢动。罗城融县思恩一带，兄前亲履其地，其荒凉不亚于黔。其男子之游手好闲聚赌为事，所在皆然，早为虑及。吾弟与星潭商办，能顾生苗良善，不使自惊，然后搜剔匪徒，毋使越窜，则得之矣。昨接通商衙门公文，滇事续了，和二十万金，并在云南设立码头，重庆设立码头。此外，浙江之温州，安徽之芜湖，长江之六溪口、沙市、宜昌均通商，而不立码头。合肥为便宜行事，大臣所议条约，无非曲从，并有派员出使等情。呜呼，国无老臣，诸事将就，时事至此，为之奈何？我等在黔，唯力修内政，有可为者，尽心为之而已。（《黎文肃公书札》卷二十三，第 576—577 页）

复易笏山

来谕，以官场之坏，坏于调停，此乃就其已发觉而言之，非正本清源之论也。盖使之知畏法，终不若使之知不犯法。至犯法而惩创之，即刑当其罪，此心亦终歉然。何光祖之事，经其戚罗声垣开导，始具悔状了案。刘学孚狂妄无知，想系为兄所已惩办者从中主使，故敢肆行无忌。若此二事，非据实陈奏不可。来书谓，自问有私，始不敢发人之私，误用恕字，至当不易，并谓私过与私恶不同，用恕实以自诬，尤为鞭辟入里。我辈私恶或可幸免，私过在所必有，唯严克治之。功不自讳，益不自肆，斯可以进德矣。蕨菜坪事，宜密图之，罗星潭当可即来。以兄思之，思铜之事可缓于蕨菜坪也。各营帐棚一项，局中当可照办。唯折银自办，可省运费，则尤简便矣。（《黎文肃公书札》卷二十三，第 578—579 页）

复易笏山

星潭已有公文，驰赴梵净该处。据吴诚斋禀，思境尚有劫杀之事。梁守亦禀地方不靖。是星潭此去，当可有功。梅子山事，已据镇远刘守两次禀复，与星潭前禀相符。兄已将尊函，并星潭刘守两禀夹片奏复。唯刘奉仪一犯，仍未坐实有无，再行通饬缉拿，其奏片已发房行知矣。奉廷谕："刘典奏湖南大员绅士赌风甚炽，须严行禁革，并及斋匪会匪邪术剪辫等事，须举行保甲，以清奸宄"等情，亦已通行在案。请老弟如何斟酌下游地方，所关最要也。(《黎文肃公书札》卷二十三，第 581 页)

复易笏山

甫复数行，适披手翰，并悉罗镇虎臣亦已抵署。所定营数饷数，以四千零二十两为东军饷。所余七百八十两并原勇，合之虎臣见有亲兵月饷四百四十两，共一千二百二十两，拟由局再加月饷五百五十六两，共一千七百七十六两，为镇标两营八百人之数。并为分亲兵五百，以三百为朗洞下江各员弁及各塘汛，备差探递文报之用。似此布置周妥，文武和洽，谁谓老弟办事不近人情耶？唯局饷艰难，总难接济。袁杏村所带之勇，即可就此裁撤，庶节无益以归有用。两两均得其宜，商之局中，皆以老弟所办甚好。即可照行，请即转告虎臣为荷。(《黎文肃公书札》卷二十三，第 581 页)

复易笏山

顷诵手书，并读公牍，知老弟苦心任事，劳怨莫辞，甚为钦服。省中蜚语，先未曾见。此乃附和诸君者之所为，无足轻重，老弟付之一笑极是。星潭言重安江以下碉屯，宜以所查绝逆产每年所入，以养碉兵，此论本是。至谓吴诚斋有欲私吞绝逆一层，似不至此。清查一事，非一人所能私办，纵令委员不肖，地方官岂能束手视之？据龚荣甫到此面谈，所谓陈委员者已进京去，其魏李则皆老实之尤者，断不能欺隐也。兄已一面照札吴诚斋交出其守碉之勇，应由老弟酌夺，勿专恃此项绝逆产以养之，则得矣。盖绝逆之在苗地者，断不可归公，将来苗人生齿日繁，无可生计，必至穷而思乱。查镇远所属清江台拱，皆苗地也。此外各属，尚可抽出归公，是在办理得法耳。公牍所议，已行局酌定。所有靖武富字材字各营，本应归入总统，去冬通行星潭，渠又辞不受，可见上面办事之难矣。至文武见任署事各员，经费不一，恐未必有练，一并由局开单移送。或并非带练，只作经费者，又当别论。梵净山之事，星潭谓难，向将又以为易，此中情形实难捉摸。吾弟亲至六洞查看形势，以便改建城垣，即请移旆铜思，细查梵净之事。他人论长说短，均可勿听也。杏村之练，似乎可撤。到任既久，情形亦熟，并以各营驻防均有可靠，何须乎此？请转谕之。（《黎文肃公书札》卷二十三，第584页）

复易笏山

思镇土匪，宜从本论。若必须吾弟亲往搜捕，从来无此政体。见在梵净山一带，经向镇等极力穷搜，其地又与楚军各防相距甚近，似当不致猖獗。唯见据思南梁守来禀，婺川所属匪徒几至遍地，并未提婺川县作何办法一字，似此宜专论□□。前本拟以毛和卿带队往彼，又以遵郡各处多与川连，匪徒尤易窃发，故遂中止。若如梁守所言，竟有迫不及待之势，吾弟宜飞饬向镇出一游队，赶至婺川，为迅雷不及掩耳之举，能破一二匪首，斯余匪可不战而胆寒矣。治标之法，似宜如此。吾弟以为何如？焦心蹙眉，同此病者，恐吾弟以外，只兄耳。案牍之愈办愈多，亦唯兄与弟能领取耳。（《黎文肃公书札》卷二十三，第585页）

复易笏山

军装用款，准驳听之，但求批准即发，自是正办。六洞之行稍缓，乐乡改县，尽可先行动工，绘图进呈，均无不可。徐令亦所素知，修城自可从易，人才之难，于此可见。天柱令已挑，撤省听候查办。然亦须两面顾住，不然，恐日后无人敢办强绅劣衿矣。思南铜石一带，罗道论之最详，婺川事亦言及，想可分兵以遏其锋也。（《黎文肃公书札》

卷二十三，第 586 页）

复易笏山

小除日，奉到十七日手书，甚慰。罗星潭人实有才，惜性情尚欠沉着，举止亦然。若能加以阅历，俾老其才，可大用也。大凡我辈作官，总以不自炫所长为最要，其自处如此，其看人亦如此。然而见今官场能如此者，鲜矣。星潭前禀各节，已均照行。婺川事，闻毛和卿已派三哨前去，相机而行，想亦无碍。吾弟欲兄以函慰留星潭，候其禀到，当婉劝也。若老弟先以兄意挽之，使不具禀，岂不更妙？来谕谓新旧之际，每多翻案，以兄视之，非翻案也。天道循环，剥极必覆，乱极必治。我辈准理以行，只论事之可否，不论时之新旧。翻所当翻，即不翻所不当翻，且有可翻可不翻，亦皆以不翻处之。止所谓三代相因，而略有损益也。而人往往皆存翻之见者，大抵私心有以中之，而又动辄自炫所长，以为前任皆莫我若也。岂知一转瞬，而人又将反我所为矣。穷通得失，本无所庸。其委曲即僚属百姓，亦不得以委曲言之。作官以为百姓耳，有利于百姓之事，我见之，人共见之，我知之，人亦当共知之。而其真有利于百姓之人，尤宜辨之于微，不可以强合我意，而信其无他，不可以暂时沽名，而信其能久。观人之法，似宜如此。老弟以为何如？兄忝抚一年，窃见官场皆微伺我意，以为行止。求其挺然特立，不戾道而又不阿乎上者，老弟而外，挚民其近之。（《黎文肃公书札》卷二十三，第 586 页）

复易笏山

云台山之事，禀报不实，尚未误事，似可从宽，以留后来之路，请细酌之。郑春江以老同年特赏办理镇远善后，招募硐兵，并不能仰体德意，致令吴诚斋归过于老弟，而春江犹执拗不休，殊不可解。该令系镇远县撤任之人，案犹未结，吾弟弃瑕用之，竟不能洗心涤虑顾全大局，应请撤销差使，令其回省为是。昨接制军函，言荔波崇令行为不堪，已交司阅，令其撤省。唯崇令先本禀揭游击毛长春劣迹，已由兄撤任矣。岂毛公造此蜚语以中害之？或抑实有其事耶？敢请老弟密查水落石出，毋使奸人得志，斯为得之。(《黎文肃公书札》卷二十四，第 587 页)

致易笏山

镇远碉兵一事，据吴道诚斋来文，及到省面禀各情，缕称以楚勇守黔碉不费粮饷，尽可得用。而我等必欲撤去，似乎不合。前阅老弟公文，亦以镇远各碉仍以诚斋分守，其思铜各木碉或由尊处募人援守。是老弟原非决计欲撤诚斋守碉之楚勇也。不谓郑鹄不顾大局，徒挟私意，反其所为，以自诩得计，其人可谓不识时务。前信欲弟撤之，此乃至当不易之论。昨阅罗星潭统筹下游全局禀，竟以郑鹄可司镇施青玉一带善后。兄窥其意，盖以老弟之所谓可者而亦可之，并不察其人之胜任与否，孰谓星潭非迎合人意者？恐老弟未深察也。见在诚斋仍守石碉，并称可分守木碉云云。兄思地方均归东道管辖，明知事属可行，亦不能不与老弟商妥。大约诚斋系带楚勇，若我等并守碉不用，恐楚闻之，竟欲裁去，此诚斋之隐衷也。况我等兵不敷用之时，落得借材异地，老弟断不可拘成见。至思铜各木碉，是否可以接守，抑或暂听诚斋仍旧，均请老弟斟酌。星潭已请假，五月回里葬亲，情词恳挚，似难不准。且闻日内即可到省，俟面商何如。其统筹禀，谓东道宜驻铜江，以便扼要。星潭既去，老弟不能不出巡，究竟何时可以起节？黎平太守之亲兵已撤散否？念念。吾弟前信并公牍所开各条告示，兄细阅，只第一条系前院已行者，正大之至，亦可照行。至钱债巫师跳月等事，此乃苗民细事，陋俗相沿，一旦禁止，恐窒碍难行，反使若辈不安。鲁人猎较，孔子亦猎较，势使然也。此事若出自州县官到任晓谕，亦所不禁。若以兄衔出示，万一不行，何以自解？所谓“令出唯行，弗为反”，此语不可不细思也。请酌复以便再核。(《黎文肃公书札》卷二十四，第 587 页)

复易笏山

顷诵手书，惊悉令坦作古，为之恻然。上年见面，深以气体清癯，虑其不寿，今并其子亦殇，尤为可惨。吾弟爱怜佳婿，兼伤令媛之无依，心绪不安，自不待言。唯公事繁冗，正宜节忧珍玉为祝。荔波事，明查与暗访交用，必可廉得实情。下游碉事，撤郑鹄，仍归吴诚斋扎守。其荒僻各碉，另派兵弁护守之，实为正办。诚斋此次来省，极意欲图仿照徐公上游办法，各司道亦力为之说项。兄以多一事不如省一事，且明知其无益，徐已花费十数万，皆由出自独断，兄何忍踵而行之？幸而兄处前后左右无隙可乘，亦悻悻然辞归镇远矣。属由省酌派二三员，兄拟一贺树德，而挚民力举杨执中、李兆奎二员，已函知藩司札饬矣。兄后有一函，亦言诚斋事，以迫于众公之求，故不得不先告。其事既已尊处分别定妥，可无庸议也。(《黎文肃公书札》卷二十四，第588页)

复易笏山

昨备公牍，尊处请将镇远善后局委员所卖台拱绝逆公谷一概追缴，还台拱厅作常平仓余谷，由地方官变价以作地方公用。此件公文，想可入览。施秉城事如议，可省巨费，但须俟众绅齐集方可定夺。汪守接印颇迟，晴字营亦甫到彼。吾弟先往江口暂驻，以清理梵净山，想可即日扫荡净尽。丹江之练，俟吾弟回来再说，且谢已告假到湘，可不必急急也。(《黎文肃公书札》卷二十四，第589页)

复易笏山

奉手书，祇悉。洁诚登梵净，祷于山神，为民请命，其文词剀切详明，想神功必能相助也。查核各军，分别勤惰添撤，甚足以示鼓励。任守本文员，不过能耐辛苦，谓之知军务则不敢信。所可信者，老弟从不袒护所用之人，信赏必罚，颇与兄同此志。任虽发奋为雄，思以自赎，其实带兵总非其所长也。各营兵饷蒂欠为难，已将尊函交局中阅，属其照行，想可如法。至此山之余贼无几，悬赏侦获，并约会吴苏各军。吴已有公文来，而苏则因向镇一禀，谓其佃户通贼，馈送军火，心怀不平，谓并无广老之佃户，宜实鞫贼供云云。是殆各有意见者，不然无则无矣，何必哓哓致辨耶？古州防营出力禽〔擒〕获首逆，例得记功。吏治之效，诚信然也。铜松思南吏治，亟宜整顿，应撤应换，自可酌量施行。藩呈之函已阅悉矣。但其中有万难置之无用者，俟将来如何处置耳。(《黎文肃公书札》卷二十四，第 592 页)

复易笏山

月之十二日，接奉手书并公牍，具聆一是。梵净山余逆无多，搜索竟至不易，殊为可恨。铜仁汪守事，省中皆不谓然。以汪守平日菩萨心肠，何至如此？且有任守会同办理，其咎即不得专归一面。此事作为土匪正法原可从权，至以擅杀四命大题照办，恐所难免者不仅汪守。吾弟认真整饬地方，于此等事似欠含蓄，且明知前事与汪守龃龉，此次似有意偏重，人人俱有微言，非兄之私意也。见在汪任并撤，或可持平。梅金魁之事，罗虎臣咨来，已早撤换矣。(《黎文肃公书札》卷二十四，第 592 页)

复易笏山

前月三十日，接诵荆蓬途次寄书，欣悉。巡历思南，沿途辛苦，仆从难支，即改由捷径驰回古州，酷暑蒸人，亟宜珍卫。上年年终甄别一案，系再四斟酌。有关于官常品行，故忍心为之。其实，此外可入者不少，焉能一网尽之。吾弟之为郑鹄慰，可见吾弟居心之厚，较兄为甚。镇远绝逆谷变价，诚斋办理不善，即此一端，可想其余。诚斋之禀已行尊处，不能归渠再办也。婺令行为早知大概。梁守回省面禀，不愿回任，谓奉老弟批语，使之无地自容。吾弟为人守正不阿，兄所甚服。其嫉恶太严，又似不及兄之权宜变通。即如汪守一件，人咸谓汪非嗜杀人者，恐其与东道宿嫌未泯耳。官场群言，不愿作东道属员。似此，又非老弟盛德。愿与共相勉之，弊去其太甚，一言良可味也。(《黎文肃公书札》卷二十四，第593页)

复易笏山

承示各节，有为兄所拜服者，有为兄所过虑者。其拜服一节，则以弟守正不阿，不以人言而挫其气。其过虑一节，则以事由下办成，在上者一为挑饬，窃恐无知之徒借此酿成大狱。此定番前日京控一案，系曾前院于事后一批申饬，遂至不可收拾。如果平反大狱，亦所宜然。但虑所办之人亦不为过，徒因一撤，致长刁风。所保全者小，所损伤者大。此所以不能无过虑。且来函竟不责备任守一语，岂为持平之论？吾弟思之，然乎？否乎？至各员不愿为东道属官，此系他人之言，即兄亦断不以为可听。吾弟其力持此心，切勿为卸肩起见，斯下游受福多矣。见在大委，系藩司主政，兄不参末议，非推诿也。人才不过如此，且不如试之以定优劣。如实难称职，撤之可也，劾之亦可也。在主政者，亦无得曲庇矣。吾弟前密考永从令，兄以为然，而本府竟大加赞赏。其不满意者，又在古州，有"颇近操切"四字，未知果系的[得]当否？吾弟试思之，好尚之不能同。即此，已可概见。甚矣，做上官之难也。(《黎文肃公书札》卷二十四，第594页)

复易笏山

前月二十一日，接诵前函，正拟作复，适以公冗兼患感冒，不耐作书顷复。续奉手书，读悉一是。其言汪守事甚详，已交挚民阅悉。前函各官之可否，兄亦略闻之。后函言汪守之不当容，虽反复辨论，兄仍不谓然。盖前可虑之端，实系明鉴。若省中不撤，则不能力持其议。若既撤，则曲直亦不能含混，有主之者也。至以省中之冤妇既埋，犹必开验，拟为见牛未见羊，未免失当。夫省中之事，系淹没不彰，无人伸埋，及至相验，犹多方狡展，使死者不能伸冤。若铜仁事，则明明有杀之者，明明有禀撤之者，其案昭然可审。兄并不为汪守曲徇者，即见牛见羊之本心。不过我辈办事，外面虽从严峻，里面要无纤嫌。且平日待人，于可造就之人才，时时以正言理论启迪之，恐惧之，奖借之，以渐至于有成。至其措置乖方，则据理以撤之，参之，不曲讳之，未有不帖然服者矣。昔叶公攘羊之问，夫子有隐之一断，曰“子为父隐”，又曰“父为子隐”。大圣人之心，岂真欲相隐为能哉？其中，亦实有大不得已之苦心耳。请与吾弟参酌之。且黎平古州考语，吾弟以为诚哉？是“言非此，不足以办事”，此言兄早揣摩于心。我法我行，事当其可而已，何恤人言？唯吾弟之爱古州，必得如兄之爱吾弟，取其长而规其短，则将来成就正未可量。圣人云“好而知恶，恶而知美”，此语吾辈当刻骨铭心，庶不至有徇庇之弊。各官之不当换者竟换之，当换者又不合式，且荔波既撤，又委婺川，似乎不近人情。不知此公，本府周再三用公牍力剖其诬，即吾弟委刘文泰一查，亦未甚言此公劣迹。故国人皆谓可，兄亦曰可也。此外，所用之不得当者，兄明知之而毫未置可否。以用人之权两司主之，必事事挑剔，人人指摘，将有难乎！为下之势，不如姑听之，以俟其人之到任后，作为何如，再定去取。庶举之者无可回护，而和衷二字不至相刺谬。愿老弟共体此心，于同寅则和处之，于属吏则纠察之，即同寅属吏有不合于心者，仍相隐以徐俟之，斯得之矣。（《黎文肃公书札》卷二十四，第594—595页）

复易笏山

据余守禀，镇远绝逆谷，吴道答以变价，有六千串之谱。昨已据禀择买碉田，各处造册到院，未知即系六千之数否？又据李秾华禀，除六千外，尚有各属乡村存谷甚多，可否即在乡间存收？切难一概运送到城。是六千之外，又有如此之谷，其将何以处置，仍候酌度为荷。张正亭调下司之复字营杨再炘，往上游接防玉字营，当与司道各君商拟，就近拨营填扎，原有公文到弟处，此皆就近，不甚离经，故不妨也。

黎平参将已委，其顺字营即不撤之撤也。所有下游各防务，仍望老弟细心斟酌，俾臻妥洽为是。（《黎文肃公书札》卷二十四，第595页）

复易笏山

台拱之缺，本拟从缓，而司道诸君迫不及待，竟以李守道本署，并促兄寄函夔石，仍旧兼营。此意，并出挚民者为多。来示，言及此缺不易，并陈黔中情形，有兵累政教之论，读寄贞伯稿而知之矣。戡乱以兵，善后以政，而复不能少者，为相辅而行也。楚军驻防黔省，声气不通，可以防患而不可以弭患，以未能辅政教也。来示，意欲去兵，其实有碍，与兄初到任陈奏之意相左，一不可也。欲楚驻防，不用楚军，人何以堪？二不可也。苗疆腹地顿易军威，而司牧地方者，又恐不能即行政教，徒事纷更，无俾实际，三不可也。为今之计，莫如择贤守令以居官，约会邻防以捕缉。至邻防之无益者，去而更之，以期相辅政教。此吾弟贵东之役，兄之用意，亦以能通湘中气也。丹江甘倅系用苗夫修城，夫修城本领经费，而故用苗夫，即此一端，已大不可。虽平日居官，尚有可取，而犯此大弊，何以解乎？圣人所谓"好而知其恶"，此之谓也。吾弟于所好者，往往存回护之见，毋抑宽厚之过耶？罗道有才而近霸，善于用之，较碌碌者相去远矣。徐锡苐可暂留办保甲，其报销局已另派张世瑶特任，许君可无须也。思南办匪之奏亦可附片。但办实事又何须为此铺张？当世之人心，已可概见矣。（《黎文肃公书札》卷二十五，第596页）

复易笏山

奉大牍，再三批阅，实费苦心，已将后三项批行矣。须再行会详，方可出奏。至谓致湘稿未及深察，兄见其语，多刺谬湘军意，以为即弟前意，欲湘划饷令黔自办也。前意本甚善，而人情有所不同，奈何见在湘已撤席营，而令龚苏兼顾，未识裴君复弟信如何？请告知，以觇湘意。顷接函示，以此次调署各镇似有不平，谓罗刘先胡为对调，今胡为又令罗回镇。夫以刘之不愿在古州，岂弟竟忘之耶？罗之调古，实因刘之不愿，而勉强将就者。谓罗可以二百，刘何不亦二百？此言似是，而实未思其所以二百，所以不二百之故。罗本先到镇远本任者，由一百而增至二百，其故非弟所知。刘本先署镇远者，原有五百之数。此二者皆仍其旧，何为不平？至谓曾何不调镇远，若以曾调镇远，则罗必谓不平。此皆弟之未细察耳。且曾署威宁太久，本可撤之人，而古州一缺不久即可揭晓，若简放实缺在黔，则调署者不过五百京兆。窃恐有此一调，而曾将告退矣。弟且徐观之。兄之裁镇勇以省饷较易，而弟之匀各营以省饷较难，我辈作事，何必求人知也？至古州镇标之二百五十人，分拨各营汛者，以后可仍留，而不必归镇管。吾弟可用公文留归东道管理可也。罗镇之与吾弟相安，实以吾弟之威望令人可畏，故至此耳。杨翰芸晋省，来言有见于东军之弊。所言设分统者，盖因将与将不合，文与武无所节制，日久不能收效。吾弟谓已办有九分，而外间言从前不过十数人在乡截杀，此刻已有百十成群劫杀一家数命之案，层见叠出，有岌岌可危之势，证以翰芸之论，毋乃有因乎？且云地方官吏畏吾弟威严，竟不敢一字禀地方之不靖，何况言向镇等之非？所谓君子可欺，以其方也。阅弟函，云称向镇未免过当，兄平日于老弟所信心之人，断不忍以不肖疑之，以吾弟固明察者，何至为人所愚？今言者谈地方之有事，并指天誓日，以明其非诬，兄敢存忍隐不言之心以负弟，而误大局乎？向镇之为人，兄不得知。即如以梵石精制杯盘送兄者，是何等居心耶？兄从未见弟一提及此事，固知弟之溺爱特甚。然果能剿平地方，而区区无关轻重之事，亦可相容不言。今据所闻，并证所见，天下有才之人，往往大刀阔斧，自成一格。与吾弟性情貌合，而不能效吾弟之实心认真者，多矣。请平心细察之。(《黎文肃公书札》卷二十五，第 597—598 页)

复易笏山

诵复书，知虎臣一事，可无多言。唯镇远系丁忧开缺，可先令虎臣带二百人，其余亲兵可撤，留防弁勇仍留，似不必拘曾镇到处接替。日后曾到，其分防弁勇仍然交管，亦无不可。窃恐曾之来尚早，且难必也。吾弟其先暂为部署，以省月饷为是。罗已知会带二百人往镇，曾亦如是，不必再知会也。另示所论，似失朋友相交直言取益之道。其余养气之学，尚未十分恳切。谓兄所言向镇，不过据所闻而直述之，尚未知星潭已有前言，独恨星潭可以亲查，而兄不能亲查也。兄不能亲查，而弟已亲查，则仍以信弟者信之，有何不可？至撤向而用杨一语，似涉负气而非平情。杨岂兄信心之人哉？不过因吾弟前有留杨石阡之说，想为吾弟深信之人，故前函一提及耳。其实湖南党宁乡党之说，兄亦早闻之。不知兄意中，不唯无宁乡，亦并无湖南，只取人之可用而已。若谓人为我，实知其短而又愿为我用者，可用；尝试我要挟我，皆不敢用云云。兄以为，此皆在论意气，而未能论事功，非平情用人之道。愿为我用者，必不要挟，而或不能办事。其要挟我者，即愿为我用之人。不然，亦何为要挟也？辞之可也。其不辞而要挟者，恐亦诚见事之不能为而出此。若遂谓此等人皆不可用，是直言者终不得行其道，毋惑乎？与我好者便是好人也，天下事大抵如此。吾辈总宜力挽此弊，如鉴之空，如衡之平，不以人言为是非，不以成败论才钝，斯天下无不可回之积习，无不可振之人心矣。至必穷究不敢报贼，指天誓日为何人，又非上官之道。天下之迎合上意，不肯直言上官之非者，岂可胜数。兄尝谓，前日张巡捕需索李兴本之陋规，通署谁肯说出？唯吾弟言之。即兄之处事，纵离经叛道，亦无敢面言之人，久以此为恨。未识吾弟必欲知其人者，其拜服此人耶？抑苛求此人耶？若其言是，吾察之，照例惩之。若其言非是，吾察之，并通饬以垂戒之。所谓有则改之，无则加勉，于人乎何尤？此兄近年来阅历用功之语，愿与吾弟其勖之。至以干众论，思卸责，在吾弟之血性任事，故应有此。然以兄待吾弟之诚，从未尝辨论是非，何至因此而怀疑耶？愿吾弟平心静气，督饬向镇等用心搜贼，并查探江口一带地方有无劫杀案件，人心安静何如，以慰兄怀而释悬念。（《黎文肃公书札》卷

二十五,第 598—599 页)

复易笏山

古州留勇之事,已将尊函交贞伯,欲其致书夔堂,渠回字已抄信告知。并谓镇远见无要事,不如留罗以待曾,云云。是贞伯与吾弟相合,仍乞商之虎臣,可照行否?兄前闻虎臣有私自散勇之信,故恐虎臣不愿久居古州也。若能稍缓,则交代更清,岂不两得?向任亦报劫杀有案,则人言之所由来,亦何必责?我辈总以公事为重,办理果善,人言不戢自止,办理果不善,即无人言,岂能自安?昨日都江之禀,已用公牍行知尊处。读来函,已早得信通饬矣。星潭之来,未必能快,且其人与吾弟甚洽,而与兄不甚相得,恐有观望以觇动静。若我处能加意,防捕无甚紧要,则渠久之必来。若我处愈办愈不了,则渠恐将有舍我其谁之念,必待兄卑躬折节以求之,或者可来。此兄之揣测如此,未审弟意以为何如?至各处防营,宜痛加申饬,以固冬防。而谢友鹄营务之设,亦不可少,但恐各官不能听号令也。星潭接手之罗将,其人何如?兄意,不如先由吾弟通饬各营,责令搜捕此股苗匪,并购线密拿,务获。再密派得力弁兵各路查探,兼可以觇各营虚实。何如?大抵防营处无事之时,人数必少。上年公文,由兄派员阅看各营操演,后以吾弟回信,不必由省派员,此事遂废。见今人心易疲难振,想吾弟必有卓见施行。再古州以勇防城,口粮按发。兄意,本奉寄谕:"整顿绿营",已通行饬令各标呈报,再四熟商,复五成兵额。于五成之中,酌给军饷,总计一年在十三万两之谱。一则可整营制,二则使武官不致束手无策,未始非穷变求通之一法也。吾弟其谓然否?
(《黎文肃公书札》卷二十五,第 599—600 页)

复易笏山

罗镇可少缓赴镇,甚好。见接曾夔堂文书,已将咨行来矣。此缺已放张得禄,直隶人,见任广东高州镇,正未知何时可到此也。守城用勇，不如用兵。兵系土著，勇由外募，势相殊也。兄意，决计欲复绿营兵额五成，其饷半之，见屡商之提军。据称兵非勇比，勇之数操之在统领，兵之数操之在千把，欲兵无缺额，只需饷足，自可行耳。果能通省办成，则不唯旧制可复，而且武弁等官亦从此习于操防，地方气象一新。由是而酌量撤勇，亦有可恃。但未知兵燹之地，能招复五成兵丁否？请老弟查明示复。至点勇，系属虚文，此乃有心欺饰之营官，故可无所不为。天下清刚之品难得，诚不诬也。余我如办事尚能，而赋性太急，缓缓开导而陶淑之，几于中道，则得矣。李守请增兵剿办秦逆，兄与司道商，竟无兵可增。无已，即将余受义之三百人调赴该处，何如？缘渠系紫垣之侄，扎牧请防黔西，故成队伍。后因仁怀县一带有事，调防该处，归毛和卿节制。见在刘道锡恩驻扎黔西，将继果全营调防该处，似余军可以另调。此外，亦别无可调之军。请速办示复，以便办理。近日，雷公山各匪出没，何如？经老弟加意整顿，想可一鼓平定也。(《黎文肃公书札》卷二十五，第 601 页)

复易笏山

接阅手书，并吴潘夏各函，知向镇之事，已由弟处置得宜。兄即如函照办，公牍并呈。若以其某队带赴川中，尤为合法。但须吾弟指示机宜，他人不便参末议耳。办梵净山余匪，兵团并用，自是因时制宜。向杨与印江事，兄亦早有所闻。而未告吾弟者，以吾弟处必有一番剖断，故未提及。今既撤向，可易了矣。阅吴潘函，亦觉其言之过甚。窃喜老弟平日待人最真，故人皆敢直言相告，实为老弟喜。兄平日不佩服星潭，即此可见一斑。渠明知尊意所属，故始而以闻言相告，继而以大器为许，意在迎合。故系兄揣测之词，即不出此，而渠既为帮办，凡在部下，皆属官也，何必面谀为词？而不以好好做人为训，致使向镇阴受其害而不知，非兄平日待相知属员之意，故不取也。其收[受]理词讼固非，即捕贼，而不约会团绅相助，亦无此办法。且贼烧杀场分系初二，而团民捆缚营勇系初五，何以相隔数日，始出勇捕耶？此不可解也。今得吴潘夏如此同心，可不难成功矣。另牍照行局中，原函并送公阅，以明老弟之不护庇。曾镇已来，并代原部。此人行为，兄尤不敢决定。俟到古州，请徐察之。何如？（《黎文肃公书札》卷二十五，第601页）

复易笏山

自前月十六接到十二日手书，复随于病中得读前月十七日一函，又本月初三日一函。是时皆在病中，不能作字，不能著想，故亦安心置之。此次，证系伏邪热。初起不觉，自冬至节至前月晦日，所服皆石膏黄连等品，始将邪热逐退。然元气已大伤矣。本月初一以后，止清润之剂，随进阿胶洋参以资补养。此外党参苍术等品，概不能用。故病虽去，而复元为难。衰朽渐臻，奈何奈何！所喜冬至后省城得雪二次。向将撤营到省，竟不能见面，已属局中妥为照料，渠见已回尊处。其梵净余匪，勾引新贼窜扰烧杀，前已檄萧肇富并李均分投[头]往捕，近又调余受义前往石阡分防，似此兵力稍厚，地方官能督率团民相助，想亦不难了结。来示，以事难兼顾，欲荐贤自代，已批不准行。盖大局当如是也。如果邓鹄卿可用，则老弟请为帮办。如罗星潭由，旧法似亦可行。总之，用人之难，办事之不易，唯身历其境者知之。轻易生手，恐不如仍旧整顿之为得也。至群疑众谤，何碍焉？营官之不得力者，去一员则人皆思奋，何至同类生疑？吾弟可明白开导，多方以鼓励之，开诚布公，人无有不诚服者。尚祈老弟重振精神，勿馁锐气。地方各官，所论者是，吾是之；所论者未必是，吾亦不曲徇之。总须地方官与防营一气相生，防营与各属团民一体相亲，斯无难办之贼矣。思南府所言徐锡苐一节，是否宜更换，想老弟自有权衡也。（《黎文肃公书札》卷二十五，第603—604页）

复易笏山

贱恙至年底改用热药有效，渐次试服附桂始愈。开年以来，用十全大补之方，连服十日，精神渐增，饮食亦较好。元旦朝贺后，仍未出门见客，借省应酬以资调摄。吾弟所言养心之法，以时贤与志士并勘，立论极当。唯处事，有未来、既来、既办、不遽办之分，而欲此心之勿萦勿系，非圣贤知明处当功深，恐未易臻此境。祇心有所寄，而不劳一言，斯则吾辈之所当学也。至嗜欲宴乐之不可徇纵，兄亦留心久矣。吾弟之自课，为属员计者，未免大厚。此吾弟近日之模棱工夫也。若委邓道，必添亲兵，此乃一定不易之论。欲为局费计，则诚宜少缓耳。(《黎文肃公书札》卷二十六，第 604 页)

复易笏山

模棱磨砻之语，乃真误记，可见病体之虚衰。吾弟近来用功，益臻邃密，殊为可喜。唯不为大官，必为神明，毋亦好名之心，尚未浑化耶？况大官之来，见在尚未可知。圣人老于行，终不忘用我有为之想。盖志在济世，故栖栖如此，不得谓之好名。吾弟长才苦心，以天下意卜之，知其必有可为。即如黎平此案，关心民瘼，恐外间人均未能见及此。夫以老弟之办吴延尧一案，兄未敢稍存姑息，前鉴不远，胡又有尹椿年之作奸犯科耶！此则真可为痛哭者也。袁守经吾弟选择，尚如此行为，而其他复何问乎？徐丞之撤，系正办。而李守营务之请，殊为不通。如以徐为是，则当力辨之，且于汪守前，婉为曲全之，方合和衷二字之义。似此以汪守禀撤之人，留充营务，迹近树党。以后于地方事，恐均以粉饰了之，必无益也。吾弟但以人各有类置之，恐未及深思耳。石阡李守之锽，胆怯而懦，纷纷请兵，亦非贵州之善作官者。老弟郡县得人之句，不过一时高兴，凑合成章，兄初阅之甚善，继思之，恐未必也。郝江张梁所部，本不可裁。然以之归协，又与新章不合。故另委胡志祺来接防。此人系刘靖翁旧部，贞翁甚称其才，亦姑试之。省城传闻之语，尚不甚确。来示，当存记之。(《黎文肃公书札》卷二十六，第 605 页)

复易笏山

前月二十三日，接诵十八日手书，得悉有往八乐会勘之举。此件广西公文，于昨日始到。至独山城内劫案，本属骇人听闻，兄以此事关系刑案，且有幕友查例载，故一切均候发行。且该员于兄前日似有嫌疑，若疾声厉色以斥之，论者必谓其无量也。况刑案有例，岂能为一人枉法？今得老弟重言以申明之，在彼欲瞻顾者，亦无所用矣。故仍批司候详。昨接铜仁协刘三友来文，以守备王国升把持衙门，无恶不作，周协玉成为其所蒙，若周协回任，而不先去王党，众弁皆不愿当差，并欲辞退，云云。又前接罗镇来文，有刘三友减扣兵丁饷银，致令各兵拥入铜城需索，三日始散。此件，已交吴守查办矣。似此，该处武营毫无整顿，殊非慎重营制。必得吾弟派员前往查察，是否系王国升把持衙门，必得彻底根究。唯兄早闻铜仁府县各房书差，皆系武营兵丁充当。故文衙门稍有举动，该武官早已知之。此其挟制文官情形，并非一日，所以亟思痛除积习也。（《黎文肃公书札》卷二十六，第607页）

复易笏山

古州雨水为灾，吾弟责躬损食，以祈晴霁。想一念之诚，必能感格天心，以救此方百姓。近日天气如何？念甚。省城雨水甚多，恐外面低洼之地，浸淫不少，亦殊可虑。处此穷苦之区，唯冀天降康年，稍可安职。兄默存此心，无时或释。而各人作官，意向不同，恐未必一体感召祥和。附呈纪慎斋先生祈晴法则，即就祈雨而更易之。此法行之湖南四川最为神效，兄前年在署刊行，特寄一本，请弟斟酌用之。此乃正道，非术数也。古州撤厘之议，值此天灾，似可暂撤。唯百乐局为粤货入关，似又可从别论，且看众议如何。凡祈求晴雨，总以省刑止杀，平反冤狱，勤恤民瘼为要。此外皆可勿论，想老弟亦不拘泥也。兄病体难以复旧，实因焦劳不能尽泯。然较吾弟在省时，精神似有长进。徐俟之，或可复元也。（《黎文肃公书札》卷二十六，第610页）

复易笏山

接诵初四日手书，欣悉前寄函之日，即止雨开晴，水已退尽。且查止淹毙一人，尤为大幸。唯茅房冲失，瓦屋空存，蒿目伤心，亟宜加赈恤耳。贞伯来面，禀已开库先发二竿，派弁解来。随后应发多少，由老弟查数补发。此间居民虽遇天灾，得老弟仁心善政，受福不浅。兄唯有恐惧修省，以迓和甘，以救民患，常存此心而已。梵净山之事，老弟所言亦极是，但守令之能事实难。吾弟所言分段分防，系就东军各营而言。兄意，须将下游思南、石阡、松桃、思州、铜仁各处，总宜分防，合晴字富字各营一并在内。如无防营，即责成地方官亦可。请老弟再为斟酌。或料理灾赈事毕，再往该处一巡，何如？昨日大委，兄止更留两处，一下江，一清江。二处皆苦缺，而有贤声。不谓甫定，而老弟之书适至。古州系鲁到任，尚合。此外应查之事，以铜仁协标、独山苏令劫案为要。昨首府将解犯供呈，只三犯在场，余皆并不知情。以并不知情之人牵连解省，以为获犯过多，可自为出脱地步，其居心尚可问乎？若老弟访查得实，即可定案也。（《黎文肃公书札》卷二十六，第610页）

复易笏山

兄再三通饬各防营，认真缉捕，得老弟严为督办，想可无碍。梵净思南一带军务，昨见鹄卿函告挚民，似以吾弟所闻不实，盖以告示所指云云也。渠意，欲得四营归其节制，并在南省添招勇丁来黔，方可办理。并谓老弟多受人欺，故办理久无起色。兄不知该处情形，得毋如弟来谕，带兵者往往张大其词，以为握符地步，亦未可知。唯鹄卿既系老弟请同襄办，则一切均应与吾弟商量，何得另行陈说？想老弟必有成竹在胸也。昨刘松生来辞行，谈及吾弟函，知欲渠总统下游各军，专办剿匪。松生意在用湘饷，以三千人为度，每月止一万五千饷，尽可作事。是加饷而实减饷。合星字、堃字、谢鸿章、邓千胜、萧肇富、李晴川、胡志祺并东军各营，亦概归入三千数内。如可敷分布，则练精而有用，饷减而功倍，亦整顿之最要者也。松生与老弟至好，其人亦有血性，若能得老弟相辅而行，使下游一律肃清，再移往上游酌办。是防军渐次可撤，一劳永逸之计，无出于此。想老弟必能斟酌尽善也。（《黎文肃公书札》卷二十六，第611页）

复易笏山

接诵惠书，兼论理势，此乃一定不易之论。唯据该处苗民纷来省诉留，且镇远府县亦会禀，如此只得据情陈请暂留。且见在定番降苗，妖言聚众，几酿巨祸，幸派何将雄辉一军速去，将逆首一并禽〔擒〕获，其事可了。本年，上下游地方均有蠢动，未识何故。吾弟所筹，以刘松生总兵，仍用旧饷，而以晴营加饷裁去，作为松生统领费并添亲兵之用。不另添饷，而可整军，亦事在人为之意也。办贵州事，非用此一片苦心，如何能行？当将尊函交司公阅，一面由院办文，钞函中意行局，尽可照办。古州水灾之后，天气晴和，乡间田禾奚似？念念。（《黎文肃公书札》卷二十六，第612页）

复易笏山

松生未识行抵何处？其前致局中函，欲另加月饷二千金，以便速了。贞眉诸公不敢重违其意，函复："如果另需此项，局中可以力筹。唯不宜变乱饷章，使黔中见在各营短气"。此论亦是。顾何以此等议论，不与老弟商，而径与局商，不可解也。然欲用天下奇才，非如其愿以相偿，恐仍用如不用。吾弟平日为大局筹，多半是节省起见。若如松生者，似又不如从权以鼓舞之。成功速，则省饷多矣。吾弟思南之行，似不能免秦登桂一案。据徐函所说，非渠亲去不行。昨又由局加札，令其前去。盖因老弟有欲亲审之论，故不得不如此也。（《黎文肃公书札》卷二十六，第612页）

复易笏山

松生已行，其公文发往丹江转去矣。昨又见其致司道函，欲将川中欠渠饷项，捐作黔中制办军火。此事须松生有公文来局，方可咨川，并函恳之。来示，减饷自是至公。然必各营均减，事同一律，方合。晴营恐不能久，将来并归松生亦好。邓鹄卿恐不愿久于此者，其人亦尚可取。徐锡苇已由局加札去办秦登桂案。不料竟有诈赃之案，可见天下有才之人，多不能有守。用人如此之难，奈何！定番事大致已了。解省六犯讯之，直认听信灵哥造反，可见苗人之愚，并不以造反为奇事。似此，又非地方官之激变。兄初亦疑之，故必令解省审讯，方释其疑。其事大约与凯里同，而归化之女巫造谣，亦即其类。办此六犯，傅〔缚〕首枭示，或可使愚苗废然思返也。下游得松生搜捕，与老弟整顿，咸谓不一二年，可望太平矣。百乐之事，粤抚长咨力辩，并启道台，谓吾弟不置一词先回，云云。可见天下事，不可以情理测得。毋吾弟分手时略有骄意，故中其毒耶？此件已行，请斟酌如何咨复。顷据厘局委员禀称，百乐既不允设，可移此局于丙妹。未知地形如何？查此局断不可撤者，以入关货太多。兄今年整顿厘务，漾头系湖南入关，以前每年所收不过五千以内，今年每月可解一千五六至七八不等，约每年可得二万之谱，是不啻三分其利也。甕洞亦然。曹家溪昨六月竟收至四千之谱。推之百乐，为广货入关，见委唐丞昭敬去办。查该丞前在流塘，一月收至五百金之谱。此局从前一年不过解到此数。此外上游各局均有起色，稍可接济饷需。而两垣皆系老办局者，初意谓兄为多事，作壁上观，今略惭且服矣。此百乐局之亟宜核实也，特用商之。前接吾弟公文，以下游各局拨款不发，应改为省局。此乃厘章如此，兄并不知先有此举也。查从前各局拨款，甚愿银，可减色，可扣平，可讲折头，兄闻之熟矣。此次委员不发，系遵局章不敢拨，非于尊款有异议也。（《黎文肃公书札》卷二十六，第612—613页）

复易笏山

奏留苏军一件，旨意不允，并谕令："督率防营，认真操练，慎选牧令，不准苛虐苗民"等因，跪聆之下，殊为悚惶。查黔营本不甚多认真操练，业已三令五申，老弟兼此，东方尤为吃紧。昨又据松桃文武会禀，楚边哥匪滋事，聚集二千余人之多，该厅接壤不远，宜如何设防之法，老弟必早筹。及前闻刘松生八月底可抵铜仁，见唯有加函飞催为要。丹江各武员调换，必得公牍，方可牌示。吾弟所筹，不增兵而防务照旧，谢既解任，仍带原营，亦是情理之极。黎平一案，经老弟根究得实，照例办理，自是至公。上游今年田谷，咸谓有秋，未审下游如何？甚念。(《黎文肃公书札》卷二十七，第 614 页)

复易笏山

丹江参将缺，本可照办，不谓昨接制军牍，竟以对调之王永安，饬令赴丹江任。大凡武员自守备以上，例皆制军主之，系专政也。兹饬赴任，而无任可到，于体制不宜。可否请老弟斟酌驻防之营，遂令王君赴任，何如？此乃万不得已之苦衷，想老弟亦可通商也。续示论事最平允，而于夏锡炳处尤相信有真，兄亦有何成见？唯其中相攻相讦，各有私情，此则非兄之所敢知。纷更误事，多口败谋，本系至论。而兄自信能祛此弊者，在未事而多商之，既事而调护之，自能相与有成。夏倅之为人，兄本不知。兄之见，总不欺人，亦断不容人之欺我。况人欺我，而我不能觉，甘受其欺以相终耳？若既觉之，欲犹我回护之，兄生平自揣实未尝坐此弊，未审吾弟以为然否？独山事，两司仅详摘去顶戴，且多含混语。黎平事，柏翁语锡堂谓，此等事贵州最多，即科以迟延，已了不得。兄意谓，杏公乃弃瑕用之，尚不振刷精神，切实做官，即照例科罪，亦何碍？且前所不用者，我用之。我用之，而又不中用，直劾之，亦可慰前此之心。唯崐公一节，皆谓不宜过刻，且商之老弟，以为何如？(《黎文肃公书札》卷二十七，第 614—615 页)

复易笏山

顷读手书，知天下作奸犯科之人不少，而破除情面认真办事之人不可多得。欲求其始终如一，坚固不摇，则又戛戛乎难之矣。秦登桂与李徐均有禀到，而老弟网开一面，仁义兼施，亦善了之法，想可照办。黎平之徐，以老弟在任，而尚敢如此，其人之伎俩亦大可知，拿到重办，夫复何言。铜仁事，究竟如何？岂明知之而故昧之耶？人亦何太愚也。子久可到，而亦有老母随来。挚民不得已，将母送归，遂孑然赴本任矣。兄陈请之举，拟本月杪可出，奉到总在冬月初旬。松生昨有文来，此事拟先出奏。缘楚撤，苏营即作为黔添，刘军以顾东防，似可去得，吾弟以为何如？明知当撤勇之际，而复议添兵，于理不顺。然为黔中日后计，不如此，不行也。(《黎文肃公书札》卷二十七，第 615 页)

复易笏山

丹江之缺，碍难另委。景系八寨实缺，使之带练防丹，以罗代景，似涉更张。不如以陈玉堃改防丹江，彼此不动，岂不更好？此中情节，兄实不能揣知，仍请老弟剖断可否为准。百乐之事，诚如来谕，粤中必不愿办。而此等处所，孤悬边界，办厘者先不整顿炮船，虚张声势，反将炮勇裁减，以节縻费，真所谓不知轻重缓急者，宜其败也。见不如退驻丙妹设局，便于防守。想厘金总局批唐丞禀，必系如此。此案应如何办法，老弟斟酌行之。且局虽退设丙妹，而百乐仍须归黔。暂设一查卡，有名无实。如何，唯老弟裁之。古游击公文，为千把微员说法，亦系实情。然公事总须一律，已知会贞伯查悉该弁等廉俸，通省究有若干，能发五成，不无稍补。吾弟移司，即可以此意商之。如为数无多，即发全廉，亦所应尔也。(《黎文肃公书札》卷二十七，第 615 页)

复易笏山

挚民往西，而办局少人。回忆从前，办局只兄与贞伯二人，而局无难了之事，虽万分倥偬，未尝告劳，未尝贻误。何以至今日，局务已松，犹觉办理为难。今而知曾中丞之福命为甚大也。天恩准见，曾公自可仍管。如不然，则唯有以两司当之。而兄于其间亦略与闻，或者有济于厘。局之改章归两司，而兄亦参末议，似较从前略胜一筹。百乐抽厘，查非唐委员私加，系旧章如此。从前委员从减者，以不定归公，故多得不如少得耳。如来示，盐一包重二百三四十斤，只抽四钱。是盐百斤尚未抽到二钱，以视田忠普四岸抽厘见十抽一之章，相去远甚。但见在新章并非创立，不过申明旧章如此。然委员因时地制宜，亦可通融，以恤商人。唐委员意在见好，失之操切，而又不识大体，不顾利害，以致种种不合。见令总局撤换，以胡璧代之，自可整顿也。丹江八寨之更换，容将尊意再商之诸公，可为定妥。（《黎文肃公书札》卷二十七，第 616 页）

复易笏山

昨奉老弟准补部文，下游从此可望久安，为之深喜。来示，以兄入都，可赠半千之数。在弟，谓与兄非他人可比。在兄，则以弟光景不如兄，可无蹈此俗情。若兄以老弟处可受，则似此者均可受。有受有不受，岂不见怪于人耶？兄意，唯贞伯与紫垣还来之款可受，他处则一概谢之。倘受他人，而不受老弟之赠，则兄断不如是。见已飞函谭文卿同年，乞借三竿。此外，尚有至好同年，即沈彦征、毕东屏，一道一府，各借二竿。合之贞紫还项，可成一万。其在黔可领者，亦准有数千，绰绰乎可行，故不须打扰同寅也。吾弟当亦许可。罗君已照办，八寨已改委本任孙君，丹江本缺参将已到。谢友鹄有禀，欲来省面商。下江把总宋超群已照办，另委接署矣。（《黎文肃公书札》卷二十七，第 617 页）

致易笏山

顷接大牍，以部准补缺，饬取引见。在老弟，谦怀若谷，不以有位为可挟，其卓见令人钦佩。唯贵东元气未复，前据来函，谓可缓至明冬交卸，则一切可望就理。见值松生到防，励精图治，意在举行保甲，以辅兵丁之不及，而善其终，诚属要举。已另出简明示，通行各属，并札饬极力举办。若果如法奉行，得老弟严行督率，斯不难克期成功。并镇远镇标冬操，已有公文，请老弟亲阅。则出巡有日，公务甚繁，赴部之举，必得奏请展缓。况兄已请陛见，如果奉准，断不能携手同行，置地方于不顾，想老弟亦能见及此也。(《黎文肃公书札》卷二十七，第618页)

复易笏山

接奉环云，具悉。吾弟引见之举，系因兄而出，阅之不禁爽然若失。以兄一人遇事持正，而不得助，唯吾弟能合志。在兄，平日总以吾弟处事较兄尤过，每于书信往来，直言规劝。此外，能合志者寥寥，能助兄者更寥寥。所以，劝弟切勿轻动，盖为贵东百姓计也。从前欲留而恐不得者，以非实缺，且无以位置挚民也。今幸天从人愿，使老弟得补此一缺，甚可以久于其任，他人何忍掣肘。老弟善退之说，彼一时此一时也。盖官无实缺，本可自由，若一旦补实，则贵东百姓即老弟之子民也。分巡之职，非安顺一府可比。大凡做人，断不可以不肖之心处人。我尽我心，人能谅其心固好，即不谅其心，亦不过暂时委屈，无足介意。兄以此，惜老弟之气概不宏，物我之见未尽化也。吾弟可以一心一意于百姓，不必计在我上者为何如人。此则兄之反复直陈，而不欲以弟言为是也。(《黎文肃公书札》卷二十七，第618—619页)

复易笏山

镇标冬操已有可观。武营定制,有春冬二次操演。春操向在三月,此举仍不可废。唯弟意,以复全局为是。如果防营可撤,则五成全饷应亦不难。查向来绿营定制最善,昭兵必由外额呈送,破伍册粮饷均归守备管理,营主不得与焉。且每年看阅,提镇督抚各有期限,无少松懈,不能私扣粮饷,立法最善。无如兵乱之后,营制荡然。见在之各营主皆所不谙,亦不细心讲究,以致上侵下,下陵上,在在皆然,殊为可恶。来函言邓协事甚详。此人即不谙营制者,且嗜好颇重,毋怪老弟言之凿凿也。唯该协来黔最早,徒带无饷之兵,并不钻求保举,其副将即系原有之官,所以部中循资题补,及于乃身。曾记萼楼尚啧啧称之。兹据老弟所拟,罪不止于革职。以兄细思,贵州之武官,其行为不止于邓将者尚多,不过会逢其适耳。即如此缺,前任较之邓,尚相去远甚。然当此整顿营伍之际,又岂可以一人而误大局?总之,科以革职,实为至当。但该都守二员,禀讦本营主,大干例禁,亦宜并办。此兄平情之论也。(《黎文肃公书札》卷二十七,第 619 页)

复易笏山

贵定握别,至翌日始知吾弟尚有寄赠,兄已属春煦解回筑垣,寄交尊处。兄平生不作欺人语,若竟受之,是自欺也。然实心感吾弟之眷念故交,谢谢。前在省中,即闻下游各属官吏以罚款为公事,动辄倾人之家,其款并不归公,不过借公济私,此吴延尧之伎俩也。老弟或未及访察,以此事罚,系赎罪,故敢恨而不敢言。兄早欲行公文,径请吾弟剀切示禁,以杜肥私,以彰国法,以留元气。见今时政,似为急务。思铜劫杀之案,多来兄处呈控,兄以进京辞不收,竟有不得者,请老弟查阅原禀,分别办理。兄于镇远改由水路,于二十三日在镇开船,除夕已抵洪江。初二日风雪大作,少留。初三日,已过安江新乐河,似此水满舟流,到常德当亦不缓也。(《黎文肃公书札》卷二十七,第 620 页)

《中国近现代稀见史料丛刊》已出书目

第一辑

莫友芝日记
汪荣宝日记
翁曾翰日记
邓华熙日记
贺葆真日记
徐兆玮杂著七种
白雨斋诗话
俞樾函札辑证
清民两代金石书画史
扶桑十旬记(外三种)

第二辑

翁斌孙日记
张佩纶日记
吴兔床日记
赵元成日记(外一种)
1934—1935中缅边界调查日记
十八国游历日记
潘德舆家书与日记(外四种)
翁同爵家书系年考
张祥河奏折
爱日精庐文稿
沈信卿先生文集
联语粹编
近代珍稀集句诗文集

第三辑

孟宪彝日记
潘道根日记
蟫庐日记(外五种)
壬癸避难日志　辛卯年日记
嘉业堂藏书日记抄
吴大澂书信四种
赵尊岳集
贺培新集
珠泉草庐师友录　珠泉草庐文录
校辑民权素诗话廿一种

第四辑

江瀚日记
英轺日记两种
胡嗣瑗日记
王振声日记
黄秉义日记
粟奉之日记
王承传日记
唐烜日记
王锺霖日记(外一种)
翁同龢家书诠释
甲午日本汉诗选录
达亭老人遗稿

第五辑

袁昶日记
吉城日记
有泰日记
额勒和布日记
孟心史日记·吴慈培日记
孙毓汶日记信稿奏折（外一种）
高等考试锁闱日录
东游考察学校记
翁同书手札系年考
辜鸿铭信札辑证
郭则沄自订年谱
庚子事变史料四种（外一种）
《申报》所见晚清书院课题课案汇录
近现代“忆语”汇编

第六辑

江标日记
高心夔日记
何宗逊日记
黄尊三日记
周腾虎日记
沈锡庆日记
潘钟瑞日记
吴云函札辑释
新见近现代名贤尺牍五种
稀见淮安史料四种
杨懋建集
叶恭绰全集
孙凤云集
贺又新张度诗文集
王东培笔记二种

第七辑

豫敬日记　洗俗斋诗草
宗源瀚日记（外二种）
曹元弼日记
耆龄日记
恩光日记
徐乃昌日记
翟文选日记
袁崇霖日记
潘曾绶日记
常熟翁氏友朋书札
王振声诗文书信集
吴庆坻亲友手札
画话
《永安月刊》笔记萃编
浙江省文献展览会文献叙录
杨没累集

第八辑

徐敦仁日记
王际华日记
英和日记
使蜀日记　勉喜斋主人日记　浮海日记
翁曾纯日记　瀚如氏日记(外二种)
朱鄂生日记
谭正璧日记
近代女性日记五种(外一种)
阎敬铭友朋书札
海昌俞氏家集
师竹庐随笔
邵祖平文集

第九辑

姚觐元日记
俞鸿筹日记
陶存煦日记
傅肇敏日记
姚星五日记
高枏日记
钱仪吉日记书札辑存(外二种)
张人骏往来函电集
李准集
张尔耆集
夏同善年谱　王祖畬年谱(外一种)
袁士杰年谱　黄子珍年谱